建筑工程经济

马七一　王蒙生　刘　萍◎著

吉林科学技术出版社

图书在版编目（CIP）数据

建筑工程经济 / 马七一，王蒙生，刘萍著. -- 长春：
吉林科学技术出版社，2023.7
ISBN 978-7-5744-0760-2

Ⅰ．①建… Ⅱ．①马… ②王… ③刘… Ⅲ．①建筑经
济学－工程经济学 Ⅳ．①F407.9

中国国家版本馆 CIP 数据核字（2023）第 155312 号

建筑工程经济

著	马七一　王蒙生　刘　萍	
出 版 人	宛　霞	
责任编辑	李永百	
封面设计	金熙腾达	
制　　版	金熙腾达	
幅面尺寸	185mm×260mm	
开　　本	16	
字　　数	324 千字	
印　　张	14.25	
印　　数	1–1500 册	
版　　次	2023年7月第1版	
印　　次	2024年2月第1次印刷	

出　　版　吉林科学技术出版社
发　　行　吉林科学技术出版社
地　　址　长春市福祉大路5788号
邮　　编　130118
发行部电话/传真　0431-81629529 81629530 81629531
　　　　　　　　　　81629532 81629533 81629534
储运部电话　0431-86059116
编辑部电话　0431-81629518
印　　刷　三河市嵩川印刷有限公司

书　　号　ISBN 978-7-5744-0760-2
定　　价　90.00元

前　言

随着社会生产力的发展，工程技术已经成为经济中的一个不可分割的部分，孤立于经济之外的工程技术是没有生命力的，经济的发展更离不开工程技术的进步。建筑工程经济是一门研究建筑工程（技术）领域经济问题和经济规律的学科，是一门分析和论证为实现一定功能而提出技术上可行的技术方案、生产过程、产品或服务，在经济上是否科学的学科。建筑工程经济是从事土木工程管理、设计和施工的工程技术和管理人员必备的基础知识，是工程造价建筑工程技术专业的学科平台课程。因此，探讨建筑工程经济，对掌握建筑工程经济的基本原理和方法，进行工程项目经济分析和工程承包方案比较与选择有重要作用。

建筑工程经济是建筑类专业的一门专业基础课程，是适应市场经济的需要而产生的一门技术、经济和建筑科学交叉的边缘学科。建筑工程经济是研究技术与经济的关系以及国际活动规律的科学，它是利用经济学的理论和方法，研究如何有效配置各种技术资源，进行技术和经济最佳组合的综合性学科，有理论面宽、实践性强、政策性要求高等特点，是适应现代化大生产和投资决策科学化的客观要求而产生的一门研究工程投资项目经济技术评价原理与方法的新学科。

建筑工程经济主要研究工程与经济之间的相互关系，以谋求工程与经济的最佳结合，通过计算、分析、比较和评价，以求最优的工程技术方案。在投资项目大量增加、建筑行业市场竞争不断加剧的新形势下，如何优化资源配置、提高决策水平和投资效益是当前经济建设中比较突出的问题。当今时代，人们称之为知识经济时代，具有高度的产业化、信息化、现代化、劳动智能化的现代特征。在这种大环境下，现在及未来社会对各类人才素质，特别是对工程领域从业者提出了更高的要求。这就要求工程相关人员在掌握专业知识、解决实际技术问题的基础上，具备强烈的经济意识，能够进行经济分析和决策。

本书是建设工程方面的著作，从建筑工程概论谈起，分析和阐述了建筑工程经济在应用工作中的现实意义。主要从建筑产品的价格、工程经济分析基础知识、工程项目经济、工程项目经济分析与评价、建筑工程的会计基础与财务管理和价值工程等方面做了详细论述。从内容上看，本书内容涉及面广、针对性强，适合土木工程专业、建筑专业及其相关专业的研究者和学生参考，也可供对相关专业教学感兴趣的人士阅读。从结构上看，本书构思新颖、逻辑严谨，将理论与实践紧密结合起来，使读者在充分了解建筑工程相关理论知识的基础上，进一步加强对工程经济方面的理解。

目　录

第一章 建筑工程经济概论

第一节 工程经济学

一、工程经济学的概念

（一）工程的含义

一般意义上，工程是指把自然科学的原理运用到工农业生产部门中而形成的各学科的总称，如土木工程、机械工程、化学工程、交通工程、水利工程等。这些学科是运用数学、物理学、化学、生物学等基础科学的原理，并结合在科学实验及生产实践中积累的技术经验而发展起来的。在实践生活中，工程也常指具体的建设项目，如三峡工程、南水北调工程等。

工程技术是人类在认识自然和改造自然的实践中积累起来的有关生产劳动的经验、知识、技巧等，工程技术与科学是既有联系又有区别的两个概念。科学是人们对客观规律的认识和总结，是技术存在的前提，技术是科学的应用。对于工程技术人员来说，其基本任务就是把科学家的发现应用到各种系统、结构、过程的设计和制造中去。

由于各种活动的需要，人们已经把工程的概念广泛化。今天所说的"工程"，已不仅仅指土木工程等有物质实体的技术经济活动，更多地指各种项目方案。工程经济学中的工程即是这种"大工程"的概念。

工程经济学中的工程，通常是指投入一定资源的计划、规划和方案等可以进行分析和评价的独立系统。

（二）经济的含义

在中国古汉语中，"经济"一词是"经邦""济民"、"经国""济世"以及"经世济民"等词的综合和简化，含有"治国平天下"的意思。其内容不仅包括国家如何理财、如何管理其他各种经济活动，而且包括国家如何处理政治、法律、教育、军事等方面的问题。

"经济"的含义概括起来大致有以下四种：

1. "经济"是指生产关系。经济是人类社会发展到一定阶段的社会经济制度，是社会生产关系的总和，是政治和思想等上层建筑赖以存在的基础。

2. "经济"是指国民经济的总称，或指国民经济的各个部门，如工业经济、农业经济、运输经济等。

3. "经济"是指社会生产和再生产。经济是指物质资料的生产、交换、分配和消费的社会经济活动。

4. "经济"是指节约或节省，即人们在日常工作与生活中的节约，既包括了对社会资源的合理利用与节省，也包括了个人家庭生活开支的节约。

工程经济学研究中应用较多的概念是第四种，是指人、财、物、时间等资源的节约和有效利用。例如，在工程建设中，以较少的费用建成具有同样效用的工程，或以同样数量的费用，建成更多、更好的工程等，不论哪一种情况，都表现为了获得单位效用所消耗的费用的节约。此外，工程经济决策所涉及的经济问题，又多与社会生产和再生产的部门经济发展有关，因而工程经济学的经济概念基本上是上述第三种和第四种含义。

（三）工程经济学的含义

工程经济学是工程与经济相结合的综合性交叉学科，是研究如何有效利用资源、提高工程技术实践活动经济效益的学科。工程经济学研究各种工程技术方案的经济效益，是指研究各种技术在使用过程中如何以最小的投入获得预期产出或者如何以等量的投入获得最大的产出，如何用最低的寿命周期成本实现产品、作业及服务的必要功能。

工程经济学是在资源有限的条件下，运用经济学分析方法，对工程技术（项目）各种可能方案进行分析比较，选择并确定最佳方案的学科。它的核心任务是对工程项目技术方案进行经济决策。工程经济学所关心的不是怎样设计一个建筑物或者如何建造它，而是研究如何分析工程经济活动的代价以及目标实现的程度，寻求实现目标的最有效途径，设计和选择最佳实施方案的一门学科。工程经济学的目的在于培养工程技术人员的经济意识，增强经济观念，运用工程经济分析的基本理论和经济效果的评价方法，从可持续发展的战略高度，以市场为前提、经济为目的、技术为手段，确保工程项目有较高的质量，并以最少的投入达到最佳的产出，为人类创造更好的生活。

随着科学技术的飞速发展，为了用有限的资源来满足人们的需要，可能采用的工程技术方案越来越多。怎样以经济效果为标准对许多技术上可能的方案进行互相比较，做出评价，从中选择最优方案的问题，就越来越突出、越来越复杂。工程经济学这门学科就是在这样的背景下产生的。工程经济学是一门为从经济角度在一组方案中选择最佳方案提供科学原理和技术方法的应用经济学科。工程经济学研究各种工程技术方案的经济效益，研究各种技术在使用过程中如何以最小的投入获得预期产出或者说如何以等量的投入获得最大产出，如何用最低的寿命周期成本实现产品、作业以及服务的必要功能。

二、工程经济学的产生和发展

工程经济学源于《铁路布局的经济理论》。《铁路布局的经济理论》首次将成本分析方法应用于铁路的最佳长度和曲率选择上，开创了工程领域经济评价工作的先河。《铁路布局的经济理论》将工程经济学描述为"少花钱多办事的艺术"。

20世纪20年代，《财务工程学》一书中，提出了决定相对价值的复利程序，并提到："有一种奇怪而遗憾的现象，就是许多作者在他们的工程学著作中，没有或很少考虑成本问题。实际上，工程师的最基本的责任是分析成本，以达到真正的经济性，即赢得最大可能数量的货币，获得最佳的财务效率。"

30年代，《工程经济原理》一书中指出了古典工程经济的局限性。以复利计算为基础，讨论了判别因子和短期投资评价的重要性，以及资本长期投资的一般比较。书中的许多观点得到了业界的普遍认同，为工程经济学的发展做出了突出贡献。

80年代，《工程经济学》一书的出版，使工程经济学的学科体系更加完整与充实，从而成为国外许多高等学府的教材，使得工程经济学发展到一个新的高度。

我国是从70年代开始进行工程经济学研究的，所以，工程经济学在我国尚属于新兴学科。尽管时间较短，但工程经济学的理论研究和实际应用出现了两旺的局面。

工程经济学以"工程经济"系统为核心，站在关注工程活动的经济性，亦即"工程的有效性"的视角上开展相关项目的研究。目前，有一批从事工程科学领域研究的学者投身到了工程经济的研究领域，并且全国绝大多数高校的工程类专业都开设了"工程经济学"课程，这些都是这门学科在不断丰富和发展的十分可喜的现象。

三、工程经济学的研究内容

工程经济学研究的主要内容包括以下方面：

1. 经济评价指标与方法。研究方案的评价指标，以分析方案的可行性。

2. 投资方案选择。投资项目往往具有多个方案，分析多个方案之间的关系，进行多方案选择是工程经济学研究的重要内容。

3. 筹资分析。研究各种筹资方案的成本和风险。

4. 财务分析。研究项目对各投资主体的贡献，从企业财务角度分析项目的可行性。

5. 经济费用效益及效果分析。研究项目对国民经济的贡献，从国民经济的角度分析项目的可行性。

6. 社会影响分析。研究项目对社会发展目标的贡献，从社会福利角度来评价和分析项目的可行性。

7. 区域经济宏观经济分析。研究项目对区域经济宏观经济各方面的影响。

8. 风险和不确定性分析。研究识别和估计风险的方法，研究不确定性分析的方法。

9. 项目后评价。研究项目后评价的指标和方法。

10. 设备更新分析。研究何时更新设备最佳。

四、工程经济学的分析方法

工程经济学的分析方法主要包括以下五个方面：

（一）理论联系实际

工程经济学是西方经济理论的延伸，具体研究资源的最佳配置方法，许多概念如投资、费用、成本、寿命周期等均来自于西方经济学。因此，要正确地运用工程经济学分析方法，必须正确地把握经济学中的基本概念，了解经济学所描述的经济运行过程。当然，每一项工程都有其不同的目标、条件和背景，有可能处在不同的经济发展阶段，因而还需要对具体问题进行具体分析。

（二）定量与定性分析相结合

工程经济学对问题的分析过程，是从定性分析出发，通过定量分析，再返回到定性分析，即首先从工程项目的行业特点、分析的目标要求、基本指标的含义出发，通过资料的搜集、数据的计算得到一系列判别指标，最后通过实际指标与基准指标的对比以及不同方案之间经济指标的对比，对工程项目各方案做出优劣判断。

（三）系统分析和平衡分析

工程项目通常都是由许多个子项目所组成的，每个项目的运行都有自己的寿命周期，因此，工程经济学的分析方法必须是全面的、系统的分析方法。虽然工程经济学分析过程需要计算成本、收益和费用，但是其目的在于寻求技术与经济的最优平衡点。

（四）静态评价与动态评价相结合

对工程项目可以根据需要进行静态评价和动态评价。静态评价就是在不考虑货币时间价值的前提下，对项目经济指标进行计算和考核，也就是所谓的粗略评价；动态评价就是考虑货币的时间价值，对不同时点上的投入与产出做出不同的核算处理，从而对项目进行更客观的分析和计算，也就是所谓的详细评价。通常在确定投资机会和对项目进行初步选择时采用静态评价，而为了更科学、更准确地反映项目的经济情况时，则必须采用动态评价。

（五）统计预测与不确定性分析

在对工程项目实施分析时，它们往往还停留在考察阶段，因此，工程项目中的投资、成本、费用、收益等现金流量只有依靠预测来获得，评价结论的准确性与预测数据的可靠性有着密切关系。由于影响未来的因素是众多的，许多因素处在发展变化之中，还需要对项目的经济指标做不确定性分析。

五、工程经济学与相关学科的关系

（一）工程经济学与西方经济学

工程经济学是西方经济学的重要组成部分。它研究问题的出发点、分析的方法和主要指标内容都与西方经济学一脉相承。西方经济学是工程经济学的理论基础，而工程经济学则是西方经济学的具体化和延伸。

（二）工程经济学与技术经济学

工程经济学与技术经济学既有许多共性又有所不同。工程经济学与技术经济学的主要区别在于：对象不同、研究内容不同。

（三）工程经济学与投资项目评估学

工程经济学侧重于方法论科学，而投资项目评估学侧重于实质性科学。投资项目评估学具体研究投资项目应具备的条件，工程经济学为投资项目评估学提供分析的方法依据。

（四）工程经济学与投资效果学

投资效果学就是研究投资效益在宏观和微观上不同的表现形式和指标体系。工程经济学与投资效果学采用的经济指标存在重大区别。前者均为一般经济指标，这些指标要么不含有对比关系，如果有对比关系，也只是一种绝对对比关系；而后者则必须在同一个指标中包含投入与产出的内容，反映投入与产出的相对对比关系。

第二节 工程、技术与经济的关系

一、工程

工程是指土木建筑或其他生产、制造部门用比较大而复杂的设备来进行的工作，如土木工程、机械工程、交通工程、化学工程、采矿工程、水利工程等，它包括工程技术方案、技术措施和整个工程项目。其目的就是将自然资源转变为有益于人类的产品，它的任务是应用科学知识解决生产和生活中存在的问题，来满足人们的需要。

工程不同于科学，也不同于技术，它是指人们综合应用科学理论和技术手段去改造客观世界从而取得实际成果的具体实践活动。一项工程能被人们所接受必须做到有效，即必须具备两个条件：一是技术上的可行性，二是经济上的合理性。

二、技术

技术是指把科学研究、生产实践、经验积累中得到的科学知识有选择、创造性地应用，从而进行各种生产和非生产活动的技能，以及根据科学原理改造自然的一切方法。

技术与科学常被视为一体，但严格说来，科学和技术其实是有着根本区别的。科学是人类在探索自然和社会现象的过程中对客观规律的认识和总结，而技术是人类活动的技能和人类在改造自然的过程中采用的方法、手段。要实现资源向产品或服务的转变，必须依赖于一定的技术。所以，人们总在期盼着用先进的工程技术，达到投入少产出多的目的。因而，人们不断地学习、不断地创新，以期实现人们日常生活中的理想和愿望。

从表现形态上看，技术可体现为机器、设备、基础设施等生产条件和工作条件的物质技术（硬技术），以及体现为工艺、方法、程序、信息、经验、技巧、技能和管理能力的非物质技术（软技术）。

三、经济

经济一词在我国古代有"经邦济世""经国济民"的含义，是治理国家、拯救庶民的意思，与现代的"经济"含义不同。现代汉语中使用的"经济"一词，是19世纪后半叶，由日本学者从英语"economy"翻译而来的。经济是一个多义词，通常包含下列四方面的含义：

1. 经济指生产关系。从政治经济学角度来看，"经济"指的是生产关系和生产力的相互作用。它研究的是生产关系运动的规律，如经济体制。

2. 经济是指一国国民经济的总称，或者指国民经济的各组成部分，如工业经济、农业经济、商业经济等。

3. 经济指社会生产和再生产，即物质资料的生产、交换、分配、消费的现象和过程。

4. 经济是指节约或节省。在经济学中，经济的含义是指从有限的资源中获得最大的利益。

工程经济学所研究的主要是人、财、物、时间等资源的节约和有效利用，以及技术经济决策所涉及的经济问题。任何工程项目的建设都伴随着资源的消耗，同时经历研究、开发、设计、建造、运行、维护、销售、管理等过程。在工程实践活动中必将产生经济效果、社会效果以及对生态、环境的影响。如何以最少的耗费达到最优的经济效果正是工程经济学研究的目的。

四、工程经济分析的基本原理

（一）工程经济分析的目的是提高工程经济活动的经济效果

工程经济活动，不论主体是个人还是机构，都具有明确的目标。工程经济活动的目标是通过活动产生的效果来实现的。由于各种工程经济活动的性质不同，因而会取得不同性质的效果，如环境效果、艺术效果、军事效果、政治效果、医疗效果等。但无论哪种技术实践效果，都要涉及资源的消耗，都有浪费或节约问题。由于在特定的时期和一定的地域范围内，人们能够支配的经济资源总是稀缺的，因此工程经济分析的目的是，在有限的资源约束条件下对所采用的技术进行选择，对活动本身进行有效的计划、组织、协调和控制，以最大限度地提高工程经济活动的效益，降低损失或消除负面影响，最终提高工程经济活动的经济效果。

（二）技术与经济之间是对立统一的辩证关系

经济是技术进步的目的，技术是达到经济目标的手段和方法，是推动经济发展的强大动力。技术的先进性与经济的合理性是社会发展中一对相互促进、相互制约的矛盾统一体。

1. 技术进步促进经济发展，而经济发展则是技术进步的归宿和基础

技术进步是经济发展的重要条件和物质基础。技术进步是提高劳动生产率、推动经济发展的最为重要的手段和物质基础。经济发展的需要是推动技术进步的动力，任何一项新技术的产生都是经济上的需要引起的；同时技术发展是要受经济条件制约的。一项新技术

的发展、应用和完善主要取决于是否具备必要的经济条件，以及是否具备广泛使用的可能性，这种可能性包括与采用该项技术相适应的物质和经济条件。

2. 在技术和经济的关系中，经济占据支配地位

技术进步是为经济发展服务的。技术是人类进行生产斗争和改善生活的手段，它的产生就具有明显的经济目的。因此，任何一种技术在推广应用时首先要考虑其经济效果。一般情况下，技术的发展会带来经济效果的提高，技术的不断发展过程也正是其经济效果不断提高的过程。随着技术的进步，人类能够用越来越少的人力和物力消耗获得越来越多的产品和劳务。从这方面看，技术和经济是统一的，技术的先进性和它的经济合理性是相一致的。

（三）工程经济分析可以科学地预见活动的结果

工程经济分析的着眼点是"未来"，也就是对技术政策、技术措施制定以后，或者技术方案被采纳后，将要带来的经济效果进行计算、分析与比较。工程经济学关心的不是某方案已经花费了多少代价，它不考虑"沉没成本"（指过去发生的，而在今后的决策过程中我们已无法控制的、已经用去的那一部分费用）的多少，而只考虑从现在起为获得同样使用效果的各种机会（方案）的经济效果。

既然工程经济学讨论的是各方案"未来"的经济效果问题，那么就意味着它们含有"不确定性因素"与"随机因素"的预测与估计，这将关系到工程经济效果评价计算的结果。因此，工程经济学是建立在预测基础上的科学。人类对客观世界运动变化规律的认识使得人可以对自身活动的结果做出一定的科学预见。根据对活动结果的预见，人们可以判断一项活动目的的实现程度，并相应地选择、修正所采取的方法。如果人们缺乏这种预见性，就不可能了解一项活动能否实现既定的目标、是否值得去做，因而也就不可能做到有目的地从事各种工程经济活动。为了有目的地开展各种工程经济活动，就必须对活动的效果进行慎重的估计和评价。

（四）工程经济分析是对工程经济活动的系统评价

因为不同利益主体追求的目标存在差异，因此对同一工程经济活动进行工程经济评价的立场不同、出发点不同、评价指标不同，得到的评价结论就有可能不同。为了防止一项工程经济活动在对一个利益主体产生积极效果的同时损害到另一些利益主体，工程经济分析必须体现较强的系统性。其系统性主要体现在以下三个方面：

1. 评价指标的多样性和多层性，构成一个指标体系。

2. 评价角度或立场的多样性，根据评价时所站的立场或看问题的出发点的不同，分为企业财务评价、国民经济评价及社会评价等。

3. 评价方法的多样性，常用的评价方法有定量或定性评价、静态或动态评价、单指标或多指标综合评价等几类。

由于局部和整体、局部与局部之间在客观上存在着一定的矛盾和利益摩擦，系统评价的结论总是各利益主体目标相互协调的均衡结果。需要指出的是，对于特定的利益主体，由于多目标的存在，各方案对各分目标的贡献有可能不一致，从而使得各方案在各分项效果方面表现为不一致。因此，在一定的时空和资源约束条件下，工程经济分析寻求的只能是令人满意的方案，而非各分项效果都最佳的最优方案。

（五）满足可比条件是技术方案比较的前提

为了在对各项技术方案进行评价和选优时能全面、正确地反映实际情况，必须使各方案的条件等同化，这就是所谓的"可比性问题"。由于各个方案涉及的因素极其复杂，加上难以定量表达的不可转化因素，因此，各方案的条件不可能做到绝对的等同化。在实际工作中一般只能做到使方案经济效果影响较大的主要方面达到可比性要求。其中，时间的可比性是经济效果计算中通常要考虑的一个重要因素。例如，有两个技术方案，产品种类、产量、投资、成本完全相同，但时间上有差别，其中一个投产早，另一个投产晚，这时很难直接对两个方案的经济效果大小下结论，必须将它们的效果和成本都换算到同一个时间点后，才能进行经济效果的评价和比较。

第三节　工程经济学研究的范围、对象和特点

一、工程经济学的研究范围

工程经济学的研究范围非常广泛，涉及工程技术和经济领域的各个方面和层次，贯穿于工程建设的全过程。

（一）宏观工程经济问题

宏观工程经济问题包括人口增长、能源危机、资源消耗、生态恶化、环境污染等方面的技术政策，以及从国家角度来说，涉及国民经济全局的问题，如国民经济发展速度、国家投资规模、生产力合理布局、产业结构调整、科技发展规划、资源的开发利用、引进技术确定、资金的引进与外资利用等。

（二）中观工程经济问题

中观工程经济问题涉及地区和行业两个范畴。地区的经济问题与国家层次上的工程经济问题类似，包括地区的经济发展速度、生产力合理布局、产业结构调整、投资结构与方向、资金引进与利用、资源的开发利用、人才的开发引进、开发区建设规划、城镇化建设规划等；行业的工程经济问题包括产业的发展规模与速度、产业的技术发展规划、产业的技术创新、产业技术扩散与转移、产业的规模经济、产业的合理聚集、产业的市场机制等。

（三）企业工程经济问题

企业的工程经济问题包括企业的发展战略、产品开发、技术策略、资本运营、组织创新、流程再造等。

（四）项目工程经济问题

项目工程经济问题是指工程项目、科学研究项目、技术开发项目等方面的工程经济问题。对工程项目而言，其工程经济问题包括产品方案、合理规模、材料选择、能源选择、地址选择、技术选择、设备选择、协调匹配、资金筹措、环保措施等。

（五）工程经济学的具体研究范围

工程经济学的具体研究范围包含以下几个方面：

1. 工程经济要素

工程经济要素是进行工程项目评价不可缺少的基本数据和资料，具体内容包括工程经济要素的构成、建设项目投资的构成与估算、产品成本和费用的构成和估算、现行税金的构成等。

2. 现金流量与资金的时间价值

现金流量是拟建项目在整个项目计算期内各个时间点上实际发生的现金流入量与现金流出量的统称。资金的时间价值是进行工程经济分析的基础，具体内容包括现金流量和现金流量图的概念、资金的时间价值的内涵、资金的时间价值复利计算的方法、名义利率和有效利率等。

3. 工程项目经济评价基本方法

经济评价是工程经济分析的核心内容，目的在于确保决策的正确性和科学性，最大限度地降低工程项目投资的风险。其基本方法包括工程项目经济评价（静态评价与动态评价）指标方法、工程项目方案比选方法（互斥、独立和混合型方案比选）等。

4. 工程项目的不确定性与风险分析

工程项目经济评价采用的数据大部分来自估算和预测，具有一定的不确定性和风险性。工程项目的不确定性与风险分析是为了弄清和减少不确定因素对经济效果评价的影响，具体内容包括盈亏平衡分析、敏感性分析、概率分析和风险决策等。

5. 建设项目可行性研究与经济评价

建设项目可行性研究与经济评价是工程经济分析的重要内容，可行性研究是工程项目经济分析理论在工程项目前期的具体应用，是对工程项目前景进行科学预测和项目方案细化的必要过程。具体内容包括工程项目建设程序，可行性研究的程序，可行性研究的依据、作用与内容，可行性研究报告，可行性研究中的市场研究和技术可行性分析等。

6. 设备更新经济分析

设备更新经济分析是对固定资产在使用过程中发生的磨损、效率降低与过时等问题的应对方式的研究。掌握设备更新方法对保证生产系统的正常运行及企业获利至关重要。具体内容包括设备的磨损及补偿、设备经济寿命的概念与确定、设备更新经济分析、不同设备更新方案的比较分析等。

7. 工程项目财务评价

工程项目财务评价是在国家现行财税制度和市场价格体系下，分析预测项目的财务效益与费用，判断项目财务可行性的方法。具体内容包括财务评价目的与内容、财务评价方法、财务评价基本步骤、项目财务预测、工程项目投资估算方法、项目财务评价基本报表、项目财务评价指标体系等。

8. 工程项目国民经济评价

工程项目国民经济评价是按照合理配置稀缺资源和社会经济可持续发展的要求，从国民经济全局的角度出发，考察工程项目的经济合理性。具体内容包括国民经济评价的必要性与内容、费用与效益的识别与计算、国民经济评价的参数、影子价格的确定、国民经济评价指标及报表等。

9. 价值工程原理与方法

价值工程是指以最低的寿命周期成本，可靠地实现研究对象的必要功能，目的是能够使工程项目资源得到合理有效的利用。具体内容包括价值工程基本概念、寿命周期成本和功能的概念、价值工程的实施步骤和方法、价值工程在工程项目方案评选中的应用等。

10. 项目后评价

项目后评价可以全面总结项目投资管理中的经验教训，为以后改进项目管理和制订科学的投资计划提供现实依据。具体内容包括项目后评价的含义和作用、项目后评价的基本程序、项目后评价的内容和方法等。

二、工程经济学的研究对象

工程经济学的研究对象是工程项目（或投资项目），以及解决各种工程项目问题的方案或途径，其核心是工程项目的经济性分析。进一步讲，是工程技术的经济问题，确切地说是工程技术的经济效果。具体而言，包括工程实践的经济效果、技术与经济的辩证关系、技术创新对技术进步与经济增长的影响等几个方面。

这里所说的项目是指投入一定资源的计划、规划和方案并可以进行分析和评价的独立单元。项目的经济效果是指人们在生产活动当中的劳动消耗与所得的效果的比较，或者是消耗的资源（人力、物力、财力）总量与所取得的成果的比较。它可用绝对量或相对量表示，即采用差值法或比率法表示。

工程经济中，经济效果与经济效益的含义是有所差别的。经济效果是经济活动中产生的效果，它可能是好的，也可能是不好的，而只有好的经济效果，才能称为经济效益。

通常情况下，工程项目技术经济分析，是研究采用何种方法、建立何种方法体系，才能正确估价工程项目的有效性，才能寻求到技术与经济的最佳结合点。

工程经济学从技术的可行性和经济的合理性出发，运用经济理论和定量分析方法，研究工程技术投资和经济效益的关系。例如，各种技术在使用过程中，如何以最小的投入取得最大的产出，如何用最低的寿命周期成本实现产品、作业或服务的必要功能。工程经济学不研究工程技术原理与应用本身，也不研究影响经济效果的各种因素，而只研究这些因素对工程项目产生的影响。研究工程项目的经济效果，具体内容包括对工程项目的资金筹集、经济评价、优化决策，以及风险和不确定性分析等。

三、工程经济学研究的特点

工程经济学以自然规律为基础而不研究自然规律本身，以经济科学作为理论指导和方法论而不研究经济规律。它是在尊重客观规律的前提下，对工程方案的经济效果进行分析和评价，从经济的角度为工程技术的采用和工程建设提供决策依据。工程经济学具有如下特点：

1. 综合性

工程经济学横跨自然科学和社会科学两大类。工程技术的经济问题往往是多目标、多因素的，因此，工程经济学研究的内容涉及技术、经济、社会与生态等因素。

2. 实用性

工程经济学的研究对象来源于生产建设实际，其分析和研究成果直接用于建设与生产，并通过实践来验证分析结果的正确性。

3. 定量性

工程经济学以定量分析为主，对难以定量的因素，也要予以量化估计。用定量分析结果为定性分析提供科学依据。

4. 比较性

工程经济分析通过经济效果的比较，从许多可行的技术方案中选择最优方案或满意的可行方案。

5. 预测性

工程经济分析是对将要实现的技术政策、技术措施、技术方案进行事先的分析评价。

6. 系统性

工程技术发展与经济发展的关系及其最佳结合的相关因素非常复杂，涉及社会、生态、文化等多个方面，而且这些因素都是不断运动和变化的，它们是一个互相关联、互相制约和互相促进的复杂系统。因此，必须运用系统工程的理论方法进行全面的系统分析和论证，将影响其效果的全部因素纳入一个系统中综合考虑，才能全面揭示所研究问题的实质。所以，工程经济学具有系统性的特点。

第四节 工程经济分析的基本原则与基本要素

一、工程经济分析的基本原则

（一）技术可行基础上的选择替代方案的原则

工程经济学的研究内容是在技术上可行的条件已确定后，也就是在技术可行性研究的基础上进行经济合理性的研究与论证工作。工程经济学不包括应由工程技术学解决的技术可行性的分析论证内容，它为技术可行性提供经济依据，并为改进技术方案提供符合社会采纳条件的改进方案。

无论在什么情况下，为了解决技术经济问题，都必须进行方案比较，而方案比较必须有能解决统一问题的替代方案。所谓替代方案就是方案选择时，用于比较或相互进行经济比较的一个或若干个方案。由于替代方案在方案比较中占有重要地位，因此，在选择和确定替代方案时应遵循"无疑、可行、准确、完整"的原则。无疑就是对实际上可能存在的替代方案都要加以考虑；可行就是只考虑技术上可行的替代方案；准确就是从实际情况出发选好、选准替代方案；完整就是指方案之间的比较必须是完整的比较，不是只比较方案的某个部分。

（二）技术与经济相结合的原则

工程经济学是研究技术和经济相互关系的学科，其目的是根据社会生产的实际以及技术与经济的发展水平，研究、探求和寻找使技术与经济相互促进、协调发展的途径。所以，我们在讨论、评价工程项目或技术方案时，应当遵循技术与经济相结合的原则。

技术是经济发展的重要手段，技术进步是推动经济前进的强大动力，人类几千年的文明史证明了这一点。同时，技术也是在一定的经济条件下产生和发展的，技术的进步要受经济情况和条件的制约，经济上的需求是推动技术发展的动力。技术与经济这种相互依赖、相互促进、相辅相成的关系，构成了我们考虑与评价技术方案的原则之一，而经济效益评价又是我们决定方案取舍的重要依据，在评价方案的技术问题时，既要考虑方案技术的宏观影响，使技术对国民经济和社会经济发展起到促进作用，又应考虑到方案技术的微观影响，使得采用的技术能有效地结合本部门、本单位的具体实际，发挥出该项技术的最大潜能，创造出该技术的最大价值。同时，又要注意避免贪大求洋，盲目追求所谓的"最先进的技术"。

因此，在应用工程经济学的理论评价工程项目或技术方案时，既要评价其技术能力、技术意义，又要评价其经济特性、经济价值，将二者结合起来，寻找符合国家政策、符合产业发展方向且又能给企业带来发展的项目或方案，使之最大限度地创造效益，促进技术进步及资源开发、环境保护等工作的共同发展。

（三）可比性原则

工程经济学研究的核心内容就是寻求项目或技术方案的最佳经济效果。因此，在分析中，我们既要对某方案的各项指标进行研究，以确定其经济效益的大小，也要把该方案与其他方案进行比较评价，以便从所有的方案中找出具有最佳经济效果者，这便是方案比较。方案比较是工程经济学中十分重要的内容，可比性原则是进行工程经济分析时所应遵循的重要原则之一。方案比较可从以下四方面进行：

1. 使用价值的可比（满足需要上的可比性）

任何一个项目或方案实施的主要目的都是满足一定的社会需求，不同项目或方案在满足相同的社会需求的前提下也能进行比较。

（1）产品品种可比

产品品种是指企业在计划期内应生产的产品品种的名称、规格和数目，反映企业在计划期内在品种方面满足社会需要的情况。

（2）产量可比

这里的产量是指项目或技术方案满足社会需要的产品的数量。

（3）质量可比

质量不同，满足程度也将不同，所以，要求参加比较的方案必须在质量上可比。所谓质量可比是指不同项目或技术方案的产品质量相同时，直接比较各项相关指标；质量不同时，则须经过修正计算后才能比较。例如，日光灯和白炽灯两种灯具方案，不能用数量互相比较，而应在相同的照明度下进行比较。

2. 相关费用的可比（消耗费用的可比性）

相关费用的可比是指在计算和比较费用指标时，不仅要计算和比较方案本身的各种费用，还应考虑相关费用，并且应采用统一的计算原则和方法来计算各种费用。

（1）方案的消耗费用

方案的消耗费用必须从社会全部消耗的角度，运用综合的系统的观点和方法来计算。根据这一要求，技术方案的消耗费用计算范围不仅包括实现技术方案本身直接消耗的费用，而且应包括与实现方案密切相关的纵向和横向的相关费用。例如，修建一座混凝土搅拌站的目的是向用户提供混凝土，其消耗费用不仅要计算搅拌站本身的建设和生产费用，还要计算与之纵向相关的原材料的采购运输费用和成品送至用户的运输等项的费用。再例如，居住小区建设，除主要工程（住宅）的消耗外，还要计算配套工程等的耗费，故在进行小区建设方案比较时，应将各方案在主要工程的耗费和配套工程的耗费合并计算。

（2）方案的劳动费用

方案的劳动费用必须包括整个寿命周期内的全部费用。也就是说，既要计算实现方案的一次性投资费用，又要计算方案实现后的经营或使用费用。

（3）计算方案的消耗费用时

计算方案的消耗费用时，应统一规定费用结构和计算范围，如规定估算基本建设投资时包括对固定资产和流动资金的估算；采用统一的计算方法，即指各项费用的计算方法、口径应一致，如对投资和生产成本的估算方法应采用相同的数学公式；费用的计算基础数据要一致，就是指各项费用所采用的费率和价格应一致。因此，要求方案在价格上有可比性。

3. 时间的可比性

对于投资、成本、产品质量、产量相同条件下的两个项目或技术方案，其投入时间不同，经济效益明显也不同。

一是经济寿命不同的技术方案进行比较时，应采用相同的计算期作为基础；二是技术方案在不同时期内发生的效益与费用，不能直接相加，必须考虑时间因素。技术方案的经济效果除了数量概念外，还有时间概念。时间上的可比，就是要采用相同的计算期，考虑资金时间价值的影响等。

4. 价格的可比性

每一个项目或技术方案都有产出，同时消耗物化劳动，既有产出也有收入。要描述项目或方案产出和投入的大小，以便与其他的项目或技术方案进行比较，就要考虑价格因素。价格的可比性是分析比较项目或技术方案经济效益的一个重要原则。

要使价格可比，项目或技术方案所采用的价格指标体系应该相同，这是价格可比的基础。对于每一个项目或技术方案，无论是消耗品还是产品，均应按其相应的品目价格计算投入或产出。

（四）定性分析与定量分析相结合的原则

定性分析与定量分析是对项目或方案进行经济效益分析评价的两种方法。所谓定性分析是指评价人员依据国家的法律法规、国家产业发展布局及发展方向，针对该项目对国家发展所起作用和该项目发展趋势等进行评价。

定性分析是一种在占有一定资料、掌握相应政策的基础上，根据决策人员的经验、直觉、学识、逻辑推理能力等以主观判断为基础进行评价的方法。评价尺度往往是给项目打分或确定指数。这是从总体上进行的一种笼统的评价方法，属于经验型决策。

定量分析则是以项目各方面的计算结果为依据进行评价的方法。它以对项目进行的客观、具体的分析而得出的各项经济效益指标为尺度，通过对"成果"与"消耗"、"产出"与"投入"等的分析，对项目进行评价。定量分析以科学为依据，不仅使各种评价更加精确，减少了分析中的直觉成分，使得分析评价更加科学化，还可以在定量分析中发现研究对象的实质和规律，尤其是对评价中不易掌握的一些不确定因素和风险因素，均用可以量化的指标对其做出判断，以利于决策。定量分析因其评价具体、客观、针对性强、可信程度高，在实际工作中被普遍应用，既可用于事前评价，也可用于事中评价和事后评价，是进行经济效益评价的重要方法。

因此，在实际分析评价中，应善于将定性与定量分析方法结合起来。发挥各自在分析上的优势，互相补充，使分析结果科学、准确，使决策人员对项目总体上有一个比较全面的了解。

（五）财务评价与国民经济评价相结合的原则

工程项目财务评价是根据国家现行财税制度和价格体系，从工程项目的角度出发，根据已知及预测的财务数据，分析计算工程项目的财务效益和费用，编制有关报表，计算评价指标，考察工程项目的盈利能力和清偿能力等财务状况，据以判别工程项目的财务可行性。国民经济评价就是从整个国家或社会利益的角度出发，运用影子价格、影子汇率、影子工资和社会折现率等经济参数，对项目的社会经济效果所进行的评价，从社会经济的角度来考察项目的可行性。

一般情况下，项目对整个国民经济的影响不仅仅表现在项目自身的财务效果上，还可能会对国民经济其他部门和单位或是对国家资源、环境等造成很大影响，必须通过项目的国民经济评价来具体考核项目的整体经济效果，特别是对涉及资源、环境保护、进出口等因素的投资项目进行工程经济分析时，必须将项目的财务评价与国民经济评价结合起来考虑。既要符合国家发展的需要，使资源合理配置并充分发挥效能，又要尽量使项目能够有较好的经济效益，具有相应的财务生存能力，为今后的进一步发展打下良好的基础。

（六）社会主义制度下经济效果的评价原则

所谓的经济效果就是技术方案实现后所取得的劳动成果（产出）与所消耗的劳动（投入）之间的比较。这里的劳动成果，是指满足社会需要的劳务和产品。消耗的劳动包括劳动和其他有用物品的消耗。这里强调经济效益。经济效益，可以理解为有益的经济效果，也就是在实际上取得属于经济方面的效益。在项目的经济评价中，所有的经济指标应以经济效益为重点，但项目方案往往是在项目未实现之前进行评价，即事前评价，此时，项目的经济效果一般可以与经济效益通用。社会主义制度下经济效果的评价原则，主要体现在以下四个方面：

1. 坚持社会主义生产的目的，以最小的劳动消耗满足社会需求。

2. 局部经济效果服从整体经济效果。

3. 当前经济效果与长远经济效果相协调。

4. 经济效果与其他社会效果相一致。

二、工程经济分析的基本要素

工程经济活动一般包括项目方案主体、项目方案目标、项目方案效果、项目方案环境等要素。

(一) 项目方案主体

项目方案主体是指提供项目方案资本、承担项目方案风险、享受项目方案收益的个人或组织。现代社会经济活动的主体可大致分为以下三大类：企业、政府及包括文、教、卫、体、科研等组织在内的事业单位或社会团体。

(二) 项目方案目标

人类一切工程经济活动都有明确的目标，都是为了直接或间接地满足人类自身的需要。不同项目方案主体目标的性质和数量等存在着明显的差异。例如，政府的目标一般是多目标系统，包括社会经济的可持续发展、就业水平的提高、法制的建立健全、社会安定、币值稳定、环境保护、经济结构的改善、收入分配公平等；企业的目标以利润为主，包括利润最大化、增加市场占有率、提高品牌效应等。

(三) 项目方案效果

工程经济项目方案的效果是指项目实施后对项目方案主体目标产生的影响。由于目标的多样性，通常一项工程经济活动会同时表现出多方面的效果，甚至各种效果之间还是冲突和对立的。例如，对一个经济欠发达地区进行开发和建设，如果只进行低水平的资源消耗类生产，就有可能在提高当地人民收入水平的同时，造成严重的环境污染和生态平衡的破坏。

(四) 项目方案环境

工程经济项目方案常常面临两个彼此相关又至关重要的环境，一个是自然环境，另一个是经济环境。自然环境提供工程经济活动的客观物质基础，经济环境显示工程经济活动成果的价值。工程经济活动要遵循自然环境中的各种规律，只有这样才能赋予物品或服务使用价值。但是，物品或服务的价值取决于它带给人们的效用，效用大小往往要用人们愿意为此付出的货币数量来衡量。技术系统的设计再精良，但如果生产出的物品或提供的服务不能使消费者满意，或者成本太高，这样的工程经济活动的价值就会很低。

人类社会的一个基本任务，就是根据对客观世界运动变化规律的认识，对自身的活动进行有效的规划、组织、协调和控制，最大限度地提高工程经济活动的价值，降低或消除负面影响，而这也正是工程经济学的主要任务。

第二章　建筑产品的价格、成本和利润

第一节　建筑产品的价格

研究建筑产品的价格，主要是研究它的价格的形成（亦称价格构成），也就是研究建筑产品的组成要素及其组成情况，这对于正确地确定建筑工程和建筑产品的价格、掌握成本结构及降低成本的途径、加强经济核算都是必不可少的。

一、商品的价值与价格

（一）商品价值与价格的概念

商品生产是历史发展的产物，商品出现和存在的社会条件是社会的分工和劳动产品属于不同的所有者。社会分工是商品经济的基础，在我国现阶段社会主义市场经济条件下，仍然存在着商品生产的条件，所以还存在商品生产。商品具有双重性，既具有使用价值，也具有交换价值。也就是说它们既用来满足人们生产或生活的某种需要而具备一定的有用性，又用来与其他商品（或货币）相互交换而具有一定的交换价值，决定商品交换价值的因素就是价值。

价值是由劳动创造的，价值就是凝结在商品中的劳动。商品的价值在交换时以货币的形式表现出来，就是商品的价格。商品按照由社会必要劳动时间决定的价值量来进行等价交换，商品的价格与价值大体相等，价格围绕价值上下波动，这就是商品经济的客观规律。

价值规律是商品经济的普遍规律，建筑产品既然是商品，就必须遵循价值规律的客观要求。但建筑产品与一般工业产品相比较，既具有一般工业产品的共性，又具有明显的特征。

1. 建筑产品同其他商品一样，也是使用价值和交换价值的统一体

它的使用价值，就是建筑产品能提供满足生产和人民物质文化生活需要的生产能力和效益；它的交换价值，就是凝结在建筑产品中的人们的劳动。在社会主义市场经济条件下，建筑产品的生产首先应关心其使用价值，这是社会主义基本经济规律的客观要求。同时，建筑产品的生产也必须十分关心其价值，因为建筑企业必须用其销售收入补偿其劳动消耗并取得盈利。建筑产品的价值量取决于生产该产品所消耗的社会必要劳动时间。建筑企业应通过价值量的分析和比较，不断改善经营管理，节约劳动消耗，降低成本，加强经济核算，充分发挥投资的效益。

2. 建筑产品生产者的劳动，既是具体劳动，又是抽象劳动

在建筑产品生产的过程中，劳动者的劳动量是具体形式的劳动，运用自己的劳动技能，借助于一定的劳动手段，改造劳动对象，创造出适用于社会需要的具体使用价值的产品。同时，劳动者的劳动又是抽象劳动，创造出建筑产品的价值，这部分价值除用于补偿劳动者生活资料的消耗外，还形成企业的盈利。

3. 建筑产品的价值量是由生产该产品的社会必要劳动时间决定的

由于各企业生产条件、技术水平和经营管理水平的不同，导致各企业劳动生产率不同，所以生产同类产品所花费的个别劳动时间是不同的。个别劳动生产率高于社会平均劳动生产率的企业，就能获得较多的盈利；反之，盈利少或亏损。

4. 建筑产品也是为交换而进行生产的，因此，必须根据价值规律的要求，实行等价交换

建筑业与国民经济中其他部门有着非常密切的关系，建筑业的生产过程同时也表现为消费过程，既是建筑产品的供给方，又同时是许多生产资料的需求方。建筑业与其他部门的经济联系，实质上就是商品交换的关系。因此，只有使包括建筑产品在内的所有商品的价格与价值大体趋向一致，才能保证全社会所创造的价值不会在不同部门之间产生不合理的转移，才能正确比较部门之间和企业之间的经济效果，才能促进国民经济各部门协调、稳定发展，也才能正确地反映国家、集体和个人三者之间的关系。

（二）商品价值的形成

商品的价值决定着商品的价格，价格变动总是以价值为中心，这是商品生产社会中存在的共同规律，是价值规律作用的必然结果。马克思[①]在分析资本主义社会再生产的时候，把社会生产按实物形式划分为生产资料生产和消费资料生产两大类；同时，又把社会总产品在价值上分为不变资本（C）、可变资本（V）和剩余价值（M）三个组成部分。C代表

---

① 卡尔·马克思，全名卡尔·海因里希·马克思，马克思主义的创始人之一、第一国际的组织者和领导者、马克思主义政党的缔造者之一、全世界无产阶级和劳动人民的革命导师、无产阶级的精神领袖、国际共产主义运动的开创者。

已消耗的生产资料转移价值，V 代表新创造的价值中归劳动者支配的价值，M 代表新创造的价值中归社会和集体支配的价值。C+V 的货币表现就是产品的成本，C+V+M 的货币表现就是产品的价格。

1. 建筑产品的价值和其他产品一样，由三部分组成

（1）已消费的生产资料的价值，它包括建筑材料、构配件、燃料等劳动对象的消耗和建筑机械等劳动工具的磨损，其价值表现为材料燃料费和固定资产折旧费，这部分转移的价值为 C。

（2）工人必要劳动（V），这是为自己本身劳动所创造的价值，其价值表现为职工工资。C+V 成为物化劳动和活劳动消耗量的总和，即产品成本。这两部分费用作为产品成本，主要是因为它所耗费的费用（即成本），只有不断地从收入中得到补偿，才能重新恢复生产中已消耗的材料、支付工资，并补偿固定资产已损耗的价值，以保证再生产能够正常进行。

（3）工人为社会或国家提供的剩余劳动（M），其所创造的价值为建筑业的盈利，这是社会积累的源泉，通常表现为企业利润和向国家缴纳的税金。

2. 根据不同的分类目的和方法来划分

建筑产品的价值形态，可以根据不同的分类目的和方法来划分，如果我们以建筑产品的"有用性"作为划分标准，建筑产品的价值形态有以下三种：使用价值、交换价值和收益价值。

（1）使用价值

所谓建筑产品的使用价值，是指建筑产品直接用于满足某种需求所表现出来的价值。对建筑产品的使用价值的理解，不要局限于物质生产和日常生活需要的范围，而要从建筑产品可能具有的一切功能来分析。建筑产品的使用价值是通过它所具备的功能体现出来的，这些功能可以归纳为使用功能和形象功能两大类。使用功能是为满足技术或经济目的所具有的功能，而形象功能则是指那些非技术、非经济的功能，例如美学、舒适、代表性等。各类建筑产品满足以上功能的程度各不相同，正是由于这种差异性，才显示出建筑产品使用价值的差异。

（2）交换价值

所谓建筑产品的交换价值，是指建筑产品用于交换其他产品所表现出来的价值。

建筑产品的交换价值首先取决于在社会（部门）平均的劳动熟练程度和劳动强度情况下，生产该建筑产品所需要的必要劳动时间。简言之，取决于社会必要劳动时间。其次，建筑产品的交换价值还取决于它的效用。建筑产品的效用表示人们对建筑产品的需要所得

到的满足程度。建筑产品的效用是客观和主观的统一。说其是客观的，是因为：第一，建筑产品的自然属性本身是客观的，也就是说，能提供有用的建筑产品必然具有一定的使用价值，同时能满足人们需要的建筑产品又客观存在；第二，人们对建筑产品的欲望，虽然表现为意识，但欲望本身并不决定意识，真正决定人们对建筑产品的欲望是否满足和满足程度是如何的，是它所处的历史条件和经济地位。

（3）收益价值

所谓建筑产品的收益价值，是指建筑产品通过一系列价值转换过程所能得到的收益的价值。建筑产品在使用过程中的收益一般是按年计算。由于这些收益发生在不同的年份，因而要采用现值法统一折算到取得建筑产品时的年份。这样，建筑产品的收益价值就可以表示为建筑产品各年度收益的现值之和。若以 V_e 表示建筑产品的收益价值，V_t 表示建筑产品第 t 年度的收益，i 表示利率，T_e 表示建筑产品的经济寿命，则建筑产品的收益价值可用下式表达：

$$V_e = \sum_{t=1}^{T_e} \frac{V_t}{(1+i)^t} \tag{2-1}$$

二、建筑产品价格形成的特点

（一）建筑产品价格的概念

建筑产品是指通过建筑安装等生产活动所完成的符合设计要求和质量标准、能够独立发挥使用价值的建筑物和构筑物。在我国社会主义市场经济条件下，建筑产品也具有商品属性，必须通过市场和国民经济其他部门按照商品经济的原则实行等价交换。

由于建筑产品及其生产的技术经济特点，建筑产品的生产是以承包的经营方式进行的。建筑安装企业往往不是完成产品生产的全过程，建设单位作为投资者或用户代表，一般都要组成一个专门的班子负责工程建筑的统筹安排、组织和协调工作，并且直接参与一部分具体生产工作，如征地拆迁、现场准备、委托设计、设备的采购保管和联动试车等，在这种情况下，建筑产品价值构成中相当一部分费用要素是发包人自己支付的（例如，土地费用、勘察设计费用等）。也就是说，最终建筑产品的价格是由建筑产品的发包方与承包方两方面的费用和新创造的价值所构成，建设单位为生产建筑产品向建筑安装企业支付的全部费用并非最终产品的价格，而只是建筑安装企业产品的"出厂价格"。

随着我国商品经济的发展，涌现出不少房地产开发公司，全面负责购地、设计、建造，然后直接出售商品化的成套住宅。这种商品化建筑产品的价格，则反映了建筑产品的全部价值。

(二) 建筑产品价格的特点

1. 个别产品单件计价

由于各个建筑产品都有其指定的专门用途，为了适用于不同用途，各个建筑产品也就有不同的结构、不同的造型装饰、不同的体积和面积，采用不同的建筑材料。即使是用途相同的建筑产品，又必须在结构、造型等方面适应当地气候、地质、水文等自然条件，再加上建筑产品本身形体庞大、结构复杂，因而形成的建筑产品实物形态千差万别。而建筑产品生产的流动性，进一步影响了构成建筑产品价格的各种价值因素。例如，各地区材料价格的差异、职工工资标准的区别、间接费取费标准的不同，所有这些最终导致各个建筑产品价格的千差万别。因而对于建筑产品就不能像工业产品那样，按品种规格质量成批地生产和定价，而只能是单件性计价。

2. 多阶段计价

就一个完整的建筑工程项目来说，它是一个周期长、规模大的生产消费过程。在可行性研究阶段对工程造价进行多次性估价。在编制设计任务书阶段，在编制项目投资估算过程中就要参照类似工程的实际造价或依据估算指标编制相应建安工程的概算；而在施工图阶段，施工企业就要依据预算有关定额编制相应建筑安装工程的预算，实行招标承包制工程，最后决标所确定的建安工程造价，及一般承发包工程在竣工交付使用竣工决算中各建筑安装工程的造价，实际上就是各建筑产品的实际价格。估算→设计概算→施工图预算→竣工决算是一个由粗到细、由浅到深，最后准确地确定建筑产品价格的过程。从建筑安装企业的角度看，建筑产品的价格，就是承包价或最后结算价。

3. 供求双方直接定价

对于一般工业产品来说，是由供给者决定产品的价格，而需求者根据价格进行选择（当然，还要考虑产品质量、自己的消费能力等因素），对产品价格没有决定权。产品的价格与成本之差决定了产品利润的大小，而需求者对其购买的产品的利润额究竟多高是根本不知道的。

而建筑产品在生产之前定价时，并不是由供给者单独定价。通常，建筑产品的供给者根据需求者的要求对拟建建筑产品的生产成本进行估算，并在此基础上附加一定的利润，向需求者提交一份该建筑产品的价格估算书，需求者通过对若干份估算书分析、比较，从中选择一份他认为合理并可以接受的估算书，从而确定拟建建筑产品的暂定价格。从这个意义上讲，建筑产品的价格是由供求双方共同决定的，而且需求方在某种程度上对确定建筑产品的价格起主导作用。

（三）建筑产品价格运动的特点

1."观念流通"规律

建筑产品的固定性，产品不能随销售而做空间转移进入市场，一般只是所有权和使用权的转移。

（1）建筑产品只有"观念流通"，没有物的流通，因为通过承包生产，一般的交易不需要经过流通作业。在生产建筑产品时就包含着该产品的流通过程和流通费用在内，可以说建筑产品生产与流通是交织在一起的。

（2）建筑产品只有"观念流通"，没有物的流通，这就产生了生产机构的流动性。一个建筑产品生产完成，产品不能搬动，生产机构就要转移到另一地点再进行承包生产，这就产生了一些特殊费用，如施工机构迁移费、远征费、施工机械进出场费、临时设施费等，这些实质上是一般商品的流通费用，在建筑生产上都表现为生产费用。还有投标报价，争取中标而发生的一些流通费用在生产建筑产品之前就产生了，这也是与一般商品流通费用都发生在产品生产出来后才有销售、才有流通费用是不同的。这些产前、产中、产后的流通费用都应包括在建筑产品价格中。

2.建筑产品生产的"时滞性"

在建筑产品未生产出来以前就要投标报价，确定价格，而且建筑产品生产周期都比较长，至少半年以上，这期间生产要素的价格会发生变化，这就产生价格"时滞现象"。如投标报价过高就会失去竞争力，而报价过低则难获利润，甚至亏本。因此，加强以控制成本为中心的管理是建筑产品价格管理的中心一环。

3.采取承包生产方式的建筑产品价格运动与一般产品的价格运动不同

一般产品的价格运动是：

生产成本→税金→流通费用（含税金）→计划利润→销售价格。

承包生产的建筑产品价格运动是：

签订合同价格即买卖双方同意的合同价格（包含利润、税金）→生产预付款→假定产品（即工程按完成进度）中间付款→按国际惯例标准合同条件索赔等调整合同价格→实际成本→验收最终结算→实际利润。

由于建筑产品价格运动的特点，在较长的生产过程中价格变化因素较多，工程量也会与原合同有出入，因此，要十分重视对建筑产品的动态管理和合同索赔管理，国际上对这方面十分重视，严格按相关条款进行管理，一般索赔额高达造价的10%~20%，应结合实际，借鉴国际上的有益经验，制定相应的管理法规。

4. 建筑产品的使用价值可以零星出售，即出租

当建筑产品这种特殊商品以出租的方式经营时，通过定期收回租金使建筑产品的使用价值逐渐得以收回，也可以说建筑产品的使用价值零星出售。

5. 现货销售的建筑产品的价格，除生产成本外，还决定于环境及配套

由于建筑产品的固定性，各房屋建筑物的条件是不同的，如房屋的朝向（朝南或北等）、交通条件、自然环境、周围建筑物状况等都会影响建筑产品的价格，即使在同一楼层内也不完全一样，如三层、四层条件较好，价格（包括出售或出租）就高些。此外，配套设备也影响建筑产品价格，特别是住宅，如有无阳台、浴盆，是否通气（煤气、暖气等），是否具备单独厕所卫生设备等，在确定建筑产品销售价格（或出租）时，都是应考虑的价格因素。但这些都已超越建筑产品生产价格的研究范畴了。

三、建筑产品价格的计算

（一）合理计算建筑产品价格的重要性

1. 合理的建筑产品价格能促使建筑安装企业加强经济核算，提高工程质量，缩短施工工期。

2. 合理的建筑产品价格可以促使建筑安装企业正确处理好企业与国家、企业与其他单位、企业与职工的经济关系。

3. 合理的建筑产品价格有利于固定资产投资和建筑业的发展。

（二）建筑产品价格计算组成

建筑产品的价格是价值的货币表现。如前所述建筑产品的价值是由已消耗的生产资料价值（C）、工人必要劳动（V）、工人为社会或国家提供的剩余劳动（M）三部分组成，这是建筑产品的理论价格。至于建筑产品的实际价格，是以施工图预算形式所表现的建筑产品价格，它是由直接费、间接费、计划利润和税金四部分组成的。

第二节　建筑产品的成本

一、建筑产品成本的概念

简单地说，成本是商品生产中所耗费的活劳动和物化劳动的货币表现。保证简单再生产能够顺利地进行下去，是成本从价值的货币形态中划分出来的理论基础。所以，在经济学中特别把转移价值和为自己创造的价值货币形态，即物质消耗支出与劳动报酬支出，从商品价值的货币形态中划分出来，作为一个特殊的经济范畴，叫作成本。

建筑产品的成本，是指该产品施工中所发生的一切费用的总和，是施工中所消耗的生产资料价值（C）与劳动者劳动价值（V）两部分之和。

建筑产品成本所反映的是建筑企业在生产和销售建筑产品过程中的费用支出，它反映建筑企业在生产活动各个环节各个方面的工作质量和经营管理水平，集中反映企业全部工作的经济效果。劳动生产率的高低、建筑材料消耗的多少、建筑机械设备的利用程度、施工进度的快慢、质量的优劣、施工技术水平和组织状况，以及企业各部门生产经营管理水平，都会直接、间接地影响建筑产品的成本，并由成本这一指标反映出来。

商品出售价格的最低界限，是由商品的成本价格决定的。如果商品低于它的成本价格出售，生产资料中已经消耗的组成部分，就不能全部由出售价格得到补偿。如果这个过程继续下去，预付资本价值就会消失。由此可见，产品成本是价格的最低界限，低于这个界限，生产就要萎缩，企业就要亏损，简单再生产也难以维持下去，当然更谈不上扩大再生产了。可见成本问题关系着社会再生产的问题，研究成本的理论和实际问题具有十分重要的意义。建筑产品的成本是建筑产品价格的重要组成部分，当建筑产品的价格确定以后，这时建筑产品的成本愈高，企业的盈利就愈小；反之，企业的盈利就随着成本的下降而增大。这就是说成本决定企业盈利的多少，因此，建筑产品成本是考核企业经营管理效果的一项综合指标。

二、建筑产品成本的构成

建筑产品成本构成是指形成成本的各个费用项目在总成本中所占的比重。建安产品按现行成本核算制度的规定，具体分为两类八个成本项目。

两类即直接工程费和间接费。

成本项目分为人工费、材料费、施工机械使用费、其他直接费、现场经费及企业管理费、财务费、其他费用。

任何产品都是由各种经济性质不同的费用组成，成本组成部分的不同，反映着活劳动与物化劳动在生产过程中所起作用的不同性质，同时也标示出我们寻找降低成本的方向和途径。

对于建筑产品而言，不同的建筑物，建筑安装工程直接费用的构成比例也是不同的。直接费构成了建筑安装工程的直接成本，直接费和间接费之和构成了建筑安装工程的总成本。一般土建工程的总成本中，费用构成的比例大体是：人工费占8%～12%，材料费占

60%~65%，机械使用费占4%~8%，间接费占18%~22%。从成本结构中可以找出降低成本的重点，但并不是说，不是主要的成本构成项目，就不需要设法降低成本了。降低成本应该是全面的，从各个方面、各个环节去设法降低，并制订出具体的降低成本措施计划。

三、建筑产品成本的分类

（一）建筑产品的成本按作用分类可分为预算成本、计划成本和实际成本

1. 预算成本

是以施工图预算为依据按一定预算价格计算的成本。它是企业经济核算的基础，是控制成本支出、检验成本节约或超支的标准，是安排施工计划、供应材料的重要参考。

2. 计划成本

指企业为了明确和保证完成降低成本任务，在工程预算成本的基础上，具体考虑各项工程的施工条件，制定积极可行的技术组织措施，充分挖掘企业内部潜力和厉行增产节约的经济效果后编制的成本计划，也就是一般所说的降低成本计划。计划成本反映的是企业的成本水平，是建筑企业内部进行经济控制和考核工程活动经济效果的依据。计划成本与预算成本比较的差额，是企业的计划降低成本额，与实际成本比较，可以考核企业成本计划的执行情况。

3. 实际成本

指建筑安装工程实际支出费用的总和。它是反映建筑企业经营活动的综合性指标。用它与工程预算成本比较，可以反映工程的盈亏情况。用它与计划成本比较，可以作为企业内部的考核依据，能较准确地反映施工技术管理水平，以及技术组织措施计划等贯彻执行的情况。

这三种成本是根据建筑产品的技术经济特点产生的一种特殊的经济核算形式。由于预算成本是以预算定额为基础确定的，施工中实际成本费用的开支，是以施工定额为基础编制的施工预算来控制的。而预算定额与施工定额之间，本身就存在着事实上的"富余"。所以，只要按施工预算控制费用开支，实际成本一定会低于预算成本。只有实际成本低于计划成本，企业才算完成了成本降低计划，实现了计划利润。企业要获得盈利实现计划利润，其核心和正确的途径是降低成本，而绝不是在编制确定预算价格的施工图预算时采用高估冒算、定额套高不套低、提高计费标准等不正确的方法。

（二） 按建筑产品成本与产量的关系可将成本划分为固定成本和变动成本

固定成本，是指总成本中不随企业经营状况、施工工期、产量变化而变化的一类成本，例如，固定资产折旧费、租金，企业管理费中有关项目。固定成本往往是与一定的生产条件、生产规模相联系的。当出现无条件超过某一限度的情况，固定成本可能会发生突变，这时计算建筑产品成本要特别加以注意。由于固定成本与产量无关，所以产量越高，则固定成本在每个单位上分摊的比例就越低。为了使单位产量中的固定成本尽可能低，就要在固定成本不发生突变的界限内尽可能扩大生产能力。

变动成本，是指总成本中随产量或时间而变化的一类成本。例如，人工费、材料费、机械使用费等有关费用。若变动成本和有关变量之间存在按相同比例变化的关系称为线性变动成本。如材料费、构配件费等与产量变化呈线性关系，机械台班费、施工现场管理人员工资等可能与时间的变化呈线性关系。

（三） 用于建筑企业经营决策的成本

1. 边际成本

边际成本是增加一个单位产量所引起总成本的增加值。边际成本提供了企业产量增减对损益的变动影响。

2. 机会成本

机会成本是指在有两个生产方案同时选择时，采用其中一个方案的结果意味着放弃另一个方案所能得到的收益。把这个未实现的收益看作成本，即为机会成本。因此，在对多个生产方案进行比较时，可以按准备采用的方案所能得到的收益与机会成本之差是正值为决策原则。

3. 沉没成本

沉没成本是指由以往所决定而非现在所能灵活调剂的那部分成本。以沉没成本为出发点选择生产方式或分析产品成本时，不考虑过去实际发生的损益情况，而主要是着眼于将来。

四、降低建筑产品成本的途径

在建筑产品价格保持不变的情况下，产品成本越低，企业的盈利就越多，上交给国家的税收和企业留用的利润就越多，从而增加国家财政收入，并为建筑业本身的扩大再生产创造有利条件。降低建筑产品成本对于我国建筑业打进国际市场，在国际竞争中处于有利的地位，换取更多的外汇收入，具有重要意义。降低成本的途径是多样而复杂的，仅以建筑企业内部因素对降低成本的影响，可以从以下七个方面考虑：

（一）改善施工组织设计

施工组织设计是组织施工生产的技术经济文件，是一项科学的管理方法。有了施工组织设计，用它来处理好施工中出现的各种因素，如人力、材料、机械，以及时间和空间、技术和方法、供应和消耗、专业与协作等之间的关系，保证劳动生产率的提高和成本的降低。

（二）在不影响工程质量的原则下，因地制宜地采用新材料和代用品

例如，在城市综合利用煤渣、粉煤灰制品，采用新型框架轻板建筑材料代替砖瓦，发展各种非金属产品和各种新型工业材料，以及能代替钢材、木材和棉、麻的建筑材料制品，如水泥压力管、石棉水泥管、玻璃纤维、玻璃钢、玻璃棉、铸石等。

（三）提高机械利用率

如能使现有机械利用率由50%提高到60%~70%，就全国而言，就可以大量节约机械使用费。

（四）提高劳动生产率

减少工时损耗，改善劳动组织，提高劳动生产率，推行优质超额奖，保证工程质量，减少返工损失。

（五）减少非生产性开支

不断减少非生产性开支，精简不必要的重叠机构，严格定员、定责任，控制工资基金，防止滥发奖金、大吃大喝、化公为私，这些都是降低成本应该注意的方面。

（六）减少运输费用

在建筑工程施工中运输费比例是不小的，有些材料因不合理运输，往往价格增加一倍。因此，大宗的笨重的地方材料，如砖、瓦、灰、砂、石应尽量做到就地取材，减少运费，从而降低成本。

（七）贯彻经济核算和节约制度

开展增产节约运动，推行经济核算制，使企业生产经营的经济效果和企业的物质利益结合起来，严格经济责任制，搞好班、组核算，开展经济活动分析。

第三节　建筑产品的利润

一、建筑产品利润的概念

社会主义市场经济下存在着商品货币关系，因此，劳动者为国家、为社会创造的剩余产品（M）还需要用价值来表现。税金和利润就是其表现形式。采用这种形式，有利于国家利用经济杠杆进行宏观调控，有利于促进竞争，促进企业精打细算，降低成本，增加盈利。价格中的税金和利润是盈利的两个组成部分，但是其共同点是利润和税金都是劳动者为社会创造的价值的货币形态，因此可把两者合称为利润或盈利。

建筑产品价格中的利润，是指建筑安装企业的劳动者，为社会和集体劳动创造的价值，即 M 这一部分，因此便有公式 2-2 存在：

$$M = W - (C + V) \tag{2-2}$$

此式意味着，建筑企业所生产的商品的价值扣除成本后的余额，就是企业的纯收入，亦称盈利。也可以说，建筑产品的价格中只有包含利润部分，才符合价值规律，才是合理的。

从企业利润总额组成可以看出，企业只有增加已完工程数量，降低建安工程成本，严格控制营业外支出，才能获得一定的利润。因而利润是比较全面地反映企业经营成果的综合性指标。在我国现阶段，企业实现的利润也是企业扩大再生产的主要来源。要振兴我国建筑业，就要以内涵和外延两方面进行扩大再生产。建筑业扩大再生产资金来源主要靠本行业所提供的积累，即税后利润。此外，企业实现利润亦是改善职工集体福利、提高职工生活水平的主要资金来源，因此，利润与企业职工的切身经济利益紧密相连。建筑企业实现利润也是国家财政收入的来源之一，根据企业不同情况，分别采取缴纳所得税、奖金税等办法向国家缴纳税金。建筑业已逐步发展成为国民经济的支柱产业，为国家创造更多税收。

二、建筑产品利润的构成与计算

按现行财务制度规定，建筑产品的利润即工程结算利润，它是由计划利润和工程成本降低额组成，计算如下：

$$工程结算利润 = 计划利润 + 工程成本降低额 \tag{2-3}$$

（一）计划利润

建筑企业的计划利润，是国家规定按一定利润率计算在建筑产品价格中的。20 世纪 50 年代以前，我国国营建筑安装企业建筑产品的价格，是按照预算成本加 2.5% 的法定利润而确定的。但从 50 年代以后，改为按预算成本确定建筑产品的价格。60 年代以后，施工单位的工资和管理费用由建设单位发给，材料实报实销。到 80 年代，国家重新规定按工程预算成本的 2.5% 计取法定利润，同时，实行降低成本留成。90 年代开始将法定利润 2.5% 改为 7% 的计划利润，同时取消原有的 3% 的技术装备费。总的看来，建筑产品长期处于低利和无利的水平。其主要原因在于我国长期否认建筑产品是商品，否认建筑业是物质生产部门，认为压低建筑产品价格有利于保证固定资产投资规模，这种理论的谬误不言自明。仅从对国家财政收入的影响来看，由建筑产品采取无利或微利的价格政策所造成的财政收入损失额就将超过由此作为财政支出的固定资产投资所带来的节约额。纵观建筑企业自新中国成立以来利润的发展变化情况，可以看出建筑业作为独立物质生产部门，建筑产品价格中必须包括利润，而且要合理确定利润率才有利于行业的发展，利润率的高低应符合有利于正确评价建筑业的经济效益、经济规律的要求。

（二）工程成本降低额

工程成本降低额是在保证工程质量的前提下，通过一系列降低工程成本措施，从预算成本中节约出来的材料费、人工费、机械使用费、其他直接费、现场经费和间接费。

建筑企业的盈利，完整地说是由营业利润、投资收益、营业外收入和营业外支出组成。

在施工企业会计制度中，将企业的利润部分具体规定为：

$$利润总额 = 营业利润 + 投资收益 + 营业外收入 - 营业外支出 \qquad (2\text{-}4)$$

$$营业利润 = 工程结算利润 + 其他业务利润 - 管理费用 - 财务费用 \qquad (2\text{-}5)$$

$$工程费用利润 = 工程结算收入 - 工程结算成本 - 工程结算税金及附加 \qquad (2\text{-}6)$$

其他业务利润 = 其他业务收入 - 其他业务支出

三、建筑产品利润率的计算

为了观察和考核企业的经营成果，采用利润率指标来衡量企业的利润水平。常用的利润率指标有资金利润率、产值利润率、成本利润率、销售利润率、工资利润率。

（一）资金利润率

资金利润率是指一定时期内（如 1 年），企业的利润总额与企业生产中占用的全部资金的比率。其计算公式为：

$$资金利润率 = \frac{利润总额}{全部资金占用额} \times 100\% \qquad (2-7)$$

资金利润率是考核企业占用资金情况的一个重要指标。它反映企业资金所实现的利润，标志着企业资金的经营效果。

（二）产值利润率

产值利润率是指一定时期内，企业的利润总额与企业总产值（或建安工作量）的比率。其计算公式为：

$$产值利润率 = \frac{利润总额}{建安工作量(或企业总产值)} \times 100\% \qquad (2-8)$$

这个指标反映产值与企业利润之间的对比关系，表明每元产值所实现的利润。

（三）成本利润率

成本利润率是指一定时期内，企业产品销售利润总额与产品成本的比率。其计算公式为：

$$成本利润率 = \frac{利润总额}{产品成本总额} \times 100\% \qquad (2-9)$$

这个指标反映利润与成本之间的对比关系，它体现了企业利润的增加是由于降低成本的结果，但是不能反映企业所用全部资金的经济效益。并且，规模、技术和经营管理相近的施工企业，由于承包的建筑产品对象不同，所得的利润会有很大的差别。

（四）销售利润率

销售利润率是指一定时期内，企业利润总额与销售收入的比率。其计算公式为：

$$销售利润率 = \frac{利润总额}{销售收入} \times 100\% \qquad (2-10)$$

这个指标反映企业销售收入（已完工程结算收入和产品、作业销售收入）与实现利润之间的对比关系，表明每元销售收入所实现的利润。它有利于促进企业提高质量、降低成本、生产适销对路的产品。

（五）工资利润率

工资利润率是指一定时期内，企业利润总额与工资总额的比率，其计算公式为：

$$工资利润率 = \frac{利润总额}{工资总额} \times 100\% \qquad (2-11)$$

这个指标反映企业工资总额与实现利润之间的对比关系，表明每元工资所实现的利润。

四、建筑企业增加利润的途径

影响施工企业利润的因素是很多的，其中有企业内部的因素，也有企业外部的因素。从外部因素来说，主要是国家或地区工程任务量情况，能供应施工所需的材料物资，等等。从内部因素来说，主要是实行增产节约，即一方面要精打细算，节约支出；另一方面要加速施工进度，完成更多、更好的施工生产任务，扩大企业的工程结算收入和其他收入。总之，要从各个方面改善施工经营管理，不断挖掘企业内部潜力。

（一）降低工程成本，是增加施工企业利润的根本途径

在规定的工程预算造价下，工程成本的高低，在很大程度上决定着企业利润的大小。降低工程成本，就可相应地增加企业的利润总额。因此，为了增加企业利润，首先必须采取各种有效的措施，大力降低工程成本。

（二）增加工程数量，提高工程质量

在其他条件不变的情况下，企业能承包并完成更多的工程，一方面可增加工程款收入，增加利润总额；另一方面，可降低单位成本中的相对固定费用，如间接费、机械折旧、修理费等支出，降低单位工程成本，增加企业利润。至于提高工程质量，可以减少工程返工损失，从而降低工程成本，增加企业利润。因此，要增加利润，施工企业就要在提高工程质量的基础上加速施工进度，完成更多的工程。

（三）提高流动资金和固定资金的利用效果

不断提高流动资金和固定资金的利用效果，有助于增加工程数量，使企业获得更多的工程款收入，并可节约材料保管费，减少材料损耗和利息支出等。有效地利用固定资产，可以提高劳动生产率，增加工程数量，减少单位工程成本中的折旧费等。

（四）降低附属工业企业的产品成本

在施工企业里，除了直接从事建筑安装工程施工活动的施工单位和为施工服务的辅助生产单位外，往往还有一些附属工业企业，如从事建筑材料、结构件的生产和机械设备的

制造、修理等。这些附属工业企业实行内部独立核算，单独计算盈亏。降低附属工业产品的成本，就可增加附属工业企业的利润。为了增加企业利润，就应在附属工业企业开展增产节约运动，积极采取各种有效措施，不断增加产品数量，提高产品质量，降低产品成本。

（五）节约管理费用、财务费用开支，减少营业外支出

在工程、产品成本不变的情况下，管理费用、财务费用和营业外支出的多少，决定着企业利润总额的大小，要增加企业利润，就必须采取各种办法，减少管理费用、财务费用和营业外支出。

施工企业如有股票投资、债券投资和对其他企业的投资，也应优选投资方向，讲求投资经济效益，力求增加投资效益。

必须指出，施工企业在追求利润的同时，要重视工程、产品质量，注意企业之间的协作关系。不能为了增加利润，在施工生产时不顾工程、产品质量，偷工减料，弄虚作假；在工程价款结算时，热衷于经济签订，算增加账。

第三章　工程经济分析基础

第一节　资金的时间价值与现金流量

一、资金的时间价值

（一）资金时间价值的含义

在当今经济环境中，时间就是金钱，要科学地分析工程项目的经济效益，合理地评判工程项目各方案的优劣等，必须考虑和计算资金的时间价值。

在生活中，我们会遇到类似这样的情况，如果我们把 1 万元存入银行，年利率为 3% 时，存期 1 年。1 年后可以获得一笔 10 300 元的资金，多收获的 300 元就是资金的时间价值。资金的价值是时间的函数，随着时间的推移而增加，增加的那部分就是资金的时间价值。但必须强调资金在生产经营及其循环、周转过程中才会产生增值。资金如果作为贮藏手段保存起来，不论经过多长时间仍为同等数量的资金，而不会发生数值的变化，如果考虑通货膨胀，资金实质上已贬值。通货膨胀是指由货币发行量超过商品流通实际需要量而引起的货币贬值和物价上涨现象。在现实经济活动中，资金的时间价值与通货膨胀因素是同时存在的。

（二）衡量资金的时间价值

1. 利息

利息是货币资金借贷关系中借方支付给贷方的报酬，即超出原借贷金额的部分。现在很多家庭都多少有一些积蓄，家庭储蓄是当今社会资本市场资金的主要来源。比如，房地产开发公司要开发新楼盘，一般都要从银行或其他的金融机构借款，银行就是把老百姓存入银行的闲置资金汇集起来发放贷款。老百姓要获得相应的报酬，开发商要付出相应的代价，这就是利息。只是贷款利率会比存款利率高出许多，这个差额就给了银行。利息其实就是投资者放弃现期消费而获得的补偿，或者是借贷者使用资金而为此支付的代价。

2. 利率

利率是指在一定时间所得到的利息额与原投入资金的比例，也称为使用资金的报酬率，它反映了资金随时间变化的增值率，是衡量资金时间价值的相对尺度。因为计息周期不同，表示利率时应注明时间单位，否则利率是没有意义的。年息通常以"%"表示，月息以"‰"表示。

利率的高低与社会平均利润率有关，还受借贷资金的供求情况、贷款风险的大小、借款时间的长短、商品价格水平、银行费用开支、社会习惯、国家利率水平、国家经济政策与货币政策等因素的影响。

（三）利息计算

利息计算有单利法和复利法之分，当计息周期在一个以上时，就要考虑单利法和复利法的问题。

1. 单利法

单利法是以本金为基数计算资金的时间价值（即利息），不将利息计入本金，利息不再生息，所获得的利息与时间成正比，即通常所说的"利不生利"的计息方法。

2. 复利法

复利法是以本金和累计计息之和为基数计算利息的方法。即每期都把利息计入本金一起计息，利息又会生息，也就是通常所说的"利滚利"。

二、现金流量

（一）现金流量的概念

对一个特定的经济系统而言，投入的资金、花费的成本、获取的收益，都可看成是以货币形式体现的现金流入或现金流出。

现金流量就是指一个特定的经济系统在一定时期内（年、半年、季等）的现金流入或现金流出，或流入与流出数量的代数和。流入系统的称现金流入，流出系统的称现金流出。同一时间点上现金流入与流出之差称净现金流量。

（二）现金流量的划分

在工程项目经济分析中现金流入和现金流出总是同时存在的。

（三）现金流量图

现金流量图是以图形的方式表达项目投资周期内每期的现金流入和流出情况。把现金流量画在二维坐标上，使得现金流量一目了然。

现金流量图中的横轴表示时间，上面应标注时间刻度及时间单位。纵轴表示现金流域。箭线的长短表示现金流量的大小，箭线越长表示现金流量越大。箭线向上表示现金流入，箭线向下表示现金流出。箭线末端应标注现金流量额度。

要正确绘制现金流量图，必须把握好现金流量图的三要素：现金流量的大小、现金流域的方向、现金流量发生的时间点。

（四）现金流量表

1. 现金流量表报告的意义

现金流量表作为财务会计报告的三大主表之一，除了和资产负债表及利润表一样为报表使用者提供会计信息外，在现实运用中又有自身的侧重点，能够帮助管理者做出更为有效的决策。通过清晰记录企业资金流入流出的来龙去脉及原因具体分析，简单快速对企业现金流量情况进行判断，更好地反映企业财务状况，弥补其他财务信息的不足；能够对企业资金管理的安全程度起到预警作用，防止企业陷入迅速破产倒闭的困境中。通过现金流量表中各分类项现金流的正负大小能够预警到企业的资金状况，各分类项资金净流入正值越大，相对而言企业的资金安全程度越高。

了解企业资金的主要来源渠道等信息，便于从现金流量的角度对企业管理进行考评。由于利润表和现金流量表编制原则不同的原因，企业的经营利润不等于企业的现金流，某些情况下企业反映的经营利润很高，但是却不能偿还到期债务，企业运营陷入尴尬境地。对企业管理的考评加入现金流量表的项目评价，更能做出全面、合理的运营评价。

2. 现金流量表分析主要内涵

现金流量表是以收付实现制基础进行编报，反映企业一定期间内现金收入及现金支出、期末现金结余情况的报表。对现金流量表的使用目的有着很强的针对性，主要考虑从以下四个方面进行分析：

（1）分析企业资金使用效率情况

通过现金流量表各分类项初步核算结果，有针对性地对某项资金收入或是资金支出进行进一步了解，分析其流转的原因及时间差，做好资金流转管理，提高资金使用效率，为企业运营经济效益最大化奠定基础。

（2）分析企业资金支付能力

除了满足企业日常费用资金支出外，重点分析企业到期债务和股利分配的资金支付能力。通过结合现金流量表进行分析，资金支付能力强的企业发展能力相对也强，投资回报率更为可靠，增强投资者对企业的投资信心。

（3）分析企业盈利质量情况

由于利润表编报因权责发生制基础、配比原则等含有会计估计因素影响，企业的经营利润不代表同时的真金白银现金流入，有时出现经营利润很高企业却面临无法支付到期债务的破产困境。通过结合现金流量表和企业的销售收入、利润进行分析，在关注经营利润的同时研究企业的盈利质量情况，确保企业的健康发展。

（4）分析企业未来一定时期内获取现金的能力

通过分析经营活动产生的现金流，增加企业内部周转资金的更为有效使用；通过分析投资活动产生的现金流，分析企业资本性支出的使用情况，加快投资回报；通过筹资活动产生的现金流，可以进一步分析未来期间还本付息压力时间节点。通过现金流量表及相关信息，可以综合分析未来某段期间企业获取和支付资金的能力。如，企业本期筹资活动流入资金，但意味着未来某些时刻要流出资金。

3. 常用的现金流量表分析方法

（1）结构分析法

现金流量表分别由经营活动、投资活动、筹资活动三大项活动和各自子项目产生的现金流入、现金流出分别列示报告。结构分析法一方面分析三大活动产生的现金流量占总现金流总量的百分比，推断不同的财务状况，如企业经营活动产生的现金流的占比较小、筹资活动产生的现金流占比最大时，说明企业处在初创阶段；结构分析法另一方面分析各具体项目的现金流入、流出、净值占现金流入、流出、净值的总数的百分比，重点分析占比较高的项目，从而实现对企业现金流进行更准确的管理、预测。

（2）指标分析法

指标分析法主要采用现金流量表项目金额和其他财务报表项目金额进行对比，通过不同角度计算的结果分析判断企业的现金获取能力、企业支付能力及盈利质量、发展能力等。如销售现金比率、资本金现金流量比率分析现金获取能力，即付比率、现金利息保障倍数分析企业支付能力，净利润现金比率分析盈利质量，再投资现金比率分析企业发展能力，等等。

（3）趋势分析法

趋势分析法通过采用不少于3年的报表数据，比较同一项目的各期金额，分析其增减变化趋势，比较不同年份现金流量项目的占比变化程度及有关比率变化趋势可以更加了解企业的真实财务状况和发展思路，从而对企业的进一步发展做出规划决策。如当企业经营活动产生的现金净流量不断增长时，说明企业处于稳定发展阶段；当企业投资活动产生的净流量负值不断扩大时，说明企业正在扩大规模，处于发展壮大阶段；当企业筹资活动净流量一直保持稳定态势或是增加时，说明企业融资能力较强，企业运营风险相对较小。

第二节　资金等值与利率计算

一、资金等值

（一）资金等值概念

资金等值是指在考虑资金时间价值的情况下，不同时点上数额不等的资金在一定利率条件下可能具有相等的价值。等值计算即把某一时间点上的资金值换算为另一时间点上价值相等但数值不等资金值的过程。资金等值计算可解决不同时间点的资金的可比性问题和正确评价由于时间因素产生的经济效果，其广泛应用于多方案评价、优选中。

从投资者的角度来看，资金的时间价值受以下因素的影响：

1. 投资额

投资的资金额越大，资金的时间价值就越大。例如，如果银行的存款年利率为 3%，那么 100 元存入银行，一年后的收益为 103 元。如果存入银行 200 元，一年后的收益为 206 元，显然 200 元的时间价值比 100 元的时间价值大。

2. 利率

一般来讲，在其他条件不变的情况下，利率越大，资金的时间价值越大；利率越小，资金的时间价值越小。如银行存款年利率为 3% 时，100 元 1 年的时间价值是 3 元；银行存款年利率为 5% 时，100 元 1 年的时间价值是 5 元。

3. 时间

在其他条件不变的情况下，时间越长，资金的时间价值越大，反之越小。如银行存款年利率为 3% 时，100 元 2 年的时间价值是 6 元，比 1 年的时间价值大。

4. 通货膨胀因素

如果出现通货膨胀，会使资金贬值，贬值会降低资金的时间价值。

5. 风险因素

投资是一项充满风险的活动。项目投资以后，其寿命期、每年的收益、利率等都可能发生变化，这既可能使项目遭受损失，也可能使项目获得意外的收益。这就是风险的影响。不过，风险往往同收益成比例，风险越大的项目，一旦经营成功，其收益也越大。这就需要对风险进行认真预测与把握。

由于资金的时间价值受到上述多种因素的影响，因此，在对项目进行投资分析时一定要从以上五个方面认真考虑，谨慎选择。

（二）几个相关概念

1. 时值

时值就是在工程项目研究期某时刻点上发生的现金流量的额度。

2. 现值

现值是指发生在某研究期起始时刻的资金额度，或将研究期内的资金等值换算到时间起点的价值，用 P 表示。广义上的现值是将一个时刻点的资金"由后往前"等值换算为前面某个时刻点上的资金额度。

求现值的过程称为折现（或贴现）。

3. 终值

终值是指将研究期内的现金流量等值换算到研究期期末的资金额度，用 F 表示。广义上的终值是将一个时刻点上的资金"由前往后"等值换算为后面某个时刻点上的资金额度。

4. 年金

年金是指研究期内每期均发生等额的现金流量，用 A 表示。在工程经济分析中，如无特别说明，一般年金发生在研究期期末。年金中收付的间隔时间不一定是 1 年，可以是半年、1 个月等。

（三）资金等值计算的基本公式

由于资金具有时间价值，使得金额相同的资金发生在不同的时间会产生不同的价值。反之，不同时间发生的金额不等的资金在时间价值的作用下却可能拥有相等的价值。这些不同时期、不同金额但其"价值等效"的资金称为等值，也称为"等效值"。在工程经济分析中，等值是一个十分重要的概念，为我们确定某一项经济活动的有效性或者进行方案比选、优选提供了可能。

1. 一次支付终值公式（已知 P、i、n，求 F）

一次支付终值公式的经济含义是：已知本金 P，计息期利率为 i，复利计息，求 n 期期末的本利和，即终值 F。

$$F = P (1 + i)^n = P(F/P, i, n) \tag{3-1}$$

式中：$(1 + i)^n$——一次支付终值系数，用 $(F/P, i, n)$ 表示，其数值可从复利系数表中查到。

2. 一次支付现值公式（已知 F、i、n，求 P）

一次支付现值公式的经济含义是：如要在第 n 期期末收入一笔资金 F。在复利计息且利率为 i 的条件下，求现在应一次性投入的本金 P。

$$P = F (1 + i)^{-n} = F(P/F, i, n) \tag{3-2}$$

式中：$(1+i)^{-n}$——一次支付现值系数，用 $(P/F, i, n)$ 表示，其数值可从复利系数表中查到。

在工程经济分析中，一般是将未来值折现到期初，这个过程即为折现。

3. 等额支付年金终值公式（已知 A、i、n，求 F）

在工程经济分析中，经常遇到现金流量是年金的情况。该公式的经济含义是：在 n 期期末有等额的现金流量，每期金额为 A，计息期利率为 i，复利计息，将各期的等额年金全部换算到第 n 期期末，求终值 F。

可把等额序列视为 n 个一次支付的组合，利用一次支付终值公式推导出等额支付年金终值公式。

$$F = A (1 + i)^{n-1} + A (1 + i)^{n-2} + A (1 + i)^{n-3} + \cdots + A(1 + i) + A \tag{3-3}$$

上式两边同时乘以 $(1 + i)$，则有：

$$F(1 + i) = A (1 + i)^n + A (1 + i)^{n-1} + A (1 + i)^{n-2} + A (1 + i)^{n-1} + \cdots + A(1 + i) \tag{3-4}$$

$(3-4) - (3-3)$，得：

$$F(1 + i) - F = A (1 + i)^n - A \tag{3-5}$$

$$F = A\left[\frac{(1 + i)^n - 1}{i}\right] = A(F/A, i, n) \tag{3-6}$$

式中：$\dfrac{(1 + i)^n - 1}{i}$——等额支付年金终值系数，用 $(F/A, i, n)$ 表示，其数值可从复利系数表中查到。

4. 等额支付偿债基金公式（已知 F、i、n，求 A）

等额支付偿债基金公式的经济含义是：计息期利率为 i，复利计息，要在 n 期期末收入一笔资金 F，那么在这 n 期内连续每期期末的年金 A 应为多少。

此公式是等额支付年金终值公式的逆运算：

$$A = F\left[\frac{i}{(1+i)^n - 1}\right] = F(A/F,\ i,\ n) \tag{3-7}$$

式中：$\dfrac{i}{(1+i)^n - 1}$——等额支付偿债基金系数，用 (A/F, i, n) 表示，其数值可从复利系数表中查到。

5. 等额支付年金现值公式（已知 A、i、n，求 P）

等额支付年金现值公式的经济含义是：拟在 n 个计息期期末连续、等额地收获一笔资金 A，计息期利率为 i，复利计息，则现在应投入资金 P 是多少。

可以由年金终值公式推导得出。

由公式 $F = A\dfrac{(1+i)^n - 1}{i}$ 以及公式 $P = F\dfrac{1}{(1+i)^n}$ 可得：

$$P = F\frac{1}{(1+i)^n} = A \cdot \frac{(1+i)^n - 1}{i} \cdot \frac{1}{(1+i)^n} \tag{3-8}$$

$$P = A \cdot \frac{(1+i)^n - 1}{i(1+i)^n} = A(P/A,\ i,\ n) \tag{3-9}$$

式中：$\dfrac{(1+i)^n - 1}{i(1+i)^n}$——等额支付年金现值系数，用 A (P/A, i, n) 表示，其数值可从复利系数表中查到。

6. 等额支付资金回收公式（已知 P、i、n，求 A）

等额支付资金回收公式的经济含义：期初投入资金 P，拟在 n 期内等额全部收回，计息期利率为 i，复利计息，每期期末能收回资金 A 为多少，可由等额支付资金现值公式直接推导得出：

$$A = P\frac{i(1+i)^n}{(1+i)^n - 1} = P(A/P,\ i,\ n) \tag{3-10}$$

式中：$\dfrac{i(1+i)^n}{(1+i)^n - 1}$——等额支付资金回收系数，用 (A/P, i, n) 表示，其数值可查复利系数表。

二、名义利率与实际利率

在复利计算中，计息周期通常以年为单位，但有时也会出现计息周期短于 1 年的情况。这时就会出现名义利率和实际利率的概念。

（一）名义利率

所谓名义利率 r 是指计息周期利率乘以 1 年内的计息周期数 m 所得到的年利率。即：

$$r = i \times m \tag{3-11}$$

若年利率为 12%，按月计息，则月实际利率为 1%。年利率 12% 就是名义利率，如果直接按名义利率计算，很显然，就忽略前面各期利息再生的因素。所以，此时就应该计算出年实际利率。

（二）实际利率

实际利率包括计息周期实际利率和年实际利率。

1. 计息周期实际利率的计算

计息周期实际利率 i，其计算公式为：

$$r = i \times m \tag{3-12}$$

2. 年实际利率的计算

若期初有一笔资金 P，计息周期短于 1 年，年名义利率为 r，1 年内计息 m 次，则计息周期实际利率为 $i = \dfrac{r}{m}$。根据一次支付终值公式，可得该年的本利和 F，其计算公式为：

$$F = P \times \left(1 + \frac{r}{m}\right)^m \tag{3-13}$$

根据利息的定义可得该年的利息为：

$$I = F - P = P\left[\left(1 + \frac{r}{m}\right)^m - 1\right] \tag{3-14}$$

再根据利率的定义可得该年的实际利率。即年实际利率 i_{eff} 为：

$$i_{\text{eff}} = \frac{I}{P} = \left(1 + \frac{r}{m}\right)^m - 1 \tag{3-15}$$

在进行分析计算时，对名义利率一般有两种处理方法：

（1）将其换算为实际利率后，再进行计算。

（2）直接按单位计息周期利率来计算，但计息期数要做相应调整。

需要注意的是，在我国，房贷的计息就是按月计算的，信用卡透支的计息是按天计算的。

三、等值计算公式的应用

实际中经常会遇到计息周期短于1年的情况。同时现金流量发生的时间（即支付期）又与计息周期不一致，可分为以下三种情况：

（一）计息期与支付期相同

（二）计息期短于支付期

方法一：先求出支付期的实际利率。

方法二：可把等额支付的每一次支付看作一次单独支付。利用一次支付现值公式，分多次求出现值再求和，结果与上述方法一致。

方法三：因计息期数是半年，支付期是1年，可以把支付期转化为半年，利用等额支付终值年金公式，把每年年末的资金分摊到半年中去。

（三）当计息期长于支付期时

当计息期长于支付期时，一般情况是将计息期内发生的现金流量进行合并，使其与计息期的时间长度相等。按照惯例，存款必须存满整个计息期时才计算利息，而借款或贷款没有满一个计息期也计算利息。这就是说，在计息期间存入的款项在该计息期不计算利息，要到下一个计息期才计算利息；在计息期间的借款或贷款，在该计息期计算利息。因此，在对现金流量进行合并时，计息期间的存款应放在期末，而在计息期间的取款、借款或贷款应放在期初。

第四章　建筑工程项目经济分析与评价

第一节　建筑工程项目可行性分析

一、可行性研究概述

（一）工程项目可行性研究的概念与作用

项目可行性研究是指对工程项目建设投资决策前进行技术经济分析、论证的科学方法和合理的手段。它保证项目建设以最小的投资耗费取得最佳的经济效果，是实现项目技术在技术上先进、经济上合理和建设上可行的科学方法。

可行性研究的主要作用有以下三点：

1. 可行性研究是建设项目投资决策和编制设计任务书的依据，决定一个项目是否应该投资，主要依据项目可行性研究所用的定性和定量的技术经济分析。因此，可行性研究是投资决策的主要依据，只有在决策后，才能编制设计任务书，才能产生项目决策性的法人文件。

2. 可行性研究是筹集资金的依据。特别是需要申请银行贷款的项目，可行性研究报告是银行在接受贷款项目前进行全面分析、评估，确认能否贷款的依据。

3. 可行性研究报告是工程项目建设前期准备的依据。包括进行设计、设备订货及合同的洽谈、环保及规划部门的确认等，都依据可行性研究的结果。

（二）可行性研究阶段的划分

国际上通常将可行性研究分为机会研究、初步可行性研究和最终可行性研究三个阶段。其中，最终可行性研究通常也简称为可行性研究，其工作深度已大体做到了相当于我国的设计任务书及项目初步设计的程度。

国外的初步可行性研究是在机会研究的基础上，对拟建项目的进一步论证分析。其任务是确定项目是否真的有投资价值，是否应对该项目展开全面的、详尽的（最终）可行性研究。对于大型复杂项目，以及需要进行辅助性专题研究的课题，应提前进行论证分析并得出明确的结论，其初步可行性研究的工作精度一般介于机会研究与（最终）可行性研究之间。

我国的基本建设程序中，将机会研究的全部工作内容及部分初步可行性研究的工作内容纳入项目建议书阶段。在调研基础上初步确定应上什么项目，宏观上阐明项目建设的必要性、可行性，然后向决策部门提供建议，推荐项目。

二、可行性研究的方法

在项目建设书被有关部门批准以后，建设单位即可着手组织对建设项目进行可行性研究，主要环节如下：

（一）选定项目研究委托单位

1. 委托专业设计单位承担

专业技术性较强的建设项目，一般可委托国家批准的具有相应研究资格的大中型设计单位来承担。

2. 委托工程咨询公司承担

工程咨询公司是近年来随着我国经济技术改革的不断深化，为适应基本建设形势和投资环境要求而建立起来的专门从事工程项目建设过程中专业技术咨询、管理和服务的机构，以承担民用建筑和一般性工业建设项目的技术咨询为主。在委托工程咨询公司承担可行性研究时，建设单位必须对其能力，包括专业技术人员的构成、承担研究项目的能力、主要承担完成的研究项目及准确性等进行充分的调查。

3. 委托专业银行承担

各种专业银行在基本建设和技术改造贷款项目的管理中，积累了一定的项目可行性研究经验，也是承担项目可行性研究可供选择的单位。

（二）确定研究内容

在选定了承担项目研究单位之后，要将项目可行性研究的内容按有关要求确定下来，作为项目研究委托协议的主要内容。可行性研究的基本内容一般包括如下方面：

1. 根据经济预测，以及市场预测确定的建设规模和生产方案。

2. 资源、原材料、燃料、动力、供水、运输条件。

3. 建厂条件和厂址方案。

4. 技术工艺主要设备选型和相应的技术经济指标。

5. 主要单项工程、公用辅助设施、配套工程。

6. 环境保护、城市规划、防震、防洪等要求和相应的措施方案。

7. 企业组织、劳动定员和管理制度。

8. 建设进度和工期。

9. 投资估算和资金筹措。

10. 经济效益和社会效益。

（三）　签订委托可行性研究协议

建设单位在选择委托研究单位并确定委托研究的内容以后，应当与承担可行性研究的单位签订委托协议。

三、市场分析与市场调查

（一）　市场分析的概念与作用

市场分析是指通过必要的市场调查和市场预测，对项目产品（或服务）的市场环境、竞争能力和对手进行分析和判断，进而分析和判断项目（或服务）在可预见时间内是否有市场，以及采取怎样的策略实现项目目标。

由于在不同的可行性研究阶段的研究深度不同，同时不同性质的项目有不同的市场，所以，不同条件下的市场分析的程度或深度也是不一样的。

市场调查之所以重要，是因为它具有以下六个方面的作用（或功能）：

1. 有助于寻求和发现市场需要的新产品。

2. 可以发掘新产品和现有产品的新用途。

3. 可以发现新的需求市场和需求量。

4. 可以发现用户和竞争者的新动向。

5. 可以预测市场的增减量。

6. 是确定销售策略的依据。

（二）　市场调查的基本内容

由于出发点和目的不同，市场调查的内容、范围也有所差别。从市场需求预测的要求来看，主要有产品需求调查、销售调查和竞争调查三大方面。

产品需求调查，主要是了解市场上需要什么产品、需求量有多大、对产品有什么新的要求或需求。销售调查就是通过对销路、购买行为和购买力的了解，达到了解谁需要，以及为什么需要的目的。销售调查主要包括产品销路调查、购买行为调查和购买力调查等。竞争调查是指对企业产品综合竞争能力的调查，其内容涉及生产、质量、价格、功能、经营、销售、服务等多方面。

以上所给出的三大方面的调查，其内容是相互联系和相互交叉的。事实上，生产资料市场和消费资料市场是很难完全分开的。因此，往往需要同时进行，并加以对比分析和研究。

（三）市场调查的程序

1. 制订调查计划

市场调查是一项费时、费力的工作。因此，必须有针对性地进行特定问题的调查，并根据所要调查的问题，明确调查目的、对象、范围、方法、进度和分工等，这是市场调查的第一步。其基本要点包括以下五点：

（1）明确调查目的和目标

一般来讲，市场调查都缘于一些不明确或把握不准的问题。当已经掌握了一些基本情况，但这些情况只能提供方向性的启示，还不足以说明问题时，就须进行市场调查。一般情况下，调查的问题不能过多，最好确定一两个主要问题进行重点调查，否则，调查的效果就会受到影响。

（2）确定调查的对象和范围

在明确了调查的方向、目的和目标后，就要根据所需调查的主要问题，确定和选择具体的范围和对象。所谓明确调查范围，就是根据调查对象的分布特点，确定是全面调查还是抽样调查，如果采用抽样调查，应如何抽样等。

（3）选择调查方法

市场调查的方法很多，每种方法都有其各自的优缺点。因此，必须根据调查的内容和要求来选择合适的调查方法。

（4）设计调查数据表

市场调查的内容和要求决定了市场调查的各类问题。对各类问题的调查结果，都要设计出数据表格，需要进行汇总的，还要设计出汇总表格。对于一些原始答案或数据，不应在加以分类和统计后就弃之不用。这些第一手资料数据往往是十分重要的，从不同的角度去观察它，可能会得出不同的结论。因此，这些资料数据应出现在分类统计表中。同样，分类统计表中的资料数据也应出现在汇总表中。

（5）明确调查进度和分工

一般的市场调查，都应在允许的时间范围内完成。因此，根据调查目的、对象、范围和要求，确定调查的时间安排和人员分工，是一项十分重要的工作。市场调查不可能由一个人全部承担，一般是由多人分工协作进行。这样有利于节约时间，或者说，有利于缩短市场调查的总体时间。

2. 收集情报资料

一般而言，情报的来源有两种：一种是已有的各种统计资料出版物，另一种是现时发生的情况。

（1）已有情报资料的收集

利用已有的各种情报资料，是市场调查工作中节约时间和费用的一步，也是极为重要的一步。一般有以下四种可以利用的情报源：一是政府统计部门公布的各种统计资料，包括宏观的、中观的和微观的三种；二是行业和行业学会出版的资料汇编和调研报告等；三是一些大型的工具类图书，如年鉴、手册、百科全书等；四是杂志、报纸、广告和产品目录等出版物。

（2）实际情况的收集

对于一些市场变化迅速的行业和企业，将历史统计资料作为市场调查的依据往往是不准确的。有些历史资料是不充分的，有的甚至是残缺不全的，而实际发生的情况通常正是我们需要的更现实、更可取和更有说服力的依据。此外，一些保密性极强的资料和数据是不可能在出版物中找到的，所以，对实际情况的搜集必不可少。

（3）分析处理情报资料

由于统计口径、目的和方法的不同，收集到的情报资料有时可能出现较大误差，甚至互相矛盾的现象。造成这一现象的原因是多方面的。一种情况是调查问题含糊不清造成回答者的理解错误，从而出现答案的错误；另一种情况是问题比较清楚而回答者理解有误，从而出现错误的答案。还有可能是回答者有意做出的歪曲回答，或是不正确和不确切的解释和联想，造成了答案的偏差。因此，市场调查所得的资料数据必须经过分析和处理，并正确地做出解释。其主要过程如下：

①比较、鉴别资料数据。比较和鉴别资料数据的可靠性和真实性，无论对历史统计资料，还是对实际调查资料，都是必须进行的工作。这是因为调查资料的真实性和可靠性，将直接导致市场调查结论的准确性和可取性，进而影响到决策的成败。

②归纳处理资料数据。在进行了资料数据可取性和准确性的鉴别，并剔除了不真实和矛盾的资料数据之后，就要利用适宜的方法进行数据分类处理，制作统计分析图表，需要

由计算机进行处理的还应进行分类编号，以便于计算和处理。

③分析、解释调查结论。在资料数据整理成表后，还要进行分析和研究，写出有依据、有分析、有结论的调查报告。

④编写调查报告。这是市场调查的最后一步，编写调查报告应简明扼要、重点突出、内容充实、分析客观、结论明确，其内容包括下述三个方面：

总论。总论中应详细而准确地说明市场调查的目的、对象、范围和方法。

结论。结论部分是调查报告的重点内容，应描述市场调查的结论，并对其进行论据充足、观点明确而客观的说明和解释以及建议。

附件。附件部分包括市场调查所得到的图、表及参考文献。

至此，一个完整的市场调查便宣告结束。

（四）市场调查的方法

市场调查的方法较多，从可行性研究的需求预测的角度来看有资料分析法、直接调查法和抽样分析法三大类。

1. 资料分析法

资料分析法是对已有的情报资料和数据进行归纳、整理和分析，来确定市场动态和发展趋向的方法。市场调查人员平时应注意对与自己工作关系密切的各种情报资料进行日积月累的收集。在市场调查的目的和主题确定后，就可以对现有资料进行分类、归类和挑选，针对市场调查的目标和要求，给出分析和研究的结论。

如果平时没有积累有关资料，在明确市场调查主题后，可以通过情报资料的检索来查找所需的各种情报资料，包括政府部门的统计资料、年鉴、数据手册、期刊、产品资料、报纸、广告和新闻稿等。

资料分析法的优点是省时、省力。缺点是多数资料都是二手或三手的，其准确性也不好判断。如果可供分析用的资料数据缺乏完整性和齐全性，则分析结论的准确性和可靠性将会降低。

2. 直接调查法

直接调查法是调查者通过一定的形式向被调查者提问，来获取第一手资料的方法。常用的方法有电话查询、实地访谈和邮件调查三种方法。

（1）电话查询

电话查询是指借助电话直接向使用者或有关单位和个人进行调查的方法。这种方法的优点有以下两点：首先，是迅速，节省时间，对于急需得到的资料或信息来讲，这种方法最简单易行；其次，这种方法在经济上较合算，电话费较之其他调查所需费用是便宜的。此外，这种方法易于为被调查者接受，避免调查者与被调查者直面相对。使用这种方法应注意以下三个原则：

①所提的问题应明确清楚。

②对于较为复杂的问题，应预先告知谈话内容，约好谈话时间。

③要对被调查者有深入的了解，根据其个性等特征确定适宜的谈话技巧。

（2）实地访谈

实地访谈就是通过采访、讨论、咨询和参加专题会议等形式进行调查的方法。

这种方法的最大优点是灵活性和适应性较强。由于调查者和被调查者直接见面，在谈话时可以观察和了解被调查者的心理活动和状态，确定适宜的谈话角度和提问方式。同时，还可以对被调查者的回答进行归纳整理，明确其答案的要点，或者从中获取到其他信息。这种方法的另一个优点是可以一次或多次地进行探讨，直至问题清晰明了为止。这就为调查者把握调查的方向和主题创造了良好条件。一般来讲，这种方法适用于市场调查的所有内容，但是，如果调查对象较多、范围较大，其费用和时间支出也较大，而且这种调查的效果直接取决于市场调查人员的能力、经验和素质。

在使用这种方法进行市场调查时，应注意以下三点：

①明确市场调查的时间要求。

②根据市场调查费用选定调查对象和范围。

③选择好能够胜任该项工作的市场调查人员。

（3）邮件调查

邮件调查包括邮寄信函或以电子邮件的方式发出调查表进行调查的方法。调查表的设计和提问可根据调查目的和主题确定。调查所提问题的内容应明确具体，并力求简短。提问的次序应遵循先易后难、先浅后深和先宽后窄的原则。

邮件调查的最大缺点是回收率低，而且调查项问题回答可能不全。此外，对于一些较复杂的问题，无法断定回答者是否真正理解，以及回答这一问题时的动机和态度。但是，由于邮件调查费用较低、调查范围广且调查范围可大可小，尤其是能给被调查者充分的思考时间，所以，这种方法也是市场调查中常用的方法之一。

3. *抽样分析法*

抽样分析法是根据数理统计原理和概率分析进行抽样分析的方法，包括随机抽样分析法、标准抽样分析法和分项抽样分析法三种。

（1）随机抽样分析法

这种方法就是对全部调查对象的任意部分进行抽取，然后根据抽取部分的结果去推断整体比例。

（2）标准抽样分析法

随机抽样分析法的缺点在于没有考虑到所抽样本的代表性。对于样本个体差别较大的调查来讲，其结果可能出现较大的偏差，为弥补随机抽样分析法的这一缺点，可以采用标准抽样分析法，即在全体调查对象中，选取若干个具有代表性的个体进行调查分析。其分析计算过程和方法与随机抽样分析法相同，不同之处是这种方法首先设立了样本标准，不像随机抽样那样任意选取样本，其结果较随机抽样更具代表性和普遍性。其难点在于选取标准样本。

（3）分项抽样分析法

分项抽样分析法是把全体调查对象按划定的项目分成若干组，通过对各组进行抽样分析后，再综合起来反映整体情况。分组时可按地区、职业、收入水平等各种标准进行，具体的划分标准应根据实际调查的要求和需要来确定。这种抽样分析方法同时具有随机抽样和标准抽样分析法的优点，是一种比较普通和常用的分析方法。

资料分析法、直接调查法和抽样分析法各有其优缺点，一般来讲，如果有条件的话，这些方法应结合使用，这样才有利于达到市场调查的准确性和实用性。

四、市场预测方法

（一）市场预测的程序与分类

市场预测的方法种类很多，各有其优缺点。从总体上说，有定性预测和定量预测两大类。可行性研究中主要是预测需求，说明拟建项目的必要性，并为确定拟建规模和服务周期等提供依据。

按照预测的长短，可以将其分为短期预测（1年内）、中期预测（2~5年）和长期预测（5年以上）三类。

无论是定性预测还是定量预测，都可能存在难以预计因素影响预测工作的准确性。所以，预测工作应当遵守一定的科学预测程序，具体如下：

1. 确定预测目标，如市场需求量等。

2. 调查研究，收集资料与数据。

3. 选择预测方法。

4. 计算预测结果。

5. 分析预测误差，改进预测模型。

（二）市场预测的常用方法

现将几种市场预测的常用方法介绍如下：

1. 德尔菲法

（1）德尔菲法的由来与发展

德尔菲是 Delphi 的译称。德尔菲是古希腊的都城，即阿波罗神庙的所在地。美国兰德公司在 20 世纪 50 年代初研究如何使专家预测更为准确和可靠时，是以德尔菲为代号的，德尔菲法由此得名。

一般来讲，预测是以客观历史和现实数据为依据的，但是，在缺少历史数据的情况下，唯一可供选择的预测方法就是征询专家的意见，尤其是预测一些崭新的科学技术，是很难根据资料数据来进行的。征询专家意见，客观上存在一个如何征询的问题。首先，是专家的数量问题，是征询几个专家的意见还是征询几十个专家的意见，是征询近百个专家的意见还是征询几百个专家的意见。从德尔菲法预测的实际经验看，一般是数 10~100 人较佳，有时可达到 200 人左右。实际数量的选择，应根据具体预测的问题，选定对此问题具有专长的专家。其次，是对专家进行征询的方式的问题。最初的专家征询通常采用召开专家会议的方式来进行。这种方法存在明显的缺点，主要表现在以下四个方面：

①能够及时参加专家会议的人数毕竟是有限的，因此，专家意见的代表性不充分。

②集体意见往往会对个人观点形成压力，其结果是，一方面，即使多数意见是错误的，也迫使少数人屈从于压力而放弃自己的观点；另一方面，常常使持少数意见的专家因各种因素自动放弃陈述其意见的权利。

③权威性人物的影响过大。权威性人物一发表意见和看法，容易使其他人随波逐流，或者使其他人因其他因素放弃发表不同看法和意见。

④由于自尊心等因素的作用，容易促使一些专家在公开发表意见后，明知自己的观点有误而不愿公开承认和做出修改。

德尔菲方法就是针对专家会议这些主要缺点而采用的一种专家预测方法，其特点如下：

①以不具名的调查表形式向专家征询意见，避免了专家之间的面对面接触和观点的撞击，消除了专家之间的各种不良影响。

②不断进行有控制的反馈。预测组织者通过对专家答复的统计，使集体意见的赞成观点相反的意见变成对预测问题进行说明的信息，并将其返回到每个专家的手中，然后对群

体意见进行评述，这就使专家意见征询工作始终按照组织者的预定目标进行。

③进行统计处理。德尔菲法对专家意见进行统计回归处理，并用大多数专家的意见反映预测的结果。

（2）德尔菲法的预测程序和步骤

德尔菲法的预测程序一般包括确定征询课题、选定专家、实际征询和征询结果的处理。

①确定征询课题。征询课题调查表的提问要准确明晰，所问问题的解答只能有一种含义，否则，会造成专家的理解不一而形成答非所问的现象。当然这种要求并不排除让专家自由发表意见和提出建议的提问方式。

②选定专家。一般来讲，德尔菲法的征询对象的选择，应以对征询课题熟悉程度为原则。所征询专家应对该征询课题最了解、知道得最多。

③实际征询。德尔菲法的征询一般分为四轮。第一轮的征询表问题设计可以适当放宽，给专家们留出一定的自由度，以便让他们尽其所能地发表对征询课题的意见和建议，从而使征询组织者从中得到意外的收获。第二轮，将第一轮的结果进行归纳分类，删去次要问题，明确主要问题，并判定相应的问题征询表，要求专家围绕既定的主题发表意见和看法。第三轮，进行回答结果的统计，给出大多数专家的意见统计值，并连同相应的资料和说明材料一起返回给各个专家，允许其提出对多数意见的反对理由，或者进行新的预测。第四轮，根据专家预测结果的实际情况，或者要求专家回答修正原预测的理由，或者要求专家回答其少数者意见的依据，或者要求专家对第三轮的论点加以评价。

当然，以上轮次是就一般情况而言的，如果在任何一个轮次中得到了相当一致的征询结论，那么，就可以停止下一轮次的征询。

④对征询结果进行统计处理。专家征询的结果，一般采用上下四分位数的统计评估，以中位数为预测结论。如对其产品增长量预测，有25%的专家认为只能增长10%以下，有25%的专家认为可能增长60%以上，而50%的专家认为将增至30%~40%。这样，增长30%~40%就是中位数，而10%以下和60%以上则为上、下四分位数。预测结果即为中位数的预测增长量。

2. 年平均增长率法

年平均增长率法是一种极为简单而常用的需求预测方法，适用于历史资料数据较全，并且变化比较稳定的需求量预测。其优点是方便且迅速，缺点是比较笼统和粗略。

3. 回归预测法

回归预测法是根据历史资料和调查数据。通过确定自变量与因变量之间的函数关系，以历史和现状去推测未来变化趋势的数学方法。

4. 平滑预测法

平滑预测法是适用于短期和中期预测的一种时间序列分析方法。平滑预测方法并不像回归预测方法那样。采用简单的平均数进行数据处理。它是在假定过去和现在的变化特征可以代表未来，并在排除外界随机因素干扰的前提下，通过移动平均的方法来推断未来的发展趋势。对于增长率变化趋势很大的产品，不能用这种方法进行需求预测。平滑预测法分为移动平均法和指数平滑法两种。

第二节　工程经济评价基础

一、资金时间价值

"资本"这个术语是指可以用来创造更多财富的金钱或财产，大部分工程经济研究都涉及为今后时期投入资本，所以，必须考虑到时间对资本的影响效果。从这个意义上来说，今天的 1 元比 1 年后或若干年后的 1 元更值钱，这是由于今天的 1 元能够赚得利息或利润的缘故，因此，我们说货币具有时间价值。

（一）资金时间价值的概念与衡量尺度

1. 资金时间价值的概念

资金的时间价值，是指将一定量资金投入经济活动一段时间后产生的增值或经济效益。资金的时间价值是项目评估中必须考虑的一个重要概念，对于正确评价工程项目至关重要。当资金所有者决定把资金投入某一工程项目时，他就必须放弃利用该资金获得其他利益的机会，例如，他不再可能把该资金放在银行里去提取利息。因此，项目投资人希望该项目的动态投资收益率至少要大于银行利率。因为把钱存入银行可稳拿利息，而投入企业就要承担一定的风险。

在项目评估中，经常遇到各种时间价值的换算问题，在工程项目建设中往往投资支出发生在前，收入发生在后。在计算项目费用、效益时，如果把现在值的投资支出和将来值的投资收入并行对比，就不能得出正确的结论。为了保证收支的可比性，获得准确的经济评价，就必须把不同时间点的价值换算成相同时间点的价值，然后进行对比。例如，把一项工程的将来值收入换算成现值收入，然后在现值基础上进行现值收入和现值支出的对比，计算它的投资效益；或者把该项工程的现值投资支出换算成将来值支出，再在将来值基础上进行将来值支出和将来值收入的对比，计算它的投资效益。无论是把将来值换算成现值，还是把现值换算成将来值，问题的关键是换算率怎么定，换言之，资金的时间价值如何衡量。

2. 衡量资金时间价值的尺度

衡量资金时间价值的尺度有两种：其一，为绝对尺度，即利息、盈利或收益；其二，为相对尺度，即利率、盈利率或收益率。

①利息。利息是货币资金借贷关系中借方支付给贷方的报酬。

在工程经济分析中，利息常常被看作资金的一种机会成本。这是因为，如果资金一旦用于投资，就不能用于现期消费，而牺牲现期消费又是为了能在将来得到更多的消费。一方面，从投资者的角度来看，利息体现为对放弃现期消费的损失所做的必要补偿；另一方面，投资这个概念本身就包含着现在和未来两方面的含义（事实上，投资就是为了在未来获得更大的收益而对目前的资金进行某种安排），显然未来的收益应当超过现在的投资。正是这种预期的价值增长才能刺激人们进行投资。所以，利息就成了投资分析中平衡现在与未来的杠杆。由此可见，在工程经济学中，利息是指占用资金所付出的代价或者是放弃近期消费所得的补偿。

②利率。利息通常根据利率来计算。

利率是在一定时间所得利息额与投入资金的比例，也称为使用资金报酬率。它反映了资金随时间变化的增值率，是衡量资金时间价值的相对尺度。

③利息的计算。利息的计算方法有单利法和复利法。

单利法。单利法是只对本金计算利息，而每期的利息不计入下一计息期的本金，从而每期的利息是固定不变的。

单利法虽然考虑了资金的时间价值，但仅是对本金而言，而没有考虑每期所得利息进入社会和生产过程而实现增值的可能性。这不符合资金流动的客观情况。因此，单利法不能完全反映资金的时间价值。

复利法。资金在运动过程中，不仅本金生利息，而且此利息在下一个计息期中能转化为本金，也生利息，即将前一期的本金与利息之和（本利和）作为下一期的本金来计算下一期的利息，也就是利上加利的方法。

（二）现金流量图、资金时间价值计算的概念及符号

1. 现金流量图和时间标尺

在计算投资项目的经济效益时，常用到现金流量图和时间标尺。

时间标尺是一根水平线，从 0 到 n 标志着经济活动的时间推移过程，最左端为 0 时点，代表当前、现时。时点 2 代表已经历了 2 个计息期（年），它相当于第 2 个计息期的末端和第 3 个计息期的开始。

现金流量图前面已做分析，在此不做赘述。

2. 资金时间价值计算的概念及符号

（1）现值（P）——Present Value，即资金发生在某一特定序列中的起始点的价值。

（2）终值（将来值，F）——Final/Future Value，表示资金发生在某一特定时间序列终点上价值。

（3）年金（A）——Annuity Value，连续出现在各计息周期期末的等额收、支金额。

（4）折现率——Interest Rate，指在工程经济分析中，把未来的现金流量折算为现在的现金流量时所使用的利率。

（5）计息次数——Number Of Period，指投资项目从开始投入资金到项目的生命周期终结为止的期限内，计算利息的次数，通常以"年"为单位。

二、等值计算

（一）资金等值计算的概念

资金具有时间价值，即使金额相同，因其发生在不同时间，其价值也不同。反之，不同时点绝对值不等的资金在时间价值作用下却可能具有相等的价值。这些不同时期、不同数额但其"价值等效"的资金称为等值。在工程经济分析中，等价是一个十分重要的概念，它为我们确定某一经济活动的有效性或者进行方案比较提供了可能。

资金等值计算公式和资金时间价值计算公式的形式是相同的。资金时间价值计算公式是从资金平衡的角度得到的。如一次性支付复利终值公式中的 F 和 P 所含价值的绝对值相同，但资金流向相反；资金等值计算公式中 F 和 P 所含价值的绝对值相同，进行工程经济分析时，在考虑资金时间价值的情况下，其不同时间发生的现金流是不能直接相加或相减的。利用等值的概念，可以把不同时点发生的现金流折算到同一时点进行比较。在工程经济分析中，方案比较都是采用等值的概念进行分析、评价和选定的。

（二）等值计算类别

1. 计息期为 1 年的等值计算

计息期为 1 年时，有效年利率和名义利率相同，可直接利用复利计算公式进行等值计算。

2. 计息期短于1年的等值计算

经过适当变换后，仍可利用前述公式进行计算，可分为三种情况。

（1）计息期与支付期相同

用名义利率求出计息期的实际利率。确定计算期内的支付次数，然后套用资金时间价值的计算公式进行计算。

（2）计息期短于支付期

计息期短于支付期时有三种计算方法：一是用名义利率求出计息期的实际利率，进而计算出每个支付期的实际利率，确定计算期内的计息次数，然后使用资金时间价值的计算公式进行计算；二是计算出每个计息期的实际利率，再把等额支付的每一个支付看作一次支付，利用一次支付现值公式计算，然后求和；三是取一个循环周期，使这个周期的期末支付变成等值的计息期末的等额支付系列，使计息期和支付期完全相同，然后套用等额支付系列公式进行计算。

（3）计息期长于支付期

由于计息期长于支付期，计息期间的支付通常采用下列三种方法进行处理：

不计息。在工程经济分析中，当计息期内收付不计息时，其支出计入期初，其收益计入期末。也就是说，通常规定存款必须存满一个计息周期才计利息，即在计息周期间存入的款项在该期不计算利息，要在下一期才计算利息。按照此原则对现金流量图进行整理，相对于投资方来说计息期的存款放在期末，计算期的提款放在期初，计算期分界点处的支付保持不变。

单利计息。在计息期内的支付均按单利计息。

复利计息。计息期利率相当于"实际利率"，支付周期利率相当于"计息期利率"。支付周期利率的计算正好与已知名义利率求实际利率的过程相反。支付周期利率确定后，即可按资金时间价值的计算公式进行计算。

3. 工程项目建设期利息计算

为了加快资金周转、缩短建设周期，提高基本建设项目的投资效果，我国基本建设贷款的利息都采用复利计息。如果贷款额的发放方式以及企业的还款方式很有规律，则只须运用前述复利公式就能方便地算出工程贷款利息。但是，实际工程建设中，一般贷款在年内不是一次发放，而是按期分额发放。在项目建设期，企业一般无还款付息能力。因此，须按复利计算，连本带息到还款期偿还。

为了简化计算，在计算工程贷款利息时，一般都将贷款看作年内均匀发放，因此，采用年内贷款平均计息的方法，每一计息期的利息加本金，在下一计息期一并计息。

第三节　建筑工程项目财务评价

一、工程项目的投资估算

按照我国现行的项目投资管理规定，工程建设项目投资的估算包括固定资产投资估算和流动资金的估算。

（一）固定资产投资的构成及估算方法

固定资产投资估算包括固定资产投资、固定资产投资方向调节税和建设期利息三项内容，分别对上述三项内容估算或计算后即可以编制固定资产投资估算表。而工程项目固定资产投资按照占用性质划分，可分为建筑安装工程费、设备及工器具购置费、工程建设其他费用、基本预备费、涨价预备费、固定资产投资方向调节税和建设期利息等内容。根据国家发改委对固定资产投资实行静态控制、动态管理的要求，又将固定资产投资分为静态投资和动态投资两部分。其中，固定资产投资静态部分包括建筑安装工程费、设备及工器具购置费、工程建设其他费用及基本预备费等内容；固定资产投资动态部分包括涨价预备费、固定资产投资方向调节税、建设期借款利息，在概算审查和工程竣工决算中还应考虑国家批准新开征的税费和建设期汇率变动等内容。

1. 固定资产投资估算的构成

（1）固定资产投资

固定资产投资是指为建设或购置固定资产所支付的资金。一般建设项目固定资产投资包括三个部分，即工程费用、工程建设其他费用和预备费用。

①工程费用。工程费用是指直接构成固定资产的费用，包括主要生产工程项目、辅助生产工程项目、公共工程项目、服务性工程项目、生活福利设施及厂外工程等项目的费用。工程费用又可分为建筑安装工程费用、设备购置费用（由设备购置费和工器具、生产家具购置费组成）、安装工程费用等。

②工程建设其他费用。工程建设其他费用是指根据有关规定应列入固定资产投资的除建筑工程费用和设备、工器具购置费以外的一些费用，并列入工程项目总造价或单项工程造价的费用。

工程建设其他费用包括土地征用费、居民迁移费、旧有工程拆除和补偿费、生产职工培训费、办公和生活家具购置费、生产工器具及生产家具购置费、建设单位临时设施费、工程监理费、工程保险费、工程承包费、引进技术和进口设备其他费用、联合试运转费、研究试验费、勘察设计费、施工安全技术措施费等。

③预备费用。预备费用是指在项目可行性研究中难以预料的工程费用，包括基本预备费和涨价预备费。基本预备费是指在初步设计和概算中难以预料的费用，涨价预备费是指从估算年到项目建成期间内预留的因物价上涨而引起的投资费增加数额。

（2）固定资产投资方向调节税

建设项目固定资产投资方向调节税，是根据相关规定计算的固定资产投资方向调节税。固定资产投资方向调节税的重点是计税基数和税率的取值是否正确。

投资项目实际完成投资额包括建筑工程费、设备及工器具购置费、安装工程费、其他费用及预备费等，但更新改造项目是以建筑工程实际完成的投资额为计税依据的。

（3）建设期利息

建设期利息是指建设项目建设中有偿使用的投资部分，在建设期内应偿还的借款利息及承诺费。除自有资金、国家财政拨款和发行股票外，凡属有偿使用性质的资金，包括国内银行和其他非银行金融机构贷款、出口信贷、外国政府贷款、国际商业贷款、在境内外发行的债券等，均应计算建设期利息。

建设期利息应考虑的重点是借款分年用款额是否符合项目建设的实际情况、利率的计算是否符合贷款条件、利息额的计算是否有低估的现象等。

项目建设期利息，按照项目可行性研究报告中的项目建设资金筹措方案确定的初步贷款意向规定的利率、偿还方式和偿还期限计算。对于没有明确意向的贷款，按项目适用的现行一般（非优惠）贷款利率、期限、偿还方式计算。

借款利息计算中采用的利率，应为有效利率。

国外借款利息的计算中，还应包括国外贷款银行根据贷款协议向借款方以年利率的方式收取的手续费、管理费、承诺费，以及国内代理机构经国家主管部门批准的以年利率的方式向贷款单位收取的转贷费、担保费、管理费等资金成本费用。

2. 固定资产投资估算的方法

对于项目建议书阶段固定资产投资，可采用一些简便方法估算，主要有如下几种方法：

（1）百分比估算法

百分比估算法又分为设备系数法和主体专业系数法两种。

①设备系数法。设备系数法以拟建项目的设备费为基数，根据已建成的同类项目或装置的建筑安装费和其他工程费用等占设备价值的百分比，求出相应的建筑安装及其他有关

费用，其总和即为项目或装置的投资。

②主体专业系数法。主体专业系数法以拟建项目中的最主要、投资比重较大并与生产能力直接相关的工艺设备的投资（包括运杂费及安装费）为基数，根据同类型的已建项目的有关统计资料，计算出拟建项目的各专业工程（总图、土建、暖通、给排水、管道、电气及电信、自控及其他工程费用等）占工艺设备投资的百分比，求出各专业的投资，然后把各部分投资费用（包括工艺设备费）相加求和，即为项目的总费用。

（2）朗格系数法

朗格系数法以设备费为基础，乘以适当系数来推算项目的建设费用。

朗格系数法比较简单，但没有考虑设备规格、材质的差异，所以精确度不高。

（3）生产能力指数法

生产能力指数法根据已建成的、性质类似的建设项目或生产装置的投资额和生产能力及拟建项目或生产装置的生产能力估算项目的投资额。

采用这种方法，计算简单、速度快，但要求类似工程的资料完整可靠、条件基本相同，否则误差就会增大。

（4）指标估算法

对于房屋、建筑物等投资的估算，经常采用指标估算法。指标估算法是根据各种具体的投资估算指标，进行单位工程投资的估算。投资估算指标的形式较多，用这些投资估算指标乘以所需的面积、体积、容量等，就可以求出相应的土建工程、给排水工程、照明工程、采暖工程、变配电工程等各单位工程的投资。在此基础上，可汇总成每一单项工程的投资。另外再估算出工程建设其他费用及预备费，即可求得建设项目总投资。

采用这种方法时要注意两点：①若套用的指标与具体工程之间的标准或条件有差异时，应加以必要的局部换算或调整；②使用的指标单位应紧密结合每个单位工程的特点，能正确反映其设计参数，切勿盲目地单纯套用一种单位指标。

3. 固定资产投资额的归集

根据资本保全的原则和企业资产划分的有关规定，投资项目在建成交付使用时，项目投入的全部资金分别形成固定资产、无形资产、递延资产和流动资产，为了保证项目财务评价中的折旧、摊销、税金等项目计算的准确性，必须对固定资产投资形成的三类资产进行合理的归集和分类。根据国家的有关规定，各类资产的划分标准及其价值构成如下：

（1）固定资产

固定资产指使用期限超过一年，单位价值在规定标准以上（或单位价值虽然低于规定标准，但属于企业的主要设备等），在使用过程中保持原有实物形态的资产，包括房屋及建筑物、机器设备、运输设备、工器具等。经济评估中可将建筑工程费、设备及工器具购置费、安装工程费及应分摊的待摊投资计入固定资产原值，并将建设期借款利息和固定资产投资方向调节税全部计入固定资产原值。待摊投资是指工程建设其他费用中除应计入无形资产和递延资产以外的全部费用，包括土地征用及迁移补偿费、建设单位管理费、勘察设计费、研究试验费、建设单位临时设施费、工程监理费、工程保险费、工程承包费、供电贴费、施工迁移费、引进技术和进口设备其他费用、联合试运转费、办公及生活家具购置费、预备费、建设期利息、投资方向调节税等。

（2）无形资产

无形资产指企业长期使用但没有实物形态的资产，包括专利权、商标权、土地使用权、非专利技术、商誉等。项目经济评估中可将工程建设其他费用中的土地使用权技术转让费等计入无形资产。

（3）递延资产

递延资产指不能计入工程成本，应当在生产经营期内分期摊销的各项递延费用。项目经济评估中可将工程建设其他费用中的生产职工培训费、样品样机购置费及农业项目中的农业开荒费等计入递延资产价值。

4. 固定资产投资估算表及其他相关财务报表的编制

（1）固定资产投资估算表的编制

该表包括固定资产投资、固定资产投资方向调节税和建设期利息三项内容，分别对上述三项内容估算或计算后即可编制此表。

（2）固定资产折旧费估算表的编制

该表包括各项固定资产的原值、分年度折旧额与净值以及期末余值等内容。编制该表首先要依据固定资产投资估算表确定各项固定资产原值，再依据项目的生产期和有关规定确定折旧方法、折旧年限与折旧率，进而计算各年的折旧费和净值，最后汇总得到项目总固定资产的年折旧费和净值。

（二）建设项目流动资金的构成及估算方法

1. 流动资金的估算方法

流动资金的估算方法包括扩大指标估算法和分项详细估算法。

（1）扩大指标估算法

扩大指标估算法是按照流动资金占某种费用基数的比率来估算流动资金。一般常用的费用基数有销售收入、经营成本、总成本费用和固定资产投资等，究竟采用何种基数依行业习惯而定。所采用的比率根据经验确定，可按照行业或部门给定的参考值确定。也有的行业习惯按单位产量占用流动资金额估算流动资金。扩大指标估算法简便易行，适用于项目的初选阶段。

（2）分项详细估算法

分项详细估算法是通常采用的流动资金估算方法。

2. 流动资金估算表及其他相关财务报表的编制

（1）流动资金估算表的编制。流动资金估算表包括流动资产、流动负债、流动资金及流动资金本年增加额四项内容。该表是在对生产期内各年流动资金估算的基础上编制的。

（2）投资计划与资金筹措表的编制。投资计划与资金筹措表包括总投资的构成、资金筹措及各年度的资金使用安排，该表可依据固定资产投资估算表和流动资金估算表编制。

二、工程项目的收益估算

（一）工程项目成本费用的构成

成本费用是反映产品生产中资源消耗的一个主要基础数据，是形成产品价格的重要组成部分，是影响项目经济效益的重要因素。建设项目产出品成本费用的构成与计算，既要符合现行财务制度的有关规定又要满足经济评价的要求。

按照财政部新颁布的财务制度，参照国际惯例，将成本核算办法由原来的完全成本法改为制造成本法。所谓制造成本法是在核算产品成本时，只分配与生产经营最直接和关系密切的费用，而将与生产经营没有直接关系和关系不密切的费用计入当期损益。即直接材料、直接工资、其他直接支出和制造费用计入产品制造成本，管理费用、财务费用和销售费用直接计入当期损益，不要求计算产品的总成本费用。

1. 制造成本

制造成本是指为生产商品和提供劳务等发生的各项费用，包括直接材料、直接耗费的燃料、动力和直接人工等其他直接费用（支出）。

（1）直接材料费包括企业生产经营过程中实际消耗的原材料、辅助材料、备品配件、外购半成品、包装物以及其他直接材料费等。

（2）直接燃料、动力费包括企业生产经营过程中实际消耗的燃料、动力费。

（3）直接工资包括企业直接从事产品生产人员的工资、奖金、津贴和补贴。

（4）直接支出包括企业直接从事产品生产人员的职工福利费等。

（5）制造费用是指企业各生产单位为组织和管理生产活动而发生的生产单位管理人员

工资、职工福利费、生产单位房屋建筑物、机械设备等的折旧费、矿山维简费、租赁费、修理费、机物料消耗、低值易耗品、水电费、办公费、差旅费、运输费、保险费、劳动保护费等。

2. 期间费用

期间费用包括管理费用、财务费用和销售费用等。

（1）管理费用

管理费用是指企业行政管理部门为管理和组织生产经营活动而发生的各项费用，包括公司经费、工会经费、职工教育经费、劳动保险费、待业保险费、董事会费、咨询费、审计费、评估费、诉讼费、排污费、绿化费、税金、土地使用费、土地损失补偿费、技术转让费、技术开发费、无形资产摊销、递延资产摊销、业务招待费、坏账损失、存货盘亏、毁损和报废（减盘盈）以及其他管理费用。

公司经费包括总部管理人员工资、职工福利费、差旅费、办公费、折旧费、修理费、物料消耗、低值易耗品摊销以及其他公司费用。

工会经费是指按照职工工资总额 2% 计提交给工会的经费。

职工教育经费是指企业为职工学习先进技术和提高文化水平支付的费用，按照职工工资总额的 1.5% 计提。

劳动保险费是指企业支付离退休职工的退休金（包括按照规定缴纳的离退休统筹金）、价格补贴、医药费（包括企业支付离退休人员参加医疗保险的费用）、职工退职金、六个月以上病假人员工资、职工死亡丧葬补助费、抚恤费，按照规定支付给离退休人员的各项经费。

待业保险费是指企业按照国家规定缴纳的待业保险基金。

董事会费是指企业最高权力机构（如董事会）及其成员为执行职能而发生的各项费用，包括差旅费、会议费等。

咨询费是指企业向有关咨询机构进行科学技术、经营管理咨询所支付的费用，包括聘请经济技术顾问、法律顾问等支付的费用。

审计费是指企业聘请中国注册会计师进行查账验资等发生的各项费用。

评估费是指企业聘请资产评估机构进行资产评估等发生的各项费用。

诉讼费是指企业起诉或者应诉而发生的各项费用。

排污费是指企业按照规定缴纳的排污费用。

绿化费是指企业对厂区、矿区进行绿化而发生的零星绿化费用。

税金是指企业按照规定支付的房产税、车船使用税、土地使用税、印花税等。

土地使用费（海域使用费）是指企业因使用土地（海域）而支付的费用。

技术转让费是指企业使用非专利技术而支付的费用。

技术开发费是指企业研究开发新产品、新技术、新工艺所发生的新产品设计费、工艺规程制定费、设备调试费、原材料和半成品的试验费、未纳入国家计划的中间试验费、研究人员的工资、研究设备的折旧、与新产品试制技术研究有关的其他经费、委托其他单位进行的科研试制的费用以及试制失败损失等。

无形资产摊销是指专利权、商标权、著作权、土地使用权、非专利技术等无形资产的摊销。

递延资产摊销是指开办费和以经营租赁方式租入的固定资产改良支出等。以经营租赁方式租入的固定资产改良支出，是指能增加以经营租赁方式租入固定资产的效能或延长使用寿命的改装、翻修、改建等支出。

开办费是指项目在筹建期间发生的费用，包括筹建期间的人员工资、办公费、培训费、差旅费、印刷费、注册登记费以及不计入固定资产和无形资产购置成本的汇兑损益、利息等支出。

业务招待费是指企业为业务经营的合理需要而支付的费用，按有关规定列入管理费用。

（2）财务费用

财务费用是指企业为筹集和使用资金而发生的各项费用，包括企业生产经营期间发生的利息支出（减利息收入）、汇兑净损失、调剂外汇手续费、金融机构手续费以及筹资发生的其他财务费用等。

（3）销售费用

销售费用是指企业在销售产品、自制半成品和提供劳务等过程中发生的各项费用以及专设销售机构的各项经费，包括应由企业负担的运输费、装卸费、包装费、保险费、委托代销手续费、广告费、展览费、租赁费（不含融资租赁费）、销售服务费用和销售部门人员工资、职工福利费、差旅费、办公费、折旧费、修理费、物料消耗、低值易耗品摊销等。

（二）项目评价中的产出品成本费用的构成与计算

项目评价中的产出品成本费用在构成原则上应符合现行财务制度的有关规定，但其具体预测方法和一些费用的处理与企业会计实际成本核算是不同的。

1. 总成本费用的构成与计算

总成本费用可按以下两种方法计算其构成：

总成本费用＝直接材料+直接燃料和动力+直接工资+其他直接支出+制造费用+管理费用+财务费用+销售费用 (4-1)

总成本费用＝外购材料费+外购燃料及动力费+工资及福利费+折旧费+摊销费+修理费+矿山维简费+其他费用+利息支出 (4-2)

式4-2中，折旧费包括制造费用、管理费用和销售费用的折旧费，摊销费包括制造费用、管理费用和销售费用的摊销费。

式4-1是在制造成本的基础上计算总成本费用，式4-2是按生产费用的各要素计算总成本费用。使用时可根据行业、项目产品生产的特点选择其中一种进行计算。第二种方法对于多产品项目的成本估算可以起到明显简化作用，其不足之处是不能直接核算每种产品的制造成本。对于一般项目财务效益的评估，如果不要求分别计算每种产品的盈利能力，可采用第二种方法。

（1）以制造成本为基础计算总成本费用

以产品制造（生产）成本为基础进行估算。首先要计算各产品的直接成本，包括直接材料费、直接燃料和动力费、直接工资和其他直接支出；然后计算间接成本，主要指制造费用；再计算管理费用、销售费用和财务费用，其中，折旧费和摊销费可以单独列项。具体公式如下：

$$直接材料费＝直接材料消耗量×单价 \quad (4-3)$$

$$直接燃料和动力费＝直接燃料和动力消耗量×单价 \quad (4-4)$$

$$直接工资及其他直接支出＝直接从事产品生产人员数量×人均年工资及福利费 \quad (4-5)$$

制造费用除折旧费外可按照一定的标准估算，也可按制造费用中各项费用内容详细计算。

管理费用除折旧费、摊销费外可按照一定的标准估算，也可按照管理费用中各项费用的内容详细计算。

销售费用除折旧费外可按照一定的标准估算，也可按销售费用中各项费用内容详细计算。

财务费用应分别计算长期借款和短期借款利息。

（2）以生产费用为基础计算总成本费用

这种方法是按成本费用中各项费用性质进行归类后，再计算总成本费用。

①外购材料费。外购材料费包括直接材料费中预计消耗的原材料、辅助材料、备品配件、外购半成品、包装物以及其他直接材料费；制造费用、管理费用以及销售费用中机物料消耗、低值易耗品费用及其运输费用等归并在本科目内，可统称为其他材料费。

②外购燃料及动力费。外购燃料及动力费包括直接材料费中预计消耗的外购燃料及动

力、销售费用中的外购水电费等。

外购燃料及动力费＝主要外购燃料及动力消耗量×单价＋其他外购燃料及动力费

$$(4-6)$$

上式中，主要外购燃料及动力消耗量，是指按拟订方案提出的消耗量占总消耗量比例较大的外购燃料及动力；其他外购燃料及动力费是指消耗量占总消耗量比例较小的外购燃料及动力，其计算方法可根据项目的实际情况，采用占主要外购燃料及动力费的百分比进行估算；单价中包括外购燃料动力的售价、运费及其他费用，还应注明是否含增值税的进项税。

③工资及福利费。工资及福利费包括直接工资及其他直接支出（指福利费），制造费用、管理费用以及销售费用中管理人员和销售人员的工资及福利费。

直接工资包括企业以各种形式支付给职工的基本工资、浮动工资、各类补贴、津贴、奖金等。

工资及福利费＝职工总人数×人均年工资指标（含福利费） $$(4-7)$$

上式中，职工总人数是指按拟订方案提出的生产人员、生产管理人员、工厂总部管理人员及销售人员总人数；人均年工资指标（含福利费）有时也可考虑一定比例的年增长率。

职工福利费主要用于职工的医药费（包括企业参加职工医疗保险缴纳的医疗保险费），医护人员的工资，医务经费，职工因公伤赴外地就医路费，职工生活困难补助，职工浴室、理发室、幼儿园、托儿所人员的工资，以及按照国家规定开支的其他职工福利支出。现行规定一般为工资总额的14%。

④折旧费。折旧费指全部固定资产的折旧费。

⑤摊销费。摊销费指无形资产和递延资产摊销费。

⑥修理费。修理费是为恢复固定资产原有生产能力、保持原有使用效能，对固定资产进行修理或更换零部件而发生的费用，它包括制造费用、管理费用和销售费用中的修理费。固定资产修理费一般按固定资产原值的一定百分比计提，计提比例可根据经验数据、行业规定或参考各类企业的实际数据加以确定。其具体计算公式如下：

修理费＝固定资产原值×计提比例 $$(4-8)$$

⑦其他费用。其他费用是制造费用、管理费用和销售费用之和，扣除上述计入各科目的机物料消耗、低值易耗品费用及其运输费用、水电费、工资及福利费、折旧费、摊销费及修理费等费用后其他所有费用的统称。其计算方法一般采用工时费用指标、工资费用指标或以上述成本费用①至⑦之和为基数按照一定的比例计算。其计算公式分别如下：

其他费用＝总工时（或设计总工时）×工时费用指标（元/工时） $$(4-9)$$

上式中，工时费用指标（元/工时）根据行业特点或规定计算。

其他费用=生产单位职工总数×生产单位一线基本职工比重系数×工资费用指标（元/人）

$$(4-10)$$

上式中，工资费用指标（元/人）根据行业特点或规定来计算。

$$其他费用=总成本费用×百分比率 \qquad (4-11)$$

上式中，百分比率根据行业特点或规定来确定。

⑧财务费用。财务费用指生产经营期间发生的利息支出、汇兑损失以及相关的金融机构手续费，包括长期借款和短期借款利息。

2. 进口材料或进口零部件费用计算

当项目采用进口材料或进口零部件时，用外币支付的费用有进口材料或进口零部件货价、国外运输费、国外运输保险费，用人民币支付的费用有进口关税、消费税、增值税、银行财务费、外贸公司手续费、海关监管手续费及国内运杂费等。计算过程如下：

（1）进口材料或进口零部件货价

原币货价：一般按离岸价（即FOB价）计算，各币种一律折算为美元表示。

人民币货价：按原币货价乘以外汇市场美元兑换人民币中间价（或卖出价）计算。

进口材料、零部件货价按有关生产厂商询价、报价或订货合同价计算。

（2）国外运输费

$$国外运输费（海、陆、空）=原币货价×运费率（或重量×单位重量运价）\qquad(4-12)$$

上式，国外运费率参照中国技术进出口总公司、中国机械进出口公司的规定执行。

（3）国外运输保险费

$$国外运输保险费 = \frac{原币货价 + 国外运输费}{1 - 保险费率} × 保险费率 \qquad (4-13)$$

保险费率可按保险公司规定的进口货物保险费率计算。

（4）进口关税

$$进口关税=关税完税价格×进口关税税率 \qquad (4-14)$$

关税完税价格等到到岸价格（CIF价），它包括货价加上货物运抵中华人民共和国境内运入地点起卸前的包装费、运费、保险费和其他劳务费等费用。进口货物以海关审定的成交价格为基础的到岸价格作为完税价格。

进口税税率按中华人民共和国海关总署发布的进口关税税率计算。进口关税税率分为优惠和普通两种，当进口货物来自与我国签订关税互惠条款贸易条约或协定的国家时，按优惠税率征税。

（5）消费税

仅在进口应缴纳消费税货物时计算本项费用。

$$从价消费税税额 = \frac{关税完税税额 + 关税}{1 - 消费税税额} \times 消费税税率 \qquad (4-15)$$

$$从量消费税税额 = 应税消费品的数量 \times 消费税单位税额 \qquad (4-16)$$

（6）增值税

$$增值税 = （关税完税价格 + 关税 + 消费税）\times 增值税税率 \qquad (4-17)$$

（7）银行财务费

$$银行财务费 = 人民币货价（FOB价）\times 银行财务费率 \qquad (4-18)$$

（8）外贸公司手续费

$$外贸公司手续费 = 到岸价人民币数 \times 外贸手续费率 \qquad (4-19)$$

（9）海关监管手续费

海关监管手续费是指海关对进口减税、免税、保税货物实施监督、管理提供服务的手续费，对于全额征收进口关税的货物不计算本项费用。

$$海关监管手续费 = 到岸价人民币数 \times 海关监管手续费率 \qquad (4-20)$$

（10）国内运杂费

$$国内运杂费 = 到岸价人民币数 \times 国内运杂费率 \qquad (4-21)$$

3. 折旧费的计算

固定资产在使用过程中要经受两种磨损，即有形磨损和无形磨损。有形磨损是由生产因素或自然因素（外界因素和意外灾害等）引起的。无形磨损亦称经济磨损，是非使用和非自然因素引起的固定资产价值的损失，比如，技术进步会使生产同种设备的成本降低从而使原设备价值降低，或者由于科学技术进步出现新技术、新设备从而引起原来低效率的、技术落后的旧设备贬值或报废等。

固定资产的价值损失，通常是通过提取折旧的方法来补偿的。即在项目使用寿命期内，将固定资产价值以折旧的形式列入产品成本中，逐年摊还。

固定资产的经济寿命与折旧寿命，都要考虑上述两种磨损，但其含义并不完全相同。

经济寿命是指资产（或设备）在经济上最合理的使用年限，也就是资产的总年成本最小或总年净收益最大时的使用年限。一般设备使用达到经济寿命或虽未用到经济寿命，但已出现新型设备，使得继续使用该设备已不经济时，即应更新。

折旧寿命亦称"会计寿命"，是指按照国家财政部门规定的资产使用年限逐年进行折旧，一直到账面价值（固定资产净值）减至固定资产残值时所经历的全部时间。从理论上讲，折旧寿命应以等于或接近经济寿命为宜。

下列固定资产应当提取折旧：

①房屋、建筑物。

②在用的机器设备、运输车辆、器具、工具。

③季节性停用和大修理停用的机器设备。

④以经营租赁方式租出的固定资产。

⑤以融资租赁方式租入的固定资产。

⑥财政部规定的其他应计提折旧的固定资产。

下列固定资产，不得提取折旧：

①土地。

②房屋、建筑物以外的未使用、不须用以及封存的固定资产。

③以经营租赁方式租入的固定资产。

④已提足折旧还继续使用的固定资产。

⑤按照规定提取维简费的固定资产。

⑥已在成本中一次性列支而形成的固定资产。

⑦破产、关停企业的固定资产。

⑧财政部规定的其他不得提取折旧的固定资产。

计算折旧的要素是固定资产原值、使用期限（或预计产量）和固定资产净残值。

按折旧对象的不同来划分，折旧方法可分为个别折旧法、分类折旧法和综合折旧法。个别折旧法是以每一项固定资产为对象来计算折旧，分类折旧法以每一类固定资产为对象来计算折旧，综合折旧法则以全部固定资产为对象计算折旧。

在项目评价中，固定资产折旧可用分类折旧法计算，也可用综合折旧法计算。

另外，按固定资产在项目生产经营期内前后期折旧费用的变化性质来划分，折旧方法又可划分为年限平均法、工作量法和加速折旧法。

折旧费包括制造费中生产单位房屋建筑物、机械设备等折旧费，管理费用和销售费用中房屋建筑物、设备等折旧费。固定资产折旧原则上采用分类法计算折旧，固定资产分类及折旧年限参照财政部颁发的有关财务制度确定。项目投资额较小或设备种类较多，并且设备投资占固定资产投资比重不大的项目也可采用综合折旧法，折旧费计算方法与年限平均法相同，折旧年限可与项目经营期一致。

固定资产的净残值等于残值减去清理费用后的余额，净残值按照固定资产原值的3%～5%确定。

融资性租赁的固定资产也应按以上的方法计提折旧额。

固定资产折旧应当根据固定资产原值、预计净残值、预计使用年限或预计工作量采用年限平均法或者工作量（或产量）法计算，也可采用加速折旧法。

（1）年限平均法

固定资产折旧方法一般采用年限平均法（也称直线折旧法）。年限平均法的固定资产折旧率和年折旧额计算公式如下：

$$年折旧率 = [(1-预计净残值率)/折旧年限] \times 100\% \qquad (4-22)$$

$$年折旧额 = 固定资产原值 \times 年折旧率 \qquad (4-23)$$

（2）工作量法

工作量法又称作业量法，是以固定资产的使用状况为依据计算折旧的方法。企业专业车队的客货运汽车、某些大型设备可采用工作量法。工作量法的固定资产折旧额的基本计算公式如下：

$$工作量折旧额 = [固定资产-原值 \times (1-预计净残值率)] /规定的总工作量$$
$$(4-24)$$

①按照行驶里程计算折旧的公式：

$$单位里程折旧额 = 原值 \times (1-预计净残值率) \qquad (4-25)$$

$$年折旧额 = 单位里程折旧额 \times 年行驶里程 \qquad (4-26)$$

②按照工作小时计算折旧的公式：

$$每工作小时折旧额 = 原值 \times (1-预计净残值率) \qquad (4-27)$$

$$年折旧额 = 每工作小时折旧额 \times 年工作小时 \qquad (4-28)$$

（3）加速折旧法

加速折旧法又称递减费用法，即固定资产每期计提的折旧数额不同，在使用初期计提得多，而在后期计提得少，是一种相对加快折旧速度的方法。加速折旧方法很多，新财务制度规定，在国民经济中具有重要地位、技术进步快的电子生产企业、船舶工业企业、飞机制造企业、汽车制造企业、化工生产企业和医药生产企业以及财政部批准的特殊行业的企业，其机器设备可以采用双倍余额递减法或者年数总和法计算折旧额。

①双倍余额递减法。该方法是以年限平均法折旧率两倍的折旧率计算每年折旧额的方法，其计算公式如下：

$$年折旧率 = (2/折旧年限) \times 100\% \qquad (4-29)$$

$$年折旧额 = 固定资产净值 \times 年折旧率 \qquad (4-30)$$

在采用该方法时，应注意以下两点：a. 计提折旧固定资产价值包含残值，亦即每年计提的折旧额是用年限平均法两倍的折旧率去乘该资产的年初账面净值；b. 采用该法时，只要仍使用该资产，则其账面净值就不可能完全冲销。因此，在资产使用的后期，如果发现某一年用该法计算的折旧额少于年限平均法计算的折旧额时，就可以改用平均年限法计提折旧。为了操作简便起见，新财务制度规定实行双倍余额递减法的固定资产，应在固定资产折旧到期前两年内，将固定资产账面净值扣除预计净残值后的净额平均摊销。

②年数总和法。年数总和法是根据固定资产原值减去净残值后的余额，按照逐年递减的分数（即年折旧率，亦称折旧递减系数）计算折旧的方法。每年的折旧率为一变化的分数，分子为每年尚可使用的年限，分母为固定资产折旧年限逐年相加的总和，其计算公式如下：

$$年折旧额 =（固定资产原值-预计净残值）×年折旧率 \qquad (4-31)$$

4. 摊销费的计算

无形资产与递延资产的摊销是将这些资产在使用中损耗的价值转入至成本费用中去。一般不计残值，从受益之日起，在一定期间内分期平均摊销。

无形资产的摊销期限，凡法律和合同或企业申请书分别规定有效期限和受益年限的，按照法定有效期限与合同或企业申请书规定的受益年限孰短的原则确定。无法确定有效期限，但企业合同或申请书中规定有受益年限的，按企业合同或申请书中规定的受益年限确定。无法确定有效期限和受益年限的，按照不少于 10 年的期限确定。

递延资产，一般按照不少于 5 年的期限平均摊销。其中，以经营租赁方式租入的固定资产改良工程支出，在租赁有效期限内分期摊销。

无形资产、递延资产的摊销价值通过销售收入得到补偿，将增加企业盈余资金，可用作周转资金或其他用途。

5. 维简费的计算

与一般固定资产（如设备、厂房等）不同，矿山、油井、天然气井和森林等自然资源是一种特殊资产，其价值将随着已完成的采掘与采伐量而减少。我国自 20 世纪 60 年代以来，对于这类资产不提折旧，而是按照生产产品数量（采矿按每吨原矿产量，林区按每立方米原木产量）计提维持简单再生产费，简称"维简费"。实际上这也是一种产量法，即按每年预计完成总产量的比例分配到产品成本费用中去。

上述特殊资产将随着资源的采掘与采伐，转为可供销售的存货成本，这种成本的转移称为"折耗"。折耗与折旧的区别主要如下：

①折旧是指固定资产价值的减少，其实物数量不变；而折耗是指递耗资产实体的减少，而且是数量和价值同时减少。

②递耗资产的折耗发生于采掘、采伐过程之中，而固定资产折旧则不限于使用过程。

矿山维简费（或油田维护费）一般按出矿量和国家或行业规定的标准提取，但选矿厂、尾矿以及独立的机、汽修和大型供水、供气、运输车间除外。其计算公式如下：

$$矿山维简费（或油田维护费）= 出矿量×计提指标（元/吨） \qquad (4-32)$$

6. 财务费用的计算

财务费用是指在生产经营期间发生的利息支出、汇兑损失以及相关的金融机构手续费。在项目评估时，生产经营期的财务费用须计算长期负债利息净支出和短期负债利息。在未取得可靠计算依据的情况下，可不考虑汇兑损失及相关的金融机构手续费。

财务评价中，对国内外借款，无论实际按年、季、月计息，均可简化为按年计息，即将名义年利率按计息时间折算成有效年利率。其计算公式如下：

$$有效年利率 = (1 + r/w)^m - 1 \tag{4-33}$$

式中：r——名义年利率；

m——每年计息次数。

（1）长期负债利息的计算。由于借款方式不同，其利息计算方法也不同，有几种计息方式，在此不一一介绍。

（2）短期贷款是指贷款期限在一年以内的借款。在项目评价中如果发生短期贷款时，可假设当年末借款，第二年年末偿还，按全年计算利息，并计入第二年财务费用中。其计算公式如下：

$$短期贷款利息 = 短期贷款额 \times 年利率 \tag{4-34}$$

（三）经营成本费用

经营成本费用是项目经济评价中的一个专门术语，是为项目评价的实际需要专门设置的。经营成本的计算公式如下：

$$经营成本费用 = 总成本费用 - 折旧费 - 维简费 - 摊销费 - 利息支出 \tag{4-35}$$

（四）可变成本与固定成本

为了进行项目的成本结构分析和不确定性分析，在项目经济评估中应将总成本费用按照费用的性质划分为可变成本和固定成本。

产品成本费用按其与产量变化的关系分为可变成本、固定成本和半可变（或半固定）成本。在产品总成本费用中，有一部分费用随产量的增减而成比例地增减，称为可变成本，如原材料费用一般属于可变成本；另一部分费用与产量的多少无关，称为固定成本，如固定资产折旧费、管理费用；还有一些费用，虽然也随着产量增减而变化，但非成比例地变化，称为半可变（半固定）成本，如修理费用。通常将半可变成本进一步分解为可变成本与固定成本。因此，产品总成本费用最终可划分为可变成本和固定成本。

在项目财务分析中，可变成本和固定成本通常是参照类似生产企业两种成本占总成本费用的比例来确定。

（五）销售收入估算

销售（营业）收入是指项目投产后在一定时期内销售产品（营业或提供劳务）而取得的收入。销售（营业）收入估算的主要内容包括如下三项：

1. 生产经营期各年生产负荷的估算

项目生产经营期各年生产负荷是计算销售收入的基础。经济评估人员应配合技术评估人员鉴定各年生产负荷的确定是否有充分依据，是否与产品市场需求量预测相符合，是否考虑了项目的建设进度，以及原材料、燃料、动力供应和工艺技术等因素对生产负荷的制约和影响作用。

2. 产品销售价格的估算

销售（营业）收入的重点是对产品价格进行估算。要鉴定选用的产品销售（服务）价格是否合理，价格水平是否反映市场供求状况，判别项目是否高估或低估了产出物价格。

为防止人为夸大或缩小项目的效益，属于国家控制价格的物资，要按国家规定的价格政策执行；价格已经放开的产品，应根据市场情况合理选用价格，一般不宜超过同类产品的进口价格（含各种税费）。产品销售价格一般采用出厂价格，参考当前国内市场价格和国际市场价格，通过预测分析而合理选定。出口产品应根据离岸价格扣除国内各种税费计算出厂价格，同时还应考虑与投入物价格选用的同期性，并注意价格中不应含有增值税。

3. 销售（营业）收入的计算

在项目评估中，产品销售（营业）收入的计算，一般假设当年生产产品当年全部销售。其计算公式如下：

$$销售（营业）收入 = \sum_{i=1}^{n} Q_i \times P_i \tag{4-36}$$

式中：Q_i——第 i 种产品年产量；

P_i——第 i 种产品销售单价。

当项目产品外销时，还应计算外汇销售收入，并按评估时现行汇率折算成人民币，再计入销售收入总额。

（六）销售税金及附加的估算

销售税金及附加是指新建项目生产经营期（包括建设与生产同步进行情况下的生产经

营期）内因销售产品（营业或提供劳务）而发生的消费税、营业税、资源税、城市维护建设税及教育费附加，是损益表和财务现金流量表中的一个独立项目。销售税金及附加的计征依据是项目的销售（营业）收入，不包括营业外收入和对外投资收益。

销售税金及附加，应随项目具体情况而定，分别按生产经营期各年不同生产负荷进行计算。各种税金及附加的计算应符合国家规定，应按项目适用的税种、税目、规定的税率和计征办法计算有关税费。

在计算过程中，如果发现所适用的税种、税目和税率不易确定，可征询税务主管部门的意见确定，或者按照就高不就低的原则计算。除销售出口产品的项目外，项目的销售税金及附加一般不得减免，如国家有特殊规定的，按国家主管部门的有关规定执行。

（七）增值税的估算

按照现行税法规定，增值税作为价外税不包括在销售税金及附加中。在经济项目评价中应遵循价外税的计税原则，在项目损益分析及财务现金流量分析的计算中均不应包含增值税的内容。因此，在评价中应注意如下问题：

1. 在项目财务效益分析中，产品销售税金及附加不包括增值税，产出物的价格不含有增值税中的销项税，投入物的价格中也不含有增值税中的进项税。

2. 城市维护建设税和教育费附加都是以增值税为计算基数的。因此，在财务效益分析中，还应单独计算项目的增值税额（销项税额减进项税额），以便计算销售税金及附加。

3. 增值税的税率、计征依据、计算方法和减免办法，均应按国家有关规定执行。产品出口退税比例，按照现行有关规定计算。

（八）财务报表的编制

1. 主要产出物和投入物价格依据表的编制

财务评价用的价格是以现行价格体系为基础，根据有关规定、物价变化趋势及项目实际情况而确定的预测价格。

2. 单位产品生产成本估算表的编制

估算单位产品生产成本，首先要列出单位产品生产的构成项目（如原材料、燃料和动力、工资与福利费、制造费用及副产品回收等），根据单位产品的消耗定额和单价估算单位产品生产成本。

3. 总成本费用估算表的编制

编制该表，按总成本费用的构成项目的各年预测值和各年的生产负荷，计算年总成本费用和经营成本。为了便于计算，在该表中将工资及福利费、修理费、折旧费、维简费、摊销费、利息支出进行归并后填列。表中"其他费用"是指在制造费用、管理费用、财务费用和销售费用中扣除了工资及福利费、修理费、折旧费、维简费、摊销费和利息支出后的费用。

4. 借款还本付息计算表的编制

编制该表，首先要依据投资计划与资金筹措表填列固定资产投资借款（包括外汇借款）的各具体项目，然后根据固定资产折旧费估算表、无形及递延资产摊销费估算表和损益表填列偿还借款本金的资金来源项目。

5. 产品销售收入和销售税金及附加估算表的编制

表中产品销售收入以估计产销量与预测销售单价的乘积填列，年销售税金及附加按国家规定的税种和税率计取。

第四节　建筑工程项目国民经济评价

一、国民经济评价的范围和内容

（一）国民经济评价的概念与作用

所谓国民经济评价，是从国民经济的整体利益出发，遵循费用与效益统一划分的原则，用影子价格、影子工资、影子汇率和社会折现率，计算分析项目给国民经济带来的净增量效益，以此来评价项目的经济合理性和宏观可行性，实现资源的最优利用和合理配置。国民经济评价和财务评价共同构成了完整的工程项目的经济评价体系。

工程项目的经济评价最早可以追溯到资本主义社会初期，其产生的主要动力来自对最大利润的追求。当前，我国所采用的国民经济评价方法，是在参考联合国工业发展组织所提出《项目评价手册》的基础上结合我国的实际情况，综合考虑了必要性和可行性，在具体手段上进行了简化处理的评价方法。

工程项目的国民经济评价，是把工程项目放到整个国民经济体系中来研究考察，从国民经济的角度来分析、计算和比较国民经济为项目所要付出的全部成本和国民经济从项目中可能获得的全部效益，并据此评价项目的经济合理性，从而选择对国民经济最有利的方案。国民经济评价是针对工程项目所进行的宏观效益分析，其主要目的是实现国家资源的优化配置和有效利用，以保证国民经济能够可持续地稳定发展。

工程项目的经济评价由传统的财务评价发展到国民经济评价，是一大飞跃，其重要作用主要体现在以下三个方面：

1. 可以从宏观上优化配置国家的有限资源

对于一个国家来说，其用于发展的资源（如人才、资金、土地、自然资源等）总是有限的，资源的稀缺与社会需求的增长之间存在着较大的矛盾，只有通过优化资源配置，使资源得到最佳利用，才能有效地促进国民经济的发展。而仅仅通过财务评价，是无法正确反映资源是否得到了有效利用的，只有通过国民经济评价，才能从宏观上引导国家有限的资源进行合理配置，鼓励和促进那些对国民经济有正面影响的项目的发展，而相应抑制和淘汰那些对国民经济有负面影响的项目。

2. 可以真实反映工程项目对国民经济的净贡献

在很多国家，主要是发展中国家，由于产业结构不合理、市场体系不健全以及过度保护民族工业等原因，导致国内的价格体系产生较严重的扭曲和失真，不少商品的价格既不能反映价值，也不能反映供求关系。在此情形下，按现行价格计算工程项目的投入与产出，是无法反映出项目对国民经济的影响的。只有通过国民经济评价，运用能反映商品真实价值的影子价格来计算项目的费用与效益，才能真实地反映项目对国民经济的净贡献，从而判断项目的建设对国民经济总目标的实现是否有利。

3. 可以使投资决策科学化

通过国民经济评价，合理运用经济净现值、经济内部收益率等指标以及影子汇率、影子价格、社会折现率等参数，可以有效地引导投资方向，控制投资规模，提高计划质量。对于国家决策部门和经济计划部门来说，必须高度重视国民经济评价的结论，把工程项目的国民经济评价作为主要的决策手段，使投资决策科学化。

（二）国民经济评价与财务评价的关系

对工程项目进行财务评价和国民经济评价所得到的结论，是项目决策的主要依据。企业的财务评价注重的是项目的盈利能力和财务生存能力，而国民经济评价注重的则是国家经济资源的合理配置以及项目对整个国民经济的影响。财务评价是国民经济评价的基础，国民经济评价则是财务评价的深化。二者相辅相成，互为参考和补充，既有联系，又有区别。

1. 财务评价和国民经济评价的共同点

（1）评价目的相同

二者都以寻求经济效益最好的项目为目的，都追求以最小的投入获得最大的产出。

（2）评价基础相同

二者都是项目可行性研究的组成部分，都要在完成项目的市场预测、方案构思、投资金额估算和资金筹措的基础上进行，评价的结论也都取决于项目本身的客观条件。

（3）基本分析方法以及评价指标相类似

二者都采用现金流量法通过基本报表来计算净现值、内部收益率等经济指标，经济指标的含义也基本相同。二者也都是从项目的成本与收益着手来评价项目的经济合理性以及项目建设的可行性。

2. 财务评价与国民经济评价的区别

（1）评价的角度和立场不同

财务评价是站在企业的立场，从项目的微观角度按照现行的财税制度去分析项目的盈利能力和贷款偿还能力，以判断项目是否具有财务上的生存能力；而国民经济评价则是站在国家整体的立场上，从国民经济综合平衡的宏观角度去分析项目对国民经济发展、国家资源配置等方面的影响，以考察投资行为的经济合理性。

（2）跟踪的对象不同

财务评价跟踪的是与项目直接相关的货币流动，由项目之外流入项目之内的货币为财务收益，而由项目之内流出项目之外的则为财务费用；国民经济评价跟踪的则是围绕项目发生的资源流动，减少社会资源的项目投入为国民经济费用，而增加社会资源的项目产出则为国民经济收益。

（3）费用和效益的划分范围不同

财务评价根据项目的实际收支来计算项目的效益与费用，凡是项目的收入均计为效益，凡是项目的支出均计为费用，如工资、税金、利息都作为项目的费用，财政补贴则作为项目的效益；而国民经济评价则根据项目实际耗费的有用资源以及项目向社会贡献的有用产品或服务来计算项目的效益与费用。在财务评价中作为费用或效益的税金、国内借款利息、财政补贴等，在国民经济评价中被视为国民经济内部转移支付，不作为项目的费用或效益。而在财务评价中不计为费用或效益的环境污染、降低劳动强度等，在国民经济评价中则须计为费用或效益。

（4）使用的价格体系不同

在分析项目的费用与效益时，财务评价使用的是以现行市场价格体系为基础的预测价格；而考虑到国内市场价格体系的失真，国民经济评价使用的是对现行市场价格进行调整所得到的影子价格体系，影子价格能够更确切地反映资源的真实经济价值。

（5）采用的主要参数不同

财务评价采用的汇率是官方汇率，折现率是因行业而各异的行业基准收益率；而国民经济评价采用的汇率是影子汇率，折现率是国家统一测定的社会折现率。

（6）评价的组成内容不同

财务评价包括盈利能力分析、清偿能力分析和外汇平衡分析三个方面的内容，而国民经济评价只包括盈利能力分析和外汇效果分析两方面的内容。任何一项重大工程项目的建设，都要进行财务评价和国民经济评价。由于投资主体的立场和利益不完全一致，故决策必须同时考虑项目财务上的盈利能力以及项目对国民经济的影响。当财务评价与国民经济评价的结论不一致时，我国一般以国民经济评价的结论为主来进行投资决策，国民经济评价起着主导和决定性的作用。具体而言，对一个工程项目，其取舍标准如下：

①财务评价和国民经济评价的结论均认为可行，应予通过。

②财务评价和国民经济评价的结论均认为不可行，应予否定。

③财务评价的结论认为可行，而国民经济评价的结论认为不可行，一般应予否定。

④对某些国计民生急需的项目，若财务评价的结论认为不可行，而国民经济评价的结论认为可行，应重新考虑方案，必要时可向国家提出采取经济优惠措施（如财政补贴、减免税等）的建议，使项目具有财务上的生存能力。

（三）国民经济评价的内容与步骤

国民经济评价包括国民经济盈利能力分析以及对难以量化的外部效果和无形效果的定性分析，对于外资项目还要求进行外汇效果分析。国民经济评价既可以在财务评价的基础上进行，也可以直接进行。

1. 国民经济评价的内容

具体而言，国民经济评价的内容主要包括以下三个方面：

（1）国民经济费用与效益的识别与处理

国民经济评价中的费用与效益和财务评价中的相比，其划分范围是不同的。国民经济评价以工程项目耗费国家资源的多少和项目给国民经济带来的收益来界定项目的费用与效益，只要是项目在客观上引起的费用与效益，包括间接产生的费用与效益，无论最终是由谁来支付和获取的，都要视为该项目的费用与效益，而不仅仅是考察项目账面上直接显现的收支。因此，在国民经济评价中，需要对这些直接或间接的费用与效益一一加以识别、归类和定量处理（或定性处理）。

（2）影子价格的确定和基础数据的调整

在绝大多数发展中国家，现行价格体系一般都存在着较严重的扭曲和失真现象，使用现行市场价格是无法进行国民经济评价的，只有采用通过对现行市场价格进行调整计算而获得。能够反映资源真实经济价值和市场供求关系的影子价格，才能保证国民经济评价的科学性，这是因为与项目有关的各项基础数据都必须以影子价格为基础进行调整，才能正确地计算出项目的各项国民经济费用与效益。

（3）国民经济效果分析

根据所确定的各项国民经济费用与效益，结合社会折现率等相关经济参数，计算工程项目的国民经济评价指标，编制国民经济评价报表，最终对工程项目是否具有经济合理性得出结论。

2. 国民经济评价的步骤

对于一般工程项目，国民经济评价是在财务评价的基础上进行的，其主要步骤如下：

（1）效益和费用范围的调整

该步骤主要是剔除已计入财务效益和财务费用中的国民经济内部转移支付，并识别项目的间接效益和间接费用，尽量对其进行定量计算，不能定量计算的，则应做定性说明。

（2）效益和费用数值的调整

该步骤主要是对固定资产投资、流动资金、经营费用、销售收入和外汇借款等各项数据进行调整。

（3）分析项目的国民经济盈利能力

该步骤主要是编制国民经济效益和费用流量表（全部投资），并据此计算全部投资的经济内部收益率和经济净现值等指标；对于使用国外贷款的项目，还应编制国民经济收益费用表（国内投资），并据此计算国内投资的经济内部收益率和经济净现值等指标。

（4）分析项目的外汇效果

对于产出物出口或替代进口的工程项目，应编制经济外汇流量表和国内资源流量表，并据此计算经济外汇净现值、经济换汇成本或经济节汇成本等指标。

某些工程项目，例如，社会公益项目，也可以直接进行国民经济评价。其主要步骤如下：

①识别和估算项目的直接效益。对于为国民经济提供产出物的项目，应先根据产出物的性质确定是否为外贸货物，再确定产出物的影子价格，最后按产出物的种类、数量及其逐年增减情况和产出物的影子价格估算项目的直接效益。对于为国民经济提供服务的项目，则应按提供服务的数量和用户的受益程度来估算项目的直接效益。

②用货物的影子价格、土地的影子费用、影子工资、影子汇率和社会折现率等参数直接估算项目的投资。

③估算流动资金。

④依据生产经营的实际耗费，采用货物的影子价格以及影子工资、影子汇率等参数来估算经营费用。

⑤识别项目的间接效益和间接费用，尽量对其进行定量计算，不能定量计算的，则应做定性说明。

⑥编制有关报表，计算相应的评价指标。

二、国民经济评价中费用与效益的分析

（一）费用和效益的概念和识别原则

费用效益法是发达国家广泛采用的用于对工程项目进行国民经济评价的方法，也是联合国向发展中国家推荐的评价方法。所谓费用效益分析是指从国家和社会的宏观利益出发，通过对工程项目的经济费用和经济效益进行系统、全面的识别和分析，求得项目的经济净收益，并以此来评价工程项目可行性的一种方法。

费用效益分析的核心是通过比较各种备选方案的全部预期效益和全部预计费用的现值来评价这些备选方案，并以此作为决策的参考依据。项目的效益是对项目的正贡献，而费用则是对项目的反贡献，或者说是对项目的损失。但必须指出的是，工程项目的效益和费用是两个相对的概念，都是针对特定的目标而言的。例如，由于某生产化纤原料的大型工程项目投产，使得该化纤原料的价格下降，从而导致同行业利润的下降，对于该行业来说，这是费用；但这也会使得服装生产商的成本下降，对于服装生产行业来说则是效益。因此，无论是什么样的项目，在分析、评价的过程中，都有一个费用效益识别的问题。

在项目的财务评价中，由于项目可视为一个相对独立的封闭系统，货币在这一系统的流入和流出容易识别，并且大都可以从相应的会计核算科目中找到答案。因此，在财务评价中，费用和效益识别的重要性未能充分表现出来。在项目的国民经济评价中，费用和效益的划分与财务评价相比已有了质的变化，通常识别起来是比较困难的。比如，烟草工业，一方面给政府提供了巨额税收，增加了大量的就业岗位，有时甚至成为一个地区的支柱产业；另一方面，烟草对消费者的健康构成了很大的损害，极大地增加了国家和消费者个人的医疗负担。显然对国民经济整体而言，烟草工业究竟是费用还是效益仅仅从项目的财务收支上进行判别是无法找到答案的。

正确地识别费用与效益，是保证国民经济评价正确的前提。费用与效益的识别原则

为：凡是工程项目使国民经济发生的实际资源消耗，或者国民经济为工程项目付出的代价，即为费用；凡是工程项目对国民经济发生的实际资源产出与节约，或者对国民经济做出的贡献即为效益。举例来说，某大型水利工程项目导致的航运减少，航运、航道工人失业，直接的基建开支、移民开支、电费降价引起的国家收入减少等，这些都是费用；而由该工程所导致的水力发电净收益增加、洪水灾害的减轻、农业增产、国家灌溉费的增加、电力用户支出的减少、国家救济费用的节省等，则都是效益。在考察工程项目的费用与效益时，必须遵循费用与效益的识别原则。

效益与费用是指工程项目对国民经济所做的贡献与反贡献。我们往往将项目对国民经济产生的影响称为效果。这种效果又可以分为直接效果和外部效果。

（二）直接效果

直接效果是工程项目直接效益和直接费用的统称。

1. 直接效益

工程项目的直接效益是由项目自身产出，由其产出物提供，并应用影子价格计算出来的产出物的经济价值，是项目自身直接增加销售量和劳动量所获得的效益。

工程项目直接效益的确定可分为以下两种情况：

（1）在项目的产出物用于增加国内市场供应量的情况下，项目的效益即为其所满足的国内需求，可由消费者的支付意愿来确定。

（2）在国内市场总供应量不变的情况下，当项目产出物增加了出口量时，项目的效益即为其出口所获得的外汇；当项目产出物可替代进口时，为国家减少了总进口量，项目的效益即为其替代进口所节约的外汇；当项目产出物顶替了原有项目的生产，致使原有项目减停产时，项目的效益即为由原有项目减停产而向社会释放出来的资源，其价值也就等于这些资源的支付意愿。

2. 直接费用

工程项目的直接费用是国家为项目的建设和生产经营而投入的各种资源（固定资产投资、流动资金以及经常性投入等）用影子价格计算出来的经济价值。

工程项目直接费用的确定也可分为两种情况：

（1）在项目所需投入物来自国内供应总量增加（即依靠增加国内生产来满足该项目的需求）的情况下，项目的费用即为增加国内生产所耗用的资源价值。

（2）在国内市场总供应量不变的情况下，当项目的投入物依靠从国际市场进口来满足需求时，项目的费用即为进口投入物所花费的外汇；当项目的投入物为本可出口的资源

（即依靠减少出口来满足该项目的需求）时，项目的费用即为因减少出口量而减少的外汇收入；当项目的投入物为本应用于其他项目的资源（即依靠减少对其他项目的投入来满足该项目的需求）时，项目的费用即为其他项目因减少投入量而减少的效益，也就是其他项目对该投入物的支付意愿。

（三）外部效果

外部效果是工程项目间接效益和间接费用的统称，是由于项目实施所导致的在项目之外未计入项目效益与费用的效果。

1. 间接效益，又称外部效益，是指项目对国民经济做出了贡献，而项目自身并未得益的那部分效益。比如，果农栽种果树，客观上使养蜂者得益，这部分效益即为果农生产的间接效益。

2. 间接费用，又称外部费用，是指国民经济为项目付出了代价，而项目自身却不必实际支付的那部分费用。比如，一个耗能巨大的工业项目投产，有可能导致当地其他项目的用电紧张，其他项目因此而减少的效益即为该项目的间接费用。

显然，在对工程项目进行国民经济评价时，必须计算外部效果。计算外部效果时，必须同时满足两个条件：相关性条件和不计价条件。所谓相关性条件，是指工程项目的经济活动会影响到与本项目没有直接关系的其他生产者和消费者的生产水平或消费质量。所谓不计价条件，是指这种效果不计价或无须补偿。比如烟草公司生产的香烟，使得烟民的健康受到损害，这是一种间接费用；如果烟草公司给烟民以相应的赔偿，那就不再是间接费用了。

外部效果的计算，通常是比较困难的。为了减少计算上的困难，可以适当地扩大计算范围和调整价格，使许多外部效果内部化，扩大项目的范围，将一些相互关联的项目合并在一起作为一个联合体进行评价，从而使一些间接费用和间接效益转化为直接费用和直接效益。在用影子价格计算项目的效益和费用时，已在一定程度上使项目的外部效果在项目内部得到了体现。必须注意的是，在国民经济评价中，既要充分考虑项目的外部效果也要防止外部效果扩大化。

经过上述处理后，可能还有一些外部效果需要单独考虑和计算。这些外部效果主要包括以下五个方面：

1. 环境影响

工程项目对自然环境和生态环境造成的污染和破坏，比如，工业企业排放的"三废"对环境产生的污染，是项目的间接费用。这种间接费用要定量计算比较困难，一般可按同类企业所造成的损失或者按恢复环境质量所需的费用来近似估算，若难以定量计算则应做定性说明。此外，某些工程项目，比如，环境治理项目，对环境产生的影响是正面的，在国民经济评价中也应估算其相应的间接效益。

2. 价格影响

若项目的产出物大量出口，导致国内同类产品的出口价格下跌，则由此造成的外汇收益的减少，应计为该项目的间接费用。若项目的产出物只是增加了国内市场的供应量，导致产品的市场价格下跌，可使产品的消费者获得降价的好处，但这种好处只是将原生产商减少的收益转移给了产品的消费者而已，对于整个国民经济而言，效益并未改变，因此，消费者得到的收益并不能计为该项目的间接收益。

3. 相邻效果

相邻效果是指由于项目的实施而给上游企业（为该项目提供原材料和半成品的企业）和下游企业（使用该项目的产出物作为原材料和半成品的企业）带来的辐射效果。项目的实施会使上游企业得到发展，增加新的生产能力或使其原有生产能力得到更充分的利用，也会使下游企业的生产成本下降或使其闲置的生产能力得到充分的利用。实践经验证明，对相邻效果不应估计过大，因为大多数情况下，项目对上下游企业的相邻效果可以在项目投入物和产出物的影子价格中得到体现。只有在某些特殊情况下，间接影响难以在影子价格中反映时，才需要作为项目的外部效果计算。

4. 技术扩散效果

建设一个具有先进技术的项目，由于人才流动、技术推广和扩散等原因，使得整个社会都将受益。但这类间接效益通常难以识别和定量计算，因此，在国民经济评价中一般只做定性说明。

5. 乘数效果

乘数效果是指由于项目的实施而使与该项目相关的产业部门的闲置资源得到有效利用，进而产生一系列的连锁反应，带动某一行业、地区或全国的经济发展所带来的外部净效益。

（四）转移支付

在工程项目费用与效益的识别过程中，经常会遇到国内借款利息、税金、折旧以及财政补贴等问题的处理。这些都是财务评价中的实际收支，但从国民经济整体的角度来看，这些收支并不影响社会最终产品的增减，都未造成资源的实际耗用和增加，而仅仅是资源的使用权在不同的社会实体之间的一种转移。这种并不伴随着资源增减的纯粹货币性质的转移，即为转移支付。因此，在国民经济评价中，转移支付不能计为项目的费用或效益。

在工程项目的国民经济评价中，对转移支付的识别和处理是关键内容之一。常见的转移支付有税金、利息、补贴和折旧等。

1. 税金

在财务评价中，税金显然是工程项目的一种费用。但从国民经济整体来看，税金作为国家财政收入的主要来源，是国家进行国民收入二次分配的重要手段，交税只不过表明税金代表的那部分资源的使用权从纳税人那里转移到了国家手里。也就是说。税金只是一种转移支付，不能计为国民经济评价中的费用或效益。

2. 利息

利息是利润的一种转化形式，是客户与银行之间的一种资金转移，从国民经济的整体来看，并不会导致资源的增减，因此，也不能计为国民经济评价中的费用或效益。

3. 补贴

补贴是一种货币流动方向与税收相反的转移支付，包括价格补贴、出口补贴等。补贴虽然使工程项目的财务收益增加，但同时也使国家财政收入减少，实质上仍然是国民经济中不同实体之间的货币转移，整个国民经济并没有因此发生变化。因此，国家给予的各种形式的补贴都不能计为国民经济评价中的费用或效益。

4. 折旧

折旧是会计意义上的生产费用要素，是从收益中提取的部分资金，与实际资源的耗用无关。因为在经济分析时已将固定资产投资所耗用的资源视为项目的投资费用，而折旧无非是投资形成的固定资产在再生产过程中价值转移的一种方式而已。故此不能将折旧计为国民经济评价中的费用或效益，否则就是重复计算。

三、国民经济评价参数

国民经济评价参数是指在工程项目经济评价中为计算费用和效益，衡量技术经济指标而使用的一些参数，主要包括影子价格、影子汇率、影子工资和社会折现率等。

国民经济评价参数是由国家有关部门统一组织测算的，并实行阶段性的调整。

（一）影子价格

在大多数发展中国家，包括我国在内，都或多或少地存在着产品市场价格的扭曲或失真现象。而在计算工程项目的费用和效益时，都需要使用各类产品的价格，若价格失真，则必将影响到项目经济评价的可靠性和科学性，导致决策失误。因此，为了真实反映项目的费用和效益，有必要在项目经济评价中对某些投入物和产出物的市场价格进行调整，采用一种更为合理的计算价格，即影子价格。

所谓影子价格，是指当社会经济处于某种最优状态时，能够反映社会劳动的消耗、资源稀缺程度和最终产品需求状况的价格。可见，影子价格是一种理论上的虚拟价格，是为了实现一定的社会经济发展目标而人为确定的、更为合理（相对于实际交换价格）的价格。此处所说的"合理"，从定价原则来看，应该能更好地反映产品的价值，反映市场供求状况，反映资源的稀缺程度；从价格产出的效果来看，应该能够使资源配置向优化的方向发展。

一般而言，项目投入物的影子价格即为其机会成本。所谓机会成本，是指当一种资源用在某个特定领域，从而失去的在其他领域可以获得的最大收益。而项目产出物的影子价格则为其支付意愿。所谓支付意愿，是指消费者对购买某一产品所愿意支付的最高价格。影子价格不是产品的实际交换价格，而是作为优化配置社会资源、衡量产品社会价值的价格尺度，它在工程项目的国民经济评价中用来代替市场价格进行费用与效益的计算，从而消除在市场不完善的条件下由于市场价格失真可能导致的评价结论失实。

（二）影子汇率

一般发展中国家都存在着外汇短缺的问题，政府在不同程度上实行外汇管制和外贸管制，外汇不允许自由兑换，在此情形下，官方汇率往往不能真实地反映外汇的价值。因此，在工程项目的国民经济评价中，为了消除用官方汇率度量外汇价值所导致的误差，有必要采用一种更合理的汇率，也就是影子汇率，来使外贸品和非外贸品之间建立一种合理的价格转换关系，使二者具有统一的度量标准。

影子汇率，即外汇的影子价格，是指项目在国民经济评价中，将外汇换算为本国货币的系数。它不同于官方汇率或国家外汇牌价，能够正确反映外汇对于国家的真实价值。影子汇率实际上也就是外汇的机会成本，即项目投入或产出所导致的外汇减少或增加给国民经济带来的损失或收益。

影子汇率是一个重要的国家经济参数，它体现了从国民经济角度对外汇价值的估量。在工程项目的国民经济评价中除了用于外汇与本国货币之间的换算外，还是经济换汇和经济节汇成本的判据。国家可以利用影子汇率作为经济杠杆来影响项目方案的选择和项目的取舍。比如，某项目的投入物可以使用进口设备，也可以使用国产设备，当影子汇率较高时，就有利于后一种方案。再比如，对于主要产出物为外贸货物的工程项目，当影子汇率较高时，将有利于项目获得批准实施。

影子汇率的发布形式有两种：一种是直接发布，另一种是间接给出。

（三）影子工资

在大多数国家中，由于社会的、经济的或传统的原因，劳动者的货币工资常常偏离竞争性劳动市场所决定的工资水平，因此，不能真实地反映单位劳动的边际产品价值，因而产生了劳动市场供求失衡问题。在此情形下，对工程项目进行国民经济评价，就不能简单地把项目中的货币工资支付直接视为该项目的劳动成本，而要通过"影子工资"对此劳动成本进行必要的调整。

影子工资，即劳动力的影子价格，是指由于工程项目使用劳动力而使国民经济所付出的真实代价，由劳动力的机会成本和劳动力转移而引起的新增资源耗费两部分组成。劳动力机会成本是指劳动力如果不就业于该项目而从事于其他生产经营活动所创造的最大效益，也就是因劳动力为该项目工作而使别处被迫放弃的原有净收益。它与劳动力的技术熟练程度和供求状况有关，技术越熟练，社会需求程度越高，其机会成本越高，反之越低。劳动力的机会成本是影子工资的主要组成部分。新增资源耗费是指项目使用劳动力后，由于劳动者就业或迁移而增加的交通运输费用、城市管理费用、培训费用等，这些资源的耗用并未提高劳动者的收入水平。

在国民经济评价中，影子工资作为费用计入经营成本。影子工资的计算可采用转换系数法，即将财务评价时所用的工资与福利费之和（合称名义工资）乘以影子工资换算系数求得。

（四）社会折现率

在国民经济评价中所追求的目标是国民经济收益的最大化，而所有的工程项目都将是这一目标的承担者。在采用了影子价格、影子汇率、影子工资等合理参数后，国民经济中所有的工程项目均将在同等的经济条件下使用各种社会资源为社会创造效益，这就需要规定适用于各行业所有工程项目都应达到的最低收益水平，也就是社会折现率。

社会折现率，也称影子利率，是从国民经济角度考察工程项目投资所应达到的最低收益水平，实际上也是资金的机会成本和影子价格。社会折现率是项目经济可行性研究和方案比较的主要判据，在项目经济评价中，主要作为计算经济净现值的折现率，同时也是用来衡量经济内部收益率的基准值。

社会折现率作为资金的影子价格，代表着资金占用在一定时间内应达到的最低增值率，体现了社会对资金时间价值的期望和对资金盈利能力的估算。

社会折现率作为国民经济评价中的一项重要参数，是国家评价和调控投资活动的重要经济杠杆之一。国家可以选用适当的社会折现率来进行项目的国民经济评价，从而促进资源的优化配置，引导投资方向，调控投资规模。

比如，国家在需要经济软着陆时，可以适当调高社会折现率，使得本来可获得通过的某些投资项目难以达到这一折现率标准，从而达到间接调控投资规模的目的。

社会折现率需要根据国家社会经济发展目标、发展战略、发展优先顺序、发展水平、宏观调控意图、社会成员的费用效益时间偏好、社会投资收益水平、资金供应状况、资金机会成本等因素进行综合分析，由国家相关部门统一测定和发布。

（五）贸易费用率

在工程项目的国民经济评价中，贸易费用是指花费在货物流通过程各环节中以影子价格计算的综合费用（长途运输费用除外），也就是项目投入物或产出物在流通过程中所支付的除长途运输费用以外的短途运输费、装卸费、检验费、保险费等费用。贸易费用率则是反映这部分费用相对于货物影子价格的一个综合比率，是国民经济评价中的一个经济参数，是由国家相关部门根据物资流通效率、生产资料价格总水平以及汇率等综合因素统一测定和发布的。

目前，贸易费用率取值一般为 6%，对于少数价格高、体积与重量较小的货物，可适当降低贸易费用率。

四、影子价格的确定

如前所述，在工程项目的国民经济评价中，必须确定出项目投入物和产出物的影子价格，并以之代替市场价格来计算项目的真实费用与效益。

影子价格的计算在理论上是以线性规划法为基础的，或者说影子价格是一种用数学方法计算出来的最优价格。但在实际工作中，由于各种条件的限制，一般不可能及时、准确地获得建立数学模型所需的各类数据，因此，需要采取某些实用方法来确定。

在确定影子价格时，以上两种方法首先都要把货物区分为贸易货物和非贸易货物两大类，然后根据项目的各种投入物和产出物对国民经济的影响分别进行处理。

外贸货物和非外贸货物的划分原则是看工程项目的投入或产出主要是影响对外贸易还是影响国内消费。只有在明确了货物的类型之后，才能有针对性地采取不同方法确定货物的影子价格。

（一）外贸货物的影子价格

所谓外贸货物，是指其生产和使用将对国家进出口产生直接或间接影响的货物。项目产出物外贸货物，包括直接出口（增加出门）、间接出口（替代其他企业产品使其增加出口）和替代进口的货物；项目投入物中的外贸货物，包括直接进口（增加进口）、间接进口（占用其他企业的投入物使其增加进口）和减少进口（占用原本可以出口的国内产品）的货物。

外贸货物的影子价格的确定，是以实际将要发生的口岸价格为基础，按照项目各项产出和投入对国民经济的影响，根据口岸、项目所在地、投入物的国内产地、项目产出物的主要市场所在地以及交通运输条件的差异，对流通领域的费用支出进行调整而分别制定的。其具体的定价方法可分为以下几种情况（对于项目产出物，确定的是出厂影子价格；而对于项目投入物，确定的是到厂影子价格）：

1. 产出物

（1）直接出口的产出物

其影子价格等于离岸价格减去国内运输费用和贸易费用。

（2）间接出口的产出物

其影子价格等于离岸价格减去原供应厂到口岸的运输费用和贸易费用，加上原供应厂到用户的运输费用和贸易费用，再减去拟建项目到用户的运输费用和贸易费用。当原供应厂和用户难以确定时，可按直接出口计算。

（3）替代进口的产出物

其影子价格等于到岸价格减去拟建项目到用户的运输费用及贸易费用，再加上口岸到原用户的运输费用和贸易费用。当具体用户难以确定时，可只按到岸价格计算。

2. 投入物

（1）直接进口的投入物

其影子价格等于到岸价格加国内运输费用和贸易费用。

（2）间接进口的投入物

其影子价格等于到岸价格加上口岸到原用户的运输费用和贸易费用，减去供应厂到原用户的运输费用和贸易费用，加上供应厂到拟建项目的运输费用和贸易费用。当原供应厂和用户难以确定时，可按直接进口计算。

（3）减少出口的投入物

其影子价格等于离岸价格减去原供应厂到口岸的运输费用和贸易费用，再加上供应厂到拟建项目的运输费用和贸易费用。

（二）非外贸货物的影子价格

所谓非外贸货物，是指生产和使用对国家进出口不产生影响的货物，除了包括所谓的天然非外贸货物，如国内建筑、国内运输、商业及其他基础设施的产品和服务以外，还包括由于地理位置所限而使国内运费过高不能进行外贸的货物以及受国内外贸易政策和其他条件限制而不能进行外贸的货物等所谓的非天然非外贸货物。

非外贸货物影子价格的确定原则和方法如下：

1. 产出物

（1）增加供应数量，满足国内消费的项目产出物。若国内市场供求均衡，应采用市场价格定价；若国内市场供不应求，应参照国内市场价格并考虑价格变化的趋势定价，但不应高于质量相同的同类产品的进口价格；对于无法判断供求情况的，则取以上价格中较低者。

（2）不增加国内市场供应数量，只是替代其他生产企业的产出物，使其减产或停产的项目产出物。若质量与被替代产品相同，应按被替代产品的可变成本分解定价；若产品质量有所提高的，应按被替代产品的可变成本加上因产品质量提高而带来的国民经济效益（可近似地按国际市场价格与被替代产品价格之差来确定）定价，也可按国内市场价格定价。

（3）占国内市场份额较大，项目建成后会导致市场价格下跌的项目产出物。可按照项目建成前的市场价格和建成后的市场价格的平均值对其定价。

2. 投入物

（1）能通过原有企业挖潜（无须增加投资）而增加供应的，按分解成本（通常仅分解可变成本）定价。

（2）需要通过增加投资扩大生产规模以满足拟建项目需求的，按分解成本（包括固定成本分解和可变成本分解）定价。当难以获得分解成本所需资料时，可参照国内市场价格定价。

（3）项目计算期内无法通过扩大生产规模来增加供应量的（减少原用户供应量），取国内市场价格、国家统一价格加补贴、协议价格中较高者定价。

前面所说的成本分解法，是确定主要非外贸货物影子价格的常用方法。其具体步骤简述如下：首先将货物的成本逐一分解，并按成本构成性质进行分类；再分别按照其影子价格的确定方法定价；最后将分解后经重新调整所得的成本汇总，即得该货物的影子价格。

（三）特殊投入物的影子价格

所谓特殊投入物，一般是指项目在建设和生产经营中使用的土地和劳动力。劳动力的影子价格，也就是影子工资，其确定方法在前面已经论述过，主要采用转换系数法。下面主要介绍土地影子价格的确定方法。

土地作为可提供多种可能用途的稀缺资源，一旦被某个工程项目占用，就意味着其对国民经济的其他潜在贡献不能实现。因此，在项目的国民经济评价中必须给土地一个合适的影子价格。目前在我国取得土地使用权的方式主要有行政划拨、招投标和拍卖，工程项目获得土地的财务费用因土地获得方式的不同而不同，但对于同一块土地，其在国民经济评价中的影子价格却是唯一的。

土地的影子价格，是指因工程项目占用土地而使国民经济付出的代价。一般而言，土地的影子价格包括两个部分，即因土地用于拟建项目而使其不能用于其他目的所放弃的国民经济效益（即土地的机会成本），以及因土地占用而新增的社会资源消耗（如拆迁费、劳动力安置、养老保险费等）。

根据效益和费用划分的原则，工程项目实际征地费用可分为以下三个部分：①属于机会成本性质的费用，如土地补偿费、青苗补偿费等，应按机会成本计算方法调整后计入土地的影子价格；②属于新增资源消耗性质的费用，如拆迁安置补偿费、养老保险费等，应按其相应的影子价格计算方法调整后计入土地的影子价格；③属于转移支付性质的费用，如粮食开发基金、耕地占用税等，不计入土地的影子价格。

在土地市场机制比较健全的国家或地区，土地使用权可以自由地在土地批租市场流动，那么土地的影子价格可以近似地根据市场价格来定价，只是在确定土地影子价格时，需要从土地市场价格中剔除政府对土地使用权买卖征收的税款部分，因为这部分费用属于转移支付性质。

在土地市场机制不健全的国家或地区，土地的使用价格因政府的干预存在扭曲，则需要按土地影子价格的两个组成部分分别进行计算后汇总，最终得到土地的影子价格。

1. 对土地机会成本的计算

由于可利用的土地越来越少，其稀缺性日趋严重，土地的机会成本会越来越高。计算土地机会成本时，应根据拟建项目占用土地的种类，分析项目计算期内技术、环境、政策、适宜性等多方面的约束条件，选择该土地最可行的 2~3 种替代用途（包括现行用途）进行比较，以其中净效益最大者为计算基础。

若项目占用的土地为未开发利用的荒山野岭，其机会成本可视为零；若项目占用的土地为农业用地，其机会成本为原来的农业净收益，并应适当考虑农产品年平均净效益的增长率；若项目占用的土地为城市建设用地，其机会成本为项目外其他单位愿意为获得该土地而支付的最高财务价格。

2. 对新增社会资源消耗的计算

在这部分内容的计算中，主要是对其中的拆迁费进行调整。而拆迁工作主要是建筑施工性质，其影子价格可利用建筑工程的影子价格换算系数换算拆迁费而得到；至于其他费用，一般不做调整。

（四）影子价格换算系数

由于影子价格的确定比较复杂，测算工作量很大，在工程项目的可行性研究阶段要逐一完成如此庞大复杂的工作是很困难的，也是不必要的。

对于一些常见的重要货物（服务）的影子价格，国家相关部门通过分析研究，会发布和定期修正相应的影子价格换算系数，作为国民经济评价的经济参数，供投资决策者和可行性研究人员结合工程项目的实际情况选用。换算系数是经过调整后所得到的经济价格与国内市场价格的比值。

已知货物的影子价格换算系数，再将其乘以货物的财务价格，就可以得到货物的影子价格。

影子价格换算系数使用时的范围为项目建议书阶段项目的投入物和主要产出物，项目可行性研究及评估阶段项目的非主要投入物和非主要产出物。至于项目的主要投入物和产出物影子价格的具体确定，应由项目评价人员按照前述方法提出的基本原则，参照国家颁布的参数，结合项目的实际情况来完成。

五、国民经济评价指标

国民经济评价和财务评价相似，也是通过评价指标的计算，编制相关报表来反映项目的国民经济效果。国民经济指标包括两方面的内容，即国民经济盈利能力分析和外汇效果分析。

（一）国民经济盈利能力分析指标

工程项目在国民经济评价中的经济效果，主要反映在国民经济盈利能力上，其基本评价指标为经济内部收益率和经济净现值。

1. 经济内部收益率

经济内部收益率是反映工程项目对国民经济净贡献的相对指标，是项目在计算期内各年经济效益流量的现值累计等于零时的折现率。

在评价工程项目的国民经济贡献能力时，若经济内部收益率等于或大于社会折现率，表明项目对国民经济的净贡献达到或超过了要求的水平，此时项目是可以接受的；反之，则应拒绝。

2. 经济净现值

经济净现值是反映工程项目对国民经济净贡献的绝对指标，是用社会折现率将项目计算期内各年的净效益流量折算到建设期初的现值之和。

在评价工程项目的国民经济贡献能力时，若经济净现值等于零，表示国家为拟建项目付出代价后，可以得到符合社会折现率的社会盈余；若经济净现值大于零，表示国家除得到符合社会折现率的社会盈余外，还可以得到以现值计算的超额社会盈余。在以上两种情况下，项目是可以接受的；反之，则应拒绝。

3. 经济净现值率

经济净现值率是经济净现值的一个辅助指标，是反映工程项目占用的单位投资对国民经济净贡献的相对指标。

经济净现值率的最大化有利于资金的最优利用。在评价工程项目的国民经济贡献能力时，若经济净现值率等于或大于零，项目是可以接受的；反之，则应拒绝。

（二）工程项目外汇效果分析指标

外汇作为一种重要的经济资源，对国民经济的发展具有特殊的价值，外汇平衡对一个国家的经济形势有着特殊的影响。因此，对产品出口创汇及替代进口结汇的项目，应进行外汇效果分析。工程项目的外汇效果指标主要有经济外汇净现值、经济换汇成本和经济节约成本。

1. 经济外汇净现值

经济外汇净现值是指将工程项目计算期内各年的净外汇流量按照社会折现率折算到建设期初的现值之和，是反映项目实施后对国家外汇收支直接或间接影响的重要指标，用于衡量项目对国家外汇真正的净贡献（创汇）或净消耗（用汇）。经济外汇净现值可通过经济外汇流量表计算求得。

经济外汇净现值一般可按照工程项目的实际外汇净收支来计算。当项目有较大的产品替代进口时，也可按净外汇效果计算经济外汇净现值。所谓外汇净效果，是指净外汇流量再加上产品替代进口所得到的节汇额。

若工程项目的经济外汇净现值等于零，表明项目对国家的外汇收支没有损耗；若工程项目的经济外汇净现值大于零，则表明项目对国家的外汇收支有净贡献。在以上两种情况下，项目是可以接受的；反之，则应拒绝。

2. 经济换汇成本和经济节汇成本

当工程项目有产品直接出口时，无论是全部还是部分，都应计算经济换汇成本。它是用货物影子价格、影子工资和社会折现率计算的为生产出口产品投入的国内资源现值（以人民币表示）与生产出口产品的经济外汇净现值（通常以美元表示）之比，亦即换取 1 美元外汇所需要的人民币金额，是分析评价项目实施后在国际上的竞争力，进而判断其产品出口对于国民经济是否真正有利可图、是否应该出口的指标。

当工程项目有产品替代进口时，无论是全部还是部分，都应计算经济节汇成本。经济节汇成本与经济换汇成本相似，所不同的是它的外汇收入不是来源于产品的直接出口，而是来自产品以产顶进替代进口而为国家节省的外汇支出，它可以用来判断项目产品以产顶进节汇在经济上是否合理。经济节汇成本等于项目计算期内生产替代进口产品所投入的国内资源的现值与生产替代进口产品的经济外汇净值现值之比，即节约 1 美元外汇所需的人民币金额。

经济换汇成本或经济节汇成本（元/美元）小于或等于影子汇率，表明该项目产品出口或替代进口是有利的，项目是可以接受的。

第五章　建筑工程经营预测与决策

第一节　经营预测方法

一、概述

（一）基本概念

预测是一门实用学科。它是从对历史及现状的了解出发，对社会某种现象进行分析研究，从中发现其发展变化的规律，进而推断未来可能发展趋势的一种管理行为。经营预测是各种预测的组成部分，它是对与企业经营活动密切相关的经济现象或经济变量未来发展趋势的预计和推测。由于建筑企业的经营活动处于不断变化之中，只有科学地预测，才有正确的决策。

（二）经营预测的作用

首先，经营预测是企业制订发展规划和进行经营决策的依据。在市场经济条件下，企业的生存和发展与市场息息相关，而市场又是瞬息万变的，如果不了解建筑市场的动态和发展趋势，企业经营将缺乏根据，出现盲目经营，导致给企业带来经济损失。只有通过预测，掌握大量的第一手市场动态和发展的数据资料，才能情况明、方向准，做出正确的经营决策，不断改善经营管理，取得最佳的经济效益。其次，经营预测能增加企业的管理储备，增加企业的弹性。所谓管理储备，就是企业的积极弹性，它是指通过预测能使领导及有关人员把情况看深、看透、看实，从而根据不同情况做好多手准备，增强应变能力，适应市场的需要。最后，经营预测有利于提高企业的竞争能力。在实行招标投标制的情况下，建筑企业的竞争能力，主要表现为中标率的高低，企业依靠科学的预测，可能充分了解竞争的形势和竞争对手的情况，采取合理的投标策略，在竞争中争取主动，从而提高企业的竞争能力。所以，经营预测是正确决策的前提和必要条件，是科学管理的基础。

（三）经营预测的分类

经营预测按范围划分，可分为宏观预测和微观预测。宏观预测是对整个国民经济或部门经济趋势的推断，如固定资产投资方向、建筑产品的需求、构成比例预测、竞争形势预测等；微观预测是对企业经济活动状态的估计，如资源需求预测，企业生产能力预测，利润、成本预测等。

经营预测按方法划分，可分为定性预测和定量预测两种。定性预测是利用直观材料，依靠人们主观判断分析的能力，对未来状况的预计；定量预测是根据历史数据，应用数理统计方法来推测事物的发展状况，或者是利用事物内部因果联系来推测未来。

经营预测按时间划分，可分为长期预测、中期预测和短期预测三种。长期预测的期限一般在五年以上，它是有关生产能力、产品系列、服务构成变化等远景规划的基础；中期预测的期限为三年左右，其目的在于制订较为切实的企业发展计划；短期预测的期限在一年或一年以内，它为当前生产经营计划或实施具体计划提供依据。

（四）经营预测的步骤

经营预测一般可分为以下五个基本步骤：

1. 确定预测目标和要求

包括预测的项目、范围、性质、数量、时间、重点和目的，做到有的放矢、正确预测。

2. 调查收集整理资料

对资料进行加工整理，去粗取精、去伪存真，得出有用的真实、可靠的数据资料。

3. 选择预测方法，确定预测模型，进行科学预测

根据不同的预测时间、不同的数据资料、不同的预测精度要求，并考虑预测所需的费用和预测方法的实用性，合理选择预测方法进行预测。

4. 分析和评价预测结果

对预测结果进行分析，检查是否达到预期的预测目标、预测结果是否合理等。如果得出否定结论，则需要重新确定预测目标或选择其他预测方法，再次进行预测，并评价预测的结果。

5. 追踪与反馈

对预测结果进行追踪检查，了解预测的结论和建议被采纳的程度、实际的效果以及预

测结论与实际情况是否一致等。随时对追踪的结果进行反馈，以便在今后预测时改进方法，纠正偏差。

二、定性预测方法

（一）概念

定性预测法是利用直观材料，依靠人的经验、知识和主观判断并进行逻辑推理，对事物未来变化趋势进行估计和推测的方法。它的优点是简单易行、时间快，是应用历史比较悠久的一种方法，至今在各类预测方法中仍占重要地位。它的缺点是易带片面性、精度不高。

（二）专家预测法

由专家们根据自己的经验和知识，对预测对象的未来发展做出判断，然后把专家们的意见归纳整理形成预测结论。它又分为专家个人预测法和专家会议预测法两种。

专家个人预测法是由确有专长，具有远见卓识和丰富经验的专家提出个人意见，然后将各专家的意见收集起来归纳整理形成预测结论。该法能充分发挥专家的创造能力，不受外界影响，没有心理压力。但此法容易受到专家知识面、知识深度、占有资料以及对预测问题是否有兴趣等因素所制约，预测结果难免带有片面性和局限性。

专家会议预测法是向专家们提供需要预测的问题和信息，请他们事先做好准备，然后在确定的时间召开专家会议，由专家们各自提出预测的意见，相互交换、相互启发，弥补个人知识经验的不足，并通过讨论、补充、修正之后得出预测的结果。此法的缺点是参加会议的人数有限，代表性不够广泛；另外，在会上发表意见还受到一些心理因素的影响，不能畅所欲言，容易受到权威意见和大多数人意见的影响，即使有不同的意见也不愿意在会上发表或不愿意公开修正自己已发表的意见，导致预测结果的可靠程度有限。

（三）特尔斐法

特尔斐法是集专家个人预测法和专家会议预测法二者之长、去二者之短的一种方法。其特点是用书面的方式和专家们联系，而不采取开会的形式，因此又称为函调法。它以匿名的方式通过几轮咨询，征求专家们的意见。预测小组对每一轮的意见进行归纳整理和分类，作为参考资料以文件形式发给每个专家，供他们分析判断，提出新的论证。如此反复三至四轮，直到得出预测结论为止。该法采用匿名的方式征询专家意见，专家互不照面，各抒己见，博采众长，分析判断比较客观，预测结果比较准确，而且预测费用较低，广泛应用于技术预测、经营预测、短期预测、长期预测、预测量变和质变过程等多种情形。

1. 特尔斐法的预测过程

特尔斐法的预测过程可分为：准备阶段、预测阶段和结果处理阶段三个阶段。

（1）准备阶段

其主要工作是确定预测主题和选择参加预测的专家。确定预测主题，首先要制定目标—手段调查表，并在此表基础上制定应答问题调查表。预测领导小组或专家一起，对已掌握的数据进行分析，确定预测对象的总目标和子目标以及达到目标的手段，编制手段调查表。当有多种手段时，应精选主要的、互不干扰的各种手段。手段调查表是特尔斐法预测的重要工具，是信息的主要来源，表的质量对预测结果的准确程度影响很大。因此，制表时应非常慎重。

（2）预测阶段

第一轮，发给专家第一轮调查表，表中只提出预测问题，不带任何约束条件。围绕预测主题由专家提出应预测的事件，预测领导小组对专家填写后寄回的调查表进行汇总、归纳，用准确术语提出一个预测一览表。第二轮，发给专家第二轮调查表，即预测一览表，由专家对每个事件做出评价，并阐明理由，预测领导小组对专家意见进行统计处理。如此再进行第三、第四轮调查与统计，最终得出一个相当集中的预测意见。

（3）结果处理阶段

对应答结果进行分析和处理，是特尔斐法预测的最后阶段，也是最重要的阶段。处理方法和表达方式，取决于预测问题的类型和对预测的要求。根据大量的试验证明，专家的意见分析是接近或符合正态分布的。

2. 组织预测应注意的问题

为了保证特尔斐法的预测精度，组织预测时应注意以下几点：

（1）对特尔斐法做出充分说明；

（2）预测的问题要集中；

（3）避免组合事件；

（4）用词要确切；

（5）调查表要简化；

（6）领导小组意见不应强加于调查表中；

（7）问题的数量要限制；

（8）支付适当报酬；

（9）结果处理工作量的大小；

（10）轮间时间间隔。

特尔斐法虽然广泛应用于各个领域的预测，但只有合理、科学地操作，并注意扬长避短，才能得到可靠的预测结果。

三、定量预测方法

（一）概念

定量预测法是根据历史数据，应用数理统计方法来推测事物的发展状况，或利用事物内部因果关系来预测事物发展的未来状况的方法。它主要有时间序列预测分析法和回归分析法等。时间序列预测分析法是将预测对象的历史资料按时间顺序排列起来，运用数学方法寻求其内在规律和发展趋势，预测未来状态的方法。回归分析法是从事物发展变化的因果关系出发，通过大量数据的统计分析找出各相关因素间的内在规律，从而对事物的发展趋势进行预测的方法。

（二）时间序列预测分析法

时间序列预测分析法，常用的方法有简单平均法、移动平均法以及指数平滑法等。

1. 简单平均法

通过求一定观察期的数据平均数，以平均数为基础确定预测值的方法，称为简单平均法。它是市场预测的最简单的数学方法，它不需要复杂的运算过程，方法简单易行，是短期预测中常用的一种方法。

（1）算术平均法

根据过去一定时期内，各个时期的历史资料求其算术平均值作为预测数据。计算公式为：

$$X = \frac{\sum\limits_{t=1}^{n} X_t}{n} = \frac{X_1 + X_2 + \cdots + X_n}{n} \tag{5-1}$$

式中：X——预测值的算术平均值；

X_t——第 t 期的数据；

n——资料数或期数。

此法适用于预测对象变化不大且无明显上升或下降趋势的情形。

（2）加权平均法

当一组统计资料每期数据的重要程度不同时，对各期数据分别给以不同的权数，然后加以平均。该法的特点是所求得的平均数，包含了事件的长期变动趋势，适用于事件的发展比较平稳，仅有个别事件偶然性波动的情况。其计算公式为：

$$Y = \frac{\sum\limits_{t=1}^{n} W_t X_t}{\sum\limits_{t=1}^{n} W_t} \qquad (5-2)$$

或简记为

$$Y = \frac{\sum WX}{\sum W} \qquad (5-3)$$

式中：Y——观测值的加权平均值，X_t——第 t 期的数据，W_t——第 t 期的权数。

加权平均法的关键是合理地确定观测值的权数。一般的做法是，由于距离预测期愈近的数据预测值的影响愈大，则近期数据给予较大的权数，距离预测期远者则逐渐递减。当历史数据变化幅度较大时，权数之间可以采用等比级数；当历史数据变化平稳时，权数之间可用等差级数；另外，若历史数据变化起伏波动较大，则可根据实际情况确定不同的权数。

2. 移动平均法

移动平均法是假定预测值同预测期相邻的若干观察期数据有密切关系为基础的，是把已知的统计数据按数据点划分为若干段，再按数据点的顺序逐点推移，逐点求其平均值得出预测值的一种方法。移动平均法的特点是对于具有趋势变化和季节性变动的统计数据，尤其是对于数值特别大或特别小的数据，经过移动平均的调整后，能够消除不规律的变化。因此，移动平均法常用于长期趋势变化和季节性变化的预测。计算公式为：

$$M_{t+1} = \frac{X_t + X_{t-1} + \cdots + X_{t-n+1}}{n} \qquad (5-4)$$

式中：M_{t+1}——对 t+1 期的移动平均值；

X_t——已知第 t 期的数据；

n——每段内数据个数。

3. 指数平滑法

采用移动平均法需要一组数据，而且数据离现在越远，对未来的影响越小，因而有一定的局限性。指数平滑法是移动平均法的演变和改进，在改进中有新的发展，它只用一个平滑系数 α、一个最新的数据 X_t 和前一期的预测值 F_t 就可进行指数平滑计算。预测值 F_{t+1} 是当期实际值 X_t 和上期预测值 F_t 不同比例之和。其特点是：①进一步加强了观察期近期观察值对预测值的作用，对不同时间的观察值施与不同的权，加大了近期观察值的权数，使预测值能够迅速反映市场实际的变化；②对于观察值所施与的权数有伸缩性，可以

取不同的平滑系数 α 值以改变权数的变化速率。因此,运用指数平滑法,可以选择不同的 α 值来调节时间序列观察值的修匀程度(即趋势变化的平稳程度)。它具备移动平均法的长处,又可以减少数据的存储量,所以应用比较广泛。计算公式为:

$$F_{t+1} = \alpha X_t + (1 + \alpha) F_t \tag{5-5}$$

式中:F_{t+1}——对 t+1 期的预测值;

$\quad\quad \alpha$——平滑系数,$0 < \alpha < 1$;

$\quad\quad F_t$——第 t 期的预测值。

平滑系数 α 实际上是一个加权系数,它是新旧数据的分配比值。α 越小,F_t 所占的比重越大,所得的预测值就越平稳;α 越大,新数据 X_t 所占比重越大,预测值对新趋势的反映越灵敏;当 $\alpha = 1$ 时,最近的数据就是下一周期预测值;当 $\alpha = 0$ 时,预测值等于上一期的指数平滑值—常数。

关于初始值 F_1:当历史数据相当多(≥50)时,可以取 $F_1 = X_1$,因为初始值 X_1 的影响将被逐步平滑掉;当历史数据较少时,可取 X 作为 F_1。

(三)回归分析法

回归分析法是一种定量的预测技术,它是根据实际统计的数据,通过数学计算,确定变量之间互相依存的数量关系,建立合理的数学模式,以推算变量的未来值。回归分析法是寻求已知数据变化规律的一种数理统计方法。如果处理的变量只有两个,称为一元回归分析,多于两个变量的称为多元回归分析。此处仅介绍一元回归分析法。

一元回归分析只涉及两个变量,导出的数学关系式是直线,所以又称为直线回归分析法。根据已知若干组 x 与 y 的历史数据,在直角坐标系上,描绘出各组数据的散点图,然后求出各组数据点距离最小的直线,即为预测值的回归直线。该直线方程为:

$$y = a + bx \tag{5-6}$$

式中:y——因变量;

$\quad\quad$x——自变量;

$\quad\quad$a——回归系数,回归直线在 y 轴上的截距;

$\quad\quad$b——回归系数,即回归直线的斜率。

用最小二乘法解得回归系数 a 与 b:

$$b = \frac{n\sum_{i=1}^{n} x_i y_i - \sum_{i=1}^{n} x_i \cdot \sum_{i=1}^{n} y_i}{n\sum_{i=1}^{n} x_i y_i - \left(\sum_{i=1}^{n} x_i\right)^2} = \frac{\sum_{i=1}^{n} x_i y_i - \bar{x}\sum_{i=1}^{n} y_i}{\sum_{i=1}^{n} x_i^2 - \bar{x}\sum_{i=1}^{n} x_i} \tag{5-7}$$

$$a = \frac{\sum\limits_{i=1}^{n} y_i - b \sum\limits_{i=1}^{n} x_i}{n} = \bar{y} - b\bar{x} \qquad (5-8)$$

直线回归分析法的出发点是根据一定时期的经济变量的分布图所呈现的一定的趋向。采用直线回归分析法的关键是必须判断其预测变量（因变量）与自变量之间有无确定的因果关系，必须掌握预测对象与影响因素之间的因果关系，因为影响因素的增加或减少会导致回归直线随之发生变化。

采用直线回归分析法时，数据点的多少决定着预测的可靠程度，而且所需数据点的实际数量，又取决于数据本身的性质及当时的经济情况。一般说来，历史数据观察点至少要在 20 个以上。

检验回归直线的拟合程度，可以用一个数量指标即相关系数来描述，通常用 r 表示。r 的计算公式是：

$$r = \frac{n \sum\limits_{i=1}^{n} x_i y_i - \sum\limits_{i=1}^{n} x_i \sum\limits_{i=1}^{n} y_i}{\sqrt{\left[n \sum\limits_{i=1}^{n} x_i^2 - \left(\sum\limits_{i=1}^{n} x_i \right)^2 \right] \cdot \left[n \sum\limits_{i=1}^{n} y_i^2 - \left(n \sum\limits_{i=1}^{n} y_i \right)^2 \right]}} = \frac{\sum\limits_{i=1}^{n} x_i y_i - n \bar{x}\bar{y}}{\sqrt{\sum\limits_{i=1}^{n} x_i^2 - n\bar{x}^2} \cdot \sqrt{\sum\limits_{i=1}^{n} y_i^2 - n\bar{y}^2}}$$

$$(5-9)$$

由式（5-6）和（5-8），可以得出：

$$b = r \cdot \frac{\sqrt{\sum\limits_{i=1}^{n} y_i^2 - n\bar{y}^2}}{\sqrt{\sum\limits_{i=1}^{n} x_i^2 - n\bar{x}^2}} \qquad (5-10)$$

在式（5-9）中：当 r=0，此时 b=0，则回归直线是一条与 x 轴平行的直线，说明 y 的变化与 x 无关，此时，x 与 y 无线性关系。

当 r=±1 时，所有点（Xi，Yi）均在回归直线上，这种情况称 x、y 完全相关。当 r=1 时，称为完全正相关；当 r=-1 时，称为完全负相关。

当 0<｜r｜<1 时，r 的大小描述了 x 与 y 线性关系的密切程度。r>0 称为正相关，r<0 称为负相关。r 愈接近 1，x 与 y 的线性关系愈密切；r 愈接近于 0，x 与 y 的线性关系密切程度愈小。因此，在建立回归方程之后，常常要观察 r 的大小以确定回归方程有无使用价值。一般说来，当数据的组数 n≤10 时，｜r｜要大于 0.602；当 n<20 时，｜r｜要大于 0.444；当 n≤52 时，｜r｜要大于 0.273，才有意义。

直线回归分析法是通过从实践观察的大量数据中寻找事物发展的内在规律性来预测事物的变化的。因此，预测值只能为确定计划指标提供参考，而不能作为唯一的依据。

第二节 决策技术

一、概述

（一）基本概念

决策是企业经营的重点，是指为达到同一目标，在一定的约束条件下，从诸多可行方案中选择一个最佳方案的分析判断过程。决策也是管理过程的核心，是执行各种管理职能的基础。

在实施决策时，一方面，需要有"应该达到的既定目标"；另一方面，需要有能达到目标的"可利用的代替方案"。也就是说，决策需要有"目标"与"代替的方案"这两方面的前提。

经营决策包括两大部分内容：一是经营分析，二是决策。经营分析就是运用各种科学方法，对企业各项生产经营活动的目标、资料条件、外界因素与内部能力等进行技术经济效果的定量分析，并进行最优化的选择。决策则是在经营分析的基础上，根据分析的结果及其技术经济效果的大小，列出几个可行的计划或行动方案，再结合企业中其他非定量化的条件和人的因素，经过综合判断，从中选择一个最适宜的方案。

（二）决策的作用

决策理论是一门年轻的学科，是在第二次世界大战后，随着管理科学、行为科学、系统理论等管理理论和技术的迅猛发展而建立起来的，它代表企业管理的一个更高阶段，是现代企业管理的核心问题。企业要合理分配和调节资源，就需要把现有的人力、物力和财力经营管理好，使其发挥最大的经济效益，就必须具备有效的组织、合理的决策和良好的人际关系，在这三者之中，合理的决策又是整个经营工作的核心和基础。

（三）决策的分类

企业决策的分类，按其考虑的角度不同，有不同的分法。

按决策计划时间，可分为长期决策和短期决策。长期决策是指导企业战略目标和发展方向有关的重大安排，如投资方向与生产规模的选择、技术开发的发展方向、一个长时期的发展速度等。长期决策往往与长期规划有关，并较多注意企业的外部环境。短期决策是实现战略目标所采取的手段，它比长期决策更具体，考虑的时间更短，并主要考虑如何组织动员企业内部力量来实现战略目标。

按决策性质，可分为战略决策和战术决策。战略决策是指企业全局性的重大问题的决策，它指导企业的发展方向，是企业经营管理的首要问题，其主要内容是制定企业的经营目标、经营方针以及实现目标所需资源（人、财、物）的分配方案等。战略决策又叫经营决策。战术决策是指企业内部短期的局部问题的决策。其主要任务是解决各有关部门如何更好地使用所分配的资源，以提高工作效率的问题。战术决策又叫管理决策。

按决策的形态，可分为程序化决策和非程序化决策。程序化决策是指这类决策属于反复的、定规的，当每一问题发生时，不必重新再实施新的决策，可按原有设立的一定方式进行决策。这种决策是属定型化、程序化或定规化的决策，主要适用于组织内部的日常业务工作和管理工作。主要由中、下层管理人员来承担，并多用定量分析方法来制定。非程序化决策是属于新规定的、一次的、例外的、未加程序化或定型化的决策，这类决策活动，并不经常重复出现，一般由上层管理人员来承担。这类决策的制定，除采用适当的定量分析法外，主要采用定性分析法。大部分经营决策属非程序化决策，而管理决策属于程序化决策。

按决策的确定程度，可分为确定型决策、非确定型决策和风险型决策。确定型决策是指影响决策的因素或自然状态是明确的、肯定的、比较容易判断的，决策方案的最后结局可以预期达到的决策；非确定型决策是指不仅事先并不知道在各种特定情况下的确定结果，而且连可能的结果及概率也全然不知道，也无过去的经验和数据可循，主要凭借决策人的知识和经验进行决策；风险型决策是指各种因素的未来情况怎样，以及采取某一措施后可能产生的后果，是无法明确肯定的，但对其出现的概率则可依过去的经验做出估计。

按决策目标的数量，可分为单目标决策和多目标决策。单目标决策是指方案的选择只考虑一个单一的指标，或者只突出一个指标，其他指标不做要求时的决策。多目标决策是指同时满足多项指标所进行的决策。

按管理层级，可分为最高管理层的经营决策、中间管理层的管理决策和基层管理层的业务决策。最高管理层的经营决策是以经理为首的决策机构，谋求企业与外界环境中不断发展的决策，是长期决策或战略决策，一般属于非肯定型或非程序化的决策。中间管理层的管理决策是为实施经营决策方案准备条件，提供管理基础和保证的决策，是中、短期的战术决策，既有非肯定型或非程序化的决策，又有肯定型和程序化的决策。基层管理层的业务决策是在一定企业体系基础上，为提高日常效率选择各种具体行动方案的决策，一般是肯定型或程序化的短期决策。企业的经营决策是三项决策中最主要的决定性决策，企业以经营决策为前提，结合管理决策、业务决策，构成了企业自上而下、由远而近的决策系统。这个决策系统围绕着经营目标和各级、各部门的具体目标进行决策。决策系统在很大程度上决定了企业的责任系统、权力系统。因此，决策是企业管理的核心职能。

（四）建筑企业经营决策的基本内容

经营决策贯穿于企业经营管理的各个方面和全过程，决策的内容相当广泛，主要包括以下方面：

1. 经营战略方面的决策

它包括经营方向、经营目标、经营方针、经营策略、经营计划、经营组织与机构、企业发展规模、技术改造与更新、技术开发、人力资源开发等决策。

2. 招揽工程任务的决策

包括市场开拓与渗透、联合经营、多种经营、投标策略、投标报价等决策。

3. 生产技术管理方面的决策

包括工程质量管理、施工计划、施工组织、生产进度及调度、材料供应、技术装备、技术措施以及新技术、新工艺、新材料研究和推广等决策。

4. 财务管理方面的决策

包括企业目标利润与目标成本、财务计划、财务结算、资金信贷、材料采购与库存等决策。

5. 劳动人事方面的决策

包括劳动人事计划与组织及调配、副经理级领导人选、用工办法、职工培训等决策。

（五）决策的步骤

决策工作是一项动态的完整过程，而不是一成不变的手续。在各类型的组织中决策过程可分成以下六个步骤：

1. 确定决策目标

明确提出决策所要解决的问题和要达到的经营目的。确定的目标应力求明确具体、责任到人。

2. 收集信息

信息是决策的前提条件，需要掌握大量真实可靠的信息，加以归类整理，并做详尽的分析研究，才能做出正确的决策。

3. 方案设计

研究并提出为解决问题和实现经营目标的各种可行的方案。

4. 方案评价

对各种备选方案进行技术经济论证，在论证的基础上做出综合评价。

5. 方案优化

通过对各种方案的分析评价，从可行方案中选出最优方案。

6. 决策方案的实施与反馈

做出决策以后，还要抓好决策方案的实施，并以执行的结果来鉴定、检查决策是否正确。根据实际和反馈的情况对决策做出相应的调整或改变。

二、确定型决策

确定型决策是研究环境条件能确定情况下的决策。这类问题具备如下条件：首先，存在决策人希望达到的一个明确目标（收益较大或损失较小）；其次，只存在一个确定的自然状态；再次，存在着可供决策人选择的两个以上的行动方案；最后，不同的行动方案在确定状态下的益损值（收益或损失）可以计算出来。确定型决策可以单纯运用数学方法进行计算，从而决定最佳决策方案。因此，在决策论中不研究这类问题，一般由运筹学研究。

三、非确定型决策

非确定型决策是研究环境条件不能确定情况下的决策。这类决策问题具备如下条件：首先，存在着决策人希望达到的目标；其次，存在着两个以上的行动方案可供决策人选择，最后只选定一个方案；再次，存在着两个以上的不以决策人的主观意志为转移的自然状况；最后，不同的行动方案在不同状态下的相应损益值可以计算出来。

（一）冒险准则

冒险准则又称最大收益值最大准则或大中取大准则。先从各种情况下选出每个方案的最大收益值，然后对各方案进行比较，以收益值最大的方案为选择方案。这种追求利益最大的决策方法，有一定冒险性，只有资金、物资雄厚，即使出现损失对其影响也不大的企业才敢采用。

（二）保守准则

保守准则又称最小收益值最大准则或小中取大准则。以各种情况下最小收益值的最大的方案作为选定方案。这种准则对未来持保守或悲观的估计,以免可能出现较大的损失。

(三) 等概率准则

决策者无法预知每种情况出现的概率,就假定各种情况出现的概率都相等,计算出每一方案收益值的平均数,选取平均收益值最大的方案。

(四) 后悔值准则

后悔值准则又称为最小机会损失准则。后悔值是指每种情况下方案中最大收益值与各方案收益值之差。如果决策者选择了某一个方案,但后来事实证明他所选择的方案并非最优方案,他就会少得一定的收益或会承受一些损失。于是他后悔把方案选错了,或者感到遗憾。这个因选错方案可得而未得到的收益或遭受的损失叫后悔值或遗憾值。应用时应先计算出各方案的最大后悔值,进行比较,以最大后悔值为最小的方案作为最佳方案。

四、风险型决策

风险型决策也叫统计型决策或随机型决策。它除具备非确定型决策的四个条件外,还应具备第五个条件,即在几种不同的自然状态中未来究竟将出现哪种自然状态,决策人不能肯定,但是各种自然状态出现的可能性(即概率),决策人可以预先估计或计算出来。这种决策具有一定的风险性,所以称为风险型决策。决策的正确程度与历史资料的占有数量有关,与决策者的经验、判断能力以及对风险的看法和态度有关。

风险型决策可用最大期望益损值法、最大可能法、决策树法以及敏感度分析法进行决策。

(一) 最大期望益损值法

最大期望益损值法,是通过计算各行动方案在各种自然状态下的益损值,选其中最大值对应的方案为最优方案。从统计学的角度,这个最大期望值是合理的,该问题重复出现多次,则决策方案优于其他方案。

(二) 最大可能法

风险型决策还可用最大可能法求解。自然状态的概率越大,表明发生的可能性越大,该法取概率最大自然状态下最大益损值对应的方案为最优方案。

最大可能法与最大期望益损值法的决策结果正好相反,这是由于考虑问题的出发点不同,最大可能法以自然状态发生的可能性作为决策的唯一标准,作为一次性决策有其合理性的一面，尤其是在一组自然状态中，其中某一状态出现的概率比其他状态出现的概率特别大，而它们相应的益损值差别不很大时，这种方法的效果较好。如果在一组自然状态中，它们发生的概率都很小，而且互相很接近，此时再采用这种决策方法，效果就不好，有时甚至会引起严重错误。而对于多次反复的决策问题，采用最大期望益损值法则更为科学合理。

（三）决策树法

决策树法是解决风险型决策的一种主要方法。它是将决策过程中各种可供选择的方案、可能出现的自然状态及其概率和产生的结果，用一个像树枝的图形表示出来，把一个复杂的多层次的决策问题形象化，以便于决策者分析、对比和选择。

1. 决策树的绘制方法

（1）先画一个方框作为出发点，称为决策点。

（2）从决策点引出若干直线，表示该决策点有若干可供选择的方案，在每条直线上标明方案名称，称为方案分枝。

（3）在方案分枝的末端画一圆圈，称为自然状态点或机会点。

（4）从状态点再引出若干直线，表示可能发生的各种自然状态，并标明出现的概率，称为状态分枝或概率分枝。

（5）在概率分枝的末端画一个小三角形，写上各方案上每种自然状态下的收益值或损失值，称为结果点。

这样构成的图形称为决策树。它以方框、圆圈为节点，并用直线把它们连接起来构成树枝状图形，把决策方案、自然状态及其概率益损期望值系统地在图上反映出来，供决策者抉择。

2. 决策树法的解题步骤

（1）列出方案

通过资料的整理和分析，提出决策要解决的问题，针对具体问题列出方案，并绘制成表格。

（2）根据方案绘制决策树

画决策树的过程，实质上是拟订各种抉择方案的过程，是对未来可能发生的各种事件进行周密思考、预测和预计的过程，是对决策问题一步一步深入探索的过程。决策树按从左到右的顺序绘制。

（3）计算各方案的期望值

它是按事件出现的概率计算出来的可能得到的益损值，并不是肯定能够得到的益损值，所以叫期望值。计算时从决策树最右端的结果点开始。

$$期望值 = \sum （各种自然状态的概率 \times 收益值或损失值） \tag{5-11}$$

（4）方案选择即决策

在各决策点上比较各方案的益损期望值，以其中最大者为最佳方案。在被舍弃的方案分枝上画二杠表示剪枝。

（四）敏感度分析法

在决策过程中，人们对自然状态概率的预测不可能十分准确，概率一旦发生变化，对期望值的计算和方案决策都将产生影响。研究和分析因条件发生变化而引起结果的变化，称为敏感度分析。敏感度分析是在已经求得某个问题的最优解后，研究问题中某个或几个参数变化允许范围多大，才使原最优解的结果保持不变，或者是当参数变化超出一定范围，原最优解已不能保持最优性时，用一种简捷的计算方法重新求得最优解。

敏感度分析本身也是一种决策手段。对敏感度高的因素，决策者应认真对待，要准确确定它们的值，否则，可能导致决策的失误。

第六章 建筑工程设备更新的技术经济分析

第一节 设备的折旧、磨损与补偿

一、设备的折旧

设备在长期的使用过程中，由于各种磨损的存在，它的价值部分地、逐渐地减少，以货币形式表现的因设备磨损而减少的这部分价值在会计核算上叫作设备的折旧。设备的折旧构成设备进行生产的一项生产费用，在会计核算上叫作折旧费或折旧额。这里所讲的设备折旧就是固定资产折旧。

二、设备的磨损

设备是企业进行生产的必要工具与条件，企业为了提高生产效率，需要投入一定的资金采购生产、办公等设备。设备一旦采购，不管是使用，还是闲置，都会随着时间的延长产生有形的或无形的磨损。设备磨损一般分为两大类，四种形式：

（一）设备的有形磨损

设备的有形磨损，又称物质磨损或物理磨损，是设备在使用或闲置过程中所发生的实体性磨损。有形磨损分为以下两种形式：

1. 第一种有形磨损

设备在使用过程中，在外力的作用下，设备自身或设备零部件等实体产生的磨损、变形和损坏，如正常使用的磨损、意外破坏损毁、延迟维修的损坏残存等，称为第一种有形磨损。这种磨损是由于设备使用产生的，因此，使用时间越长、使用强度越大，第一种有形磨损也就越大。

2. 第二种有形磨损

设备在闲置过程中受自然力的作用而产生的实体磨损，如风吹、日晒、雨淋导致设备的腐朽、生锈、老化、风化等，称为第二种有形磨损，这种磨损与闲置的时间长度和所处环境有关。它与设备的闲置时间和闲置环境，以及使用或者闲置期间的维护状况有关。

上述两种有形磨损都会造成设备精度降低、性能变差、生产效率降低，而运行费用及维修费用却会增高。当有形磨损达到一定程度时，设备就会发生故障，不能继续正常工作，甚至失去工作能力，或者需要支付很大的修理费用进行维修才能继续工作。因此，有形磨损会使设备的使用价值降低甚至完全丧失，设备本身及其所创造的经济价值也由此降低或丧失。

（二）设备的无形磨损

设备的无形磨损，又称精神磨损、经济磨损。设备无形磨损不是由生产过程中使用或自然力的作用造成的物质磨损，而是由于社会经济环境变化造成的设备原始价值的贬值，是科学生产技术进步的结果。无形磨损分为以下两种形式：

1. 第一种无形磨损

原设备的技术结构和性能并没有变化，但由于技术进步，设备制造工艺不断改进，社会劳动生产率水平的提高，使得同类设备的再生产成本降低，因而设备的市场价格也降低了，致使原设备相对贬值。这种磨损称为第一种无形磨损。

这种无形磨损的后果只是现有设备原始价值部分贬值，设备本身的技术特性和功能即使用价值并未发生变化，故不会影响现有设备的使用。因此，不产生提前更换现有设备的问题。但由于技术进步对生产部门的影响往往大于修理部门，使设备本身价值降低的程度比其维修费用降低的速度更快，从而有可能造成在尚未达到使用年限之前设备的维修费用就高出设备本身再生产的价值，此时就可以考虑设备的更换问题。

2. 第二种无形磨损

由于科学技术的进步，不断创新出结构更先进、性能更完善、效率更高、耗费原材料和能源更少的新型设备，使原有设备相对陈旧落后，其经济效益相对降低而发生贬值。这种磨损称为第二种无形磨损。第二种无形磨损的后果不仅是使原有设备价值降低，而且由于新设备功能更完善、消耗更少，使原有设备的使用价值降低甚至被淘汰，这就产生了是否用新设备代替现有陈旧落后设备的问题。

有形和无形两种磨损都引起设备原始价值的贬值，这一点两者是相同的。不同的是，遭受有形磨损的设备，特别是有形磨损严重的设备，在修理之前，常常不能工作；而遭受无形磨损的设备，并不表现为设备实体的变化和损坏，即使无形磨损很严重，其固定资产物质形态却可能没有磨损，仍然可以使用，只不过继续使用它在经济上是否合算，需要分析研究。

（三）设备的综合磨损

设备的综合磨损是指同时存在有形磨损和无形磨损的损坏和贬值的综合情况。对任何特定的设备来说，这两种磨损必然同时发生并互相影响。某些方面的技术要求可能加快设备有形磨损的速度，例如，高强度、高速度、大负荷技术的发展，必然使设备的物质磨损加剧。同时，某些方面的技术进步又可提供耐热、耐磨、耐腐蚀、耐振动、耐冲击的新材料，使设备的有形磨损减缓，但是其无形磨损加快。

三、设备磨损的补偿方式

为维持设备正常工作所需要的特性和功能，必须对设备的磨损进行及时、合理的补偿，以恢复设备的生产能力。设备磨损形式不一样，其补偿方式也不一样。设备磨损的补偿方式分局部补偿和完全补偿，局部补偿包括大修理和现代化改装，完全补偿指设备的更新。设备有形磨损的局部补偿是修理，无形磨损的局部补偿是现代化改装。有形磨损和无形磨损的完全补偿是更新。

（一）设备大修理

对于设备的第一和第二种有形磨损，若程度较轻，即可消除性的有形磨损，可以通过局部补偿的方式进行，即设备大修理。设备大修理是指更换部分已磨损的零部件和调整设备，以恢复设备的功能和效率。

（二）设备的现代化改装

对于第二种无形磨损，局部补偿方式是设备的现代化改装。设备的现代化改装指对设备的结构做局部的改进和技术上的革新，如增添新的、必要的零部件，以增加设备的生产功能和效率。

（三）设备的更新

当设备的有形磨损严重到不可消除，或设备第二种无形磨损无法通过改装补偿时，就需要对设备进行更新，也就是完全补偿。

设备的第一种无形磨损无法进行局部补偿，但这种磨损并不影响设备的使用。设备的有形磨损和无形磨损总是同时存在并相互影响的，所以，对设备磨损的补偿方式也应该综合考虑。对于整体性能尚可，局部有缺陷或个别技术经济指标落后的设备，应当吸收国内外先进技术，不断进行现代化改装和改造，以适应生产需要。对于陈旧落后的设备，如使用操作条件不好、消耗高、性能差、对环境污染严重，应当及早淘汰，进行设备更新。设备磨损的理想方案是设备需要进行大修理时，正好到了更新换代的时候，也就是"无维修设计"。但设备的无形磨损一般都比有形磨损快很多，因此，经常会存在设备已经无形磨损，但物质上尚可使用的问题。这就需要根据设备在经济寿命期的折旧额度及运行成本对设备更新方案进行经济技术分析。

第二节　设备的经济寿命与更新分析

一、设备寿命的概念

设备寿命是指设备从投入使用开始，由于磨损，直到设备在技术上或者经济上不宜使用为止的时间。现代设备的寿命，不仅要考虑自然寿命，还要考虑设备的技术寿命和经济寿命。

（一）自然寿命

设备的自然寿命，又称物理寿命、实际寿命。它是指设备从投入使用开始，直到因物质磨损严重而不能继续使用、报废为止所经历的全部时间。它主要是由设备的有形磨损所决定的。做好设备的保养和维修可以延长设备的物质寿命，但不能从根本上避免设备的磨损，因此，任何一台设备磨损到一定程度都需要进行更新。由于随着设备使用时间的延长，设备不断老化，维修所支付的费用也逐渐增加，从而使设备的继续使用变得不经济，所以，设备的自然寿命不能成为设备更新的估算依据。

（二）技术寿命

由于科学技术水平的不断发展，不断涌现出技术更先进、性能更完善的机械设备，同时，对产品的质量和精度要求也越来越高，这就使得原有设备虽然还能继续使用，但已不能满足产品的精度、质量、技术等要求，导致设备被淘汰。因此，设备的技术寿命就是指设备从投入使用到因技术落后而被淘汰所延续的时间，也即指设备在市场上维持其价值而不显陈旧落后的全部时间，故又称有效寿命。例如，测量仪器，买来即使没有使用过，当出现精度更高、操作更方便、功能更完善的仪器时，原设备必将被淘汰，这时它的技术寿命可以认定为零。由此可见，设备的技术寿命主要是由设备的无形磨损所决定的，现代社会科学技术飞速发展，故技术寿命一般比自然寿命要短。科学技术发展越快，技术寿命越短。

（三）经济寿命

经济寿命是指设备从投入使用开始，到继续使用在经济上不合理而被更新所经历的时间。它是由设备使用费用的提高和使用价值的降低所决定的。设备年使用费用表现为两个方面：一是折旧费；二是年运行成本，如维修保养、人工、燃料动力等费用。设备使用年限越长，每年所分摊的折旧费就越少。但是，随着设备使用年限的增加，维修费、操作成本、原材料、能源消耗也会增加；而年运行时间、生产效率、产品质量都将下降，即年运行成本增加。因此，年折旧费的降低，会被年运行成本的增加或收益的下降所抵消。在整个变化过程中，会存在着某一年份，设备年平均使用成本最低，经济效益最好。

因此，设备的经济寿命就是从经济观点确定的设备更新的最佳时刻。经济寿命是由有形磨损和无形磨损共同作用决定的。

二、设备经济寿命的估算

设备经济寿命估算的原则是使设备在经济寿命内年均净收益最大或年均总成本最小。其估算分为两种情况：①静态的，即不考虑资金时间价值；②动态的，即考虑资金时间价值。

（一）静态模式下经济寿命的确定

1. 费用平均法

费用平均法，就是在不考虑资金时间价值的基础上计算设备年均总成本 AC_n。可通过计算不同使用年限的年均总成本来确定设备的经济寿命。使 AC_n 为最小的寿命就是设备的经济寿命。

设备年均总成本为设备年均折旧费与年均运行成本之和，即

$$AC_n = \frac{P - L_n}{n} + \frac{1}{n}\sum_{i=1}^{n} C_t \qquad (6-1)$$

式中：n ——设备使用年限，在设备经济寿命计算中，n 是一个自变量；

      AC_n —— n 年内设备的年均总成本；

      P ——设备目前实际价值，新设备包含购置费及安装费；

      Ln ——设备第 n 年末的净残值；

      t ——设备使用年度，t 的取值范围为 1 到几；

      Ct ——第 t 年的设备运行成本，包括人工费、材料费、维修费、燃料动力费等。

当 $AC_n \leq AC_{n-1}$ 且 $AC_n \leq AC_{n+1}$，此时的 n 就是设备的经济寿命。

2. 匀速低劣化数值法

设备使用年限越长，设备的有形磨损和无形磨损加剧越快，设备的维护修理费用增加越多，这一过程叫作设备的低劣化。这种逐年递增的费用 ΔC_t 称为设备的低劣化。用低劣化数值表示设备损耗的方法称为低劣化数值法。如果每年设备的劣化增量是均等的，即 $\Delta C_t = \lambda$，每年劣化呈线性增长。假设评价第一年的运行成本为 C_1，则设备年均总成本 AC_n 为：

$$AC_n = \frac{P - L_n}{n} + \frac{1}{n}\sum_{t=1}^{n} C_t \tag{6-2}$$

要使 AC_n 为最小，须对上述公式进行一阶求导，并令其导数为零，据此计算出设备的经济寿命 N_o 为：

$$N_o = \sqrt{\frac{2(P - L_n)}{\lambda}} \tag{6-3}$$

（二）动态模式下经济寿命的确定

动态模式下设备经济寿命的确定方法，就是在考虑资金的时间价值的情况下计算设备的净年值 NAV 或年成本 AC，通过比较年平均效益或年平均费用来确定设备的经济寿命 N_o。考虑时分为一般情况和匀速低劣化两种情况。

1. 一般情况

该情况下使用寿命 n 年内设备的总成本现值 PC_n 为

$$PC_n = P - L_n(P/F, i, n) + \sum_{j=1}^{n} C_j(P/F, i, j) \tag{6-4}$$

n 年内设备的年等额总成本为

$$AC_n = PC_n(A/P, i, n) = P(A/P, i, n) - L_n(A/F, i, n) + (A/P, i, n)\sum_{j=1}^{n} C_j(P/F, i, j) \tag{6-5}$$

2. 匀速低劣化情况

若每年劣化呈线性增长的情况下，设备在 n 年内的等额年总成本 AC_n 可按下式计算：

$$AC_n = P(A/P, j, n) - L_n(A/F, i, n) + C_1 + \lambda(A/G, i, n) \tag{6-6}$$

三、设备的更新分析

(一) 设备更新的概念

设备更新是对旧设备的整体更换，也就是用原型新设备或结构更加合理、技术更加完善、性能和生产效率更高、比较经济的新设备，更换已经陈旧了的、在技术上不能继续使用或在经济上不宜继续使用的旧设备。就实物（物质）形态而言，设备更新是用新的设备替换陈旧落后的设备；就价值（货币）形态而言，设备更新是设备在运动中消耗掉的价值的重新补偿。用原型新设备进行设备更新的价值补偿，属于完全的价值补偿；而用结构合理、技术完善、经济适用的新设备进行设备更新的价值补偿，属于超值的价值补偿，实质是增加了部分设备投资。设备更新是消除设备有形磨损和无形磨损的重要手段，目的是提高企业生产的现代化水平，尽快地形成新的生产能力。所以，通常所说的设备更新主要是指新型设备更新。

设备是否需要更新、何时更新、选择何种设备进行更新，都需要进行设备更新技术经济分析。设备更新分析的结论取决于所采用的分析方法，而设备更新分析的假定条件和设备的研究期是选用设备更新分析方法时应考虑的重要因素。

(二) 设备更新的原则

设备更新经济分析就是不同方案的比选，其基本原理和评价方法与互斥型方案比选相同。但在设备更新方案比选时，应遵循如下原则：

1. 不考虑沉没成本

沉没成本是过去已支付的靠今后决策无法回收的金额，即已经发生的成本，不管企业生产什么和生产多少，这项成本都不可避免地要发生，因而决策对它不起作用。例如，某设备 5 年前购置时的原始成本是 5 万元，目前的账面价值是 2 万元，现在的市场价值仅为 1.5 万元。在进行设备更新分析时，5 年前的原始成本 5 万元是过去发生的，与现在的决策无关，因此是沉没成本。

沉没成本=设备账面价值-当前市场价值=2-1.5=0.5 万元

在进行设备更新方案比选时，原设备的价值应按目前实际价值计算，而不考虑其沉没成本。因为不论是将该费用考虑进去，还是不予考虑，其结论是相同的。沉没成本一般不会影响方案的新选择。所以，本例中设备的价值应不考虑沉没价值，而应以设备的市场价值 1.5 万元为准。

2. 客观正确地描述新旧设备的现金流量

不应简单地按照新、旧设备方案的直接现金流量进行比较，而应该站在一个客观的立场上，遵循供求均衡的原则来考虑原设备目前的价值（或净残值），应考虑买卖双方及机会成本（即考虑市场对设备目前价值的影响）并使之实现均衡。只有这样才能客观地、正确地描述新、旧设备的现金流量。

3. 逐年滚动比较

该原则指在确定最佳更新时机时，应首先计算比较现有设备的剩余经济寿命和新设备的经济寿命，然后利用逐年滚动计算方法进行比较。设备最佳更新期就是确定设备的经济寿命，选择设备的最佳使用期限。

若不遵循这些原则，设备更新方案的必选结果或更新时机的判断将可能不准确。

（三）设备更新方案的比选

设备更新方案的比选，就是对新设备方案与旧设备方案进行比较分析，以确定是马上购置新设备、淘汰旧设备，还是保留使用旧设备一段时间，再用新设备替换旧设备。从设备经济寿命确定过程中可以发现，新设备在剩余使用年限内年折旧费高，运行费用低；旧设备净残值低，年折旧费低，运行成本高。新型设备更新分析就是要在继续使用旧设备与购置新型设备的方案中，选择在经济上最有利的方案。新型设备更新的分析不仅需要确定设备的更新方案有几个，还需要同时确定设备更新的时机，即旧设备剩余经济寿命年数。

在静态模式下进行设备更新方案比选，可按下列步骤进行：

1. 确定新旧设备方案不同使用年限的静态年均总成本，确定设备经济寿命。

2. 确定设备更新的时机。如果旧设备继续使用一年的年均使用总成本低于新设备的年均使用总成本，即：

$$AC_n（旧）<AC_n（新）$$

此时，不应更新旧设备，而应继续使用旧设备 1 年。

当旧设备年均使用总成本不低于新设备年均使用总成本时，即：

$$AC_n（旧）\geq AC_n（新）$$

此时，应淘汰旧设备，更换新设备，这就是设备更新的时机。

总之，以经济寿命为依据的更新方案分析，应立足于设备都使用到最有利的年限来进行分析。

第三节　设备租赁与购买方案分析

一、设备租赁及其形式

(一) 设备租赁的概念

设备租赁是设备使用者（承租人）按照合同规定，按期向设备所有者（出租人）支付一定费用而取得设备使用权的一种经济活动。

(二) 设备租赁的形式

设备租赁一般有经营租赁和融资租赁两种方式。

1. 经营租赁

经营租赁是指出租人依其自有的设备出租给不特定的承租人使用，从而收取租金的活动。而在经营租赁中，租赁双方的任何一方可以随时以一定方式在通知对方后的规定期限内取消或中止租约，临时使用的设备（如车辆、仪器、施工机械等）通常采用这种方式。租赁期内，承租人不得计提折旧。

2. 融资租赁

融资租赁是由一方出资或由多方共同出资购买特定的设备租赁给特定的承租人使用，由承租人支付租金的活动。承租人可以是也可以不是出资人。在融资租赁中，租赁双方承担确定时期的租让和付费义务，而不得任意中止和取消租约，贵重的设备（如车皮、重型机械设备等）宜采用这种方法。承租人对融资租入设备视同自由设备管理，因此，租赁期内，承租人应计提折旧。

(三) 设备租赁的优缺点

对于设备使用者而言，设备租赁相对于设备购买具有如下优点：

1. 在资金短缺的情况下，既可用较少资金获得生产急需的设备，也可以引进先进设备，加快技术进步的步伐。

2. 可获得良好的技术服务。

3. 可以保持资金流动状态，防止呆账，也不会使企业资产负债状况恶化。

4. 可避免通货膨胀和利率波动的冲击，减少投资风险。

5. 设备租金可在所得税前扣除，能享受税费上的利益。

当然，设备租赁也存在缺点：

1. 在租赁期间承租人对租用设备无所有权，只有使用权，故承租人无权随意对设备进行改造，不能处置设备，也不能用于担保、抵押贷款。

2. 租赁期间所支付的租赁费用之和一般比购买设备的费用要高。

3. 融资租赁须签订合同，若毁约需要赔偿损失。

二、影响设备租赁与购买方案的主要因素

正是由于设备租赁相对于设备采购有利有弊，故在决策时须对租赁与购买设备进行技术经济分析。方案选择的关键在于能否为企业尽量多地节省费用，实现最好的经济效益。因此，首先需要分析影响设备投资的因素。

（一）影响设备投资的主要因素

1. 项目的寿命期；

2. 企业是否需要长期占有设备，还是只希望短期需要这种设备；

3. 设备的技术性能和生产效率；

4. 设备对工程质量（产品质量）的保证程度，对原材料、能源的消耗量，生产的安全性；

5. 设备的成套性、灵活性、维修的难易程度、耐用性、环保性；

6. 设备的经济寿命；

7. 技术过时风险的大小；

8. 设备的资本预算计划、资金可获量，包括自有资金和融通资金；

9. 提交设备的进度。

（二）影响设备租赁的主要因素

1. 租赁期长短；

2. 设备租金额，包括总租金额和每租赁期租金额；

3. 租金的支付方式，包括租赁期起算日、支付日期、支付币种和支付方法等；

4. 企业经营费用减少与折旧费和利息减少的关系，租赁的节税优惠；

5. 预付资金（定金）和租赁保证金、租赁担保费用；

6. 维修方式，即是由企业自行维修，还是由租赁机构提供维修服务；

7. 租赁期满，资产的处理方式；

8. 租赁机构的信用度、经济实力，与承租人的配合情况；

9. 租赁合同的质量。

总之，企业是否做出租赁该设备决定的关键在于技术经济可行性分析。因此，企业在决定进行设备租赁之前，必须充分考虑影响设备租赁的主要因素，才能获得最佳的经济效益。

（三）影响设备购买的主要因素

设备购买的主要因素，除考虑设备投资的一般因素以外，还应考虑以下几点：

1. 设备的购置价格；设备价款的支付方式，包括一次支付和分期支付；分期支付分几期，每期间隔时间，每次支付多少；支付币种和支付方法，付款期内的利率是固定利率还是浮动利率等。

2. 设备的年运转费用和维修费用。

3. 保险费，包括购买设备的运输保险费，设备在使用过程中的各种财产保险费。

总之，企业是否做出购买决定的关键在于技术经济可行性分析。因此，企业在决定进行设备投资之前，必须充分考虑影响设备购买的主要因素，才能获得最佳的经济效益。

三、设备租赁与购置方案的分析方法

采用购买设备或是采用租赁设备应取决于这两种方案在经济上的比较，比较的原则和方法与一般的互斥投资方案比选的方法相同。一般寿命相同时可以采用净现值法，设备寿命不同时可以采用年值法。无论用净现值法还是年值法，均以收益效果较大或成本较低的方案为最佳。

（一）设备租赁与购买方案分析的步骤

1. 根据企业生产经营目标和技术状况，提出设备更新的投资建议。

2. 拟订若干设备投资、更新方案，包括购买、租赁方案。

3. 定性分析筛选方案，包括分析企业财务能力，分析设备技术风险、使用、维修等特点。

4. 定量分析并优选方案，结合其他因素，做出租赁还是购买的投资决策。

（二）设备经营租赁方案的净现金流量

采用设备经营租赁的方案，租赁费可以直接进入成本，其净现金流量为：

净现金流量＝营业收入－经营成本－租赁费用－与营业相关的税金－所得税　　（6-7）

所得税＝所得税率×（营业收入－经营成本－租赁费用－与营业相关的税金）　（6-8）

其中，租赁费用主要包括租赁保证金、租金和担保费。

租赁设备时，在所得税前允许提取租赁费用，但不能提取折旧。租赁费用中的保证金和担保费只是包括它们的手续费，而不包括本金，若因违约被罚本金，应做损失处理。

对于租金的计算主要有附加率法和年金法。

1. 附加率法

附加率法是在租赁资产的设备货价或概算成本上再加上一个特定的比率来计算租金。每期（可按月、季、半年、年计）租金 R 表达式为：

$$R = P \frac{(1 + Ni_e)}{N} + \mathrm{Pr} \qquad (6-9)$$

式中：P ——租赁资产的价格；

　　　　N ——还款期数，可按月、季、半年、年计并与租金期间相等；

　　　　i_e ——与还款期数相对应的折现率（基准折现率）；

　　　　r ——附加率。

实质上每期租金等于每期分摊的包括按基准折现率计算的利息在内的设备货价（成本）加上资产价格乘以附加率（利润）。

2. 年金法

年金法是将一项租赁资产价值按相同比率分摊到未来各租赁期间内的租金计算方法。年金法计算有期末支付和期初支付租金之分。

期末支付方式是在每期期末等额支付租金。每期租金 R 的表达式为：

$$R = P \frac{i_e (1 + i_e)^n}{(1 + i_e)^n - 1} \qquad (6-10)$$

式中：P ——租赁资产的价格；

　　　　n ——还款期数，可按月、季、半年、年计；

　　　　i_e ——与还款期数相对应的折现率。

期初支付方式是在每期期初等额支付租金，期初支付要比期末支付提前一期支付租金。每期租金 R 的表达式为

$$R = P \frac{i_e (1 + i_e)^{n-1}}{(1 + i_e)^n - 1} \qquad (6-11)$$

（三）购买设备方案的净现金流量

与租赁相同条件下的购买设备方案的净现金流量为：

净现金流量＝营业收入−经营成本−设备购买费−贷款利息−与营业相关的税金−所得税

$$(6-12)$$

所得税＝所得税率×（营业收入−经营成本−折旧−贷款利息−与营业相关的税金）

$$(6-13)$$

所得税前可以扣除折旧和贷款利息，但不能扣除设备购买费，式中的设备购买费应为折旧费即每期分摊的设备购买费。

（四）设备租赁与购买方案的经济比选

在进行设备租赁与购买方案的经济比选时，最简单的方法是假设所得到设备的收入（净现金流量）相同，将租赁成本和购买成本进行比较。根据互斥方案比选的增量原则，只须比较它们之间的差异部分。比较两个现金流量公式，省略掉相同费费用与收入，实际上设备租赁与购买只须比较：

设备租赁：所得税率×租赁费用−租赁费用

设备购买：所得税率×（折旧+贷款利息）−设备购置费−贷款利息

如果设备有残值的话：设备购置费＝设备购买价格−设备残值。

由于每个企业都要依利润大小缴纳所得税，按财务制度规定，租赁设备的租金允许计入成本，购买设备每年计提的折旧费也允许计入成本。若用借款购买设备，其每年支付的利息也可以计入成本。在其他费用保持不变的情况下，计入成本越多，则利润总额越少，企业缴纳的所得税也越少。因此，在充分考虑各种方式的税收优惠影响下，应该选择税后收益更大或税后成本更小的方案。

第七章　建筑工程招投标、造价与成本管理

第一节　建筑工程施工招投标

一、建筑工程招标投标

（一）建筑工程招标投标的概念

招标投标是在市场经济条件下进行工程建设、货物买卖、中介服务等经济活动的一种竞争方式和交易方式，其特征是引入竞争机制以求达成交易协议或订立合同，是指招标人对工程建设、货物买卖、中介服务等交易业务事先公布采购条件和要求，吸引愿意承接任务的众多投标人参加竞争，招标人按照规定的程序和办法择优选定中标人的活动。

整个招标投标过程包含着招标、投标和定标三个主要阶段。

招标是指建筑单位就拟建的工程发布通告，用法定方式吸引建筑项目的承包单位参加竞争，进而通过法定程序从中选择条件优越者完成工程建设任务的一种法律行为。

投标是指经过特定审查而获得投标资格的建筑项目承包单位，按照招标文件的要求，在规定的时间内向招标单位填报投标书，争取中标的法律行为。

定标是招标人完全接受众多投标人中提出最优条件的投标人。

（二）各类建筑工程招标投标的特点

建筑工程招标投标的目的就是通过在工程建设中引进竞争机制，为招标人择优选定中标人（勘察、设计、设备安装、施工、装饰装修、材料设备供应、监理或工程总承包等单位），按照合同约定完成规定的建设任务，保证缩短工期、提供工程质量和节约建设投资等建设目标得以顺利实现。

作为一种交易方式，建筑工程招标投标总的特点有以下三点：

1. 通过竞争机制，实行交易公开。
2. 鼓励竞争，防止垄断，优胜劣汰，实现投资效益。

3. 通过科学合理和规范化的监管机制与运作程序，可以有效杜绝不正之风，保证交易的公正性和公平性。

各类建筑工程招投标的内容又不尽相同，所以，它们又有不同的招投标意图或侧重点，在具体操作上也有一定差别，呈现出不同的特点。

1. 工程勘察、设计招标投标的特点

工程勘察和工程设计是两个既有密切联系但又不同的工作。

工程勘察是指依据工程建筑目标，通过对地形、地质、水文等要素进行测绘、勘探及综合分析测定，查明建筑场地和有关范围内的地质地理环境特征，提供工程建筑所需的资料及与其相关的活动，具体包括工程测量、水文土质勘察和工程地质勘察。

工程设计是指依据工程建筑目标，运用工程技术和经济方法，对建筑工程的工艺、土木、建筑、公用、环境等系统进行综合策划、论证，编制工程建筑所需要的文件及与其相关的活动。具体包括总体规划设计、初步设计、技术设计、施工图设计和设计概（预）算编制。

（1）工程勘察招标投标的主要特点

①有批准的项目建议书或者可行性研究报告、规划部门同意的用地范围许可文件和要求的地形图。

②采用公开招标或邀请招标方式。

③申请办理招标登记，招标人自己组织招标或委托招标代理机构代理招标，编制招标文件，对投标单位进行资格审查，发放招标文件，组织勘察现场和进行答疑，投标人编制、递交投标书，开标、评标、定标，发出中标通知书，签订勘察合同。

④在评标、定标上，着重考虑勘察方案的优劣，同时也考虑勘察进度的快慢，勘察收费依据与收费的合理性、正确性，以及勘察资历和社会信誉等因素。

（2）工程设计招标投标的主要特点

①设计招标在招标的条件、程度、方式上与勘察招标相同。

②在招标的范围和形式上，主要实行设计方案招标，可以是一次性总招标，也可以分单项、分专业招标。

③在评标、定标上，强调把设计方案的优劣作为择优、确定中标的主要依据，同时也考虑设计经济效益的好坏、设计进度的快慢、设计费报价的高低以及设计资历和社会信誉等因素。

④中标人应承担初步设计和施工图设计，经招标人同意也可以向其他具有相应资格的设计单位进行一次性委托分包。

2. 施工招标投标的特点

建筑工程施工是指把设计图纸变成预期的建筑产品的活动。施工招标投标是我国建筑工程招标投标中开展得比较早、比较成型的一类，其程序和相关制度具有代表性、典型性。甚至可以说，建筑工程其他类型的招标投标制度，都是承袭施工招标投标制度而来的。就施工招标投标本身而言，特点主要如下：

（1）在招标条件上，比较强调建筑资金的充分到位。

（2）在招标方式上，强调公开招标、邀请招标，议标方式受到严格限制甚至被禁止。

（3）在投标和评标定标中，要综合考虑价格、工期、技术、质量、安全、信誉等因素，价格因素所占分量比较突出，可以说是关键的一环，常常起到决定性作用。

3. 工程建设监理招标投标的特点

工程建设监理是指具有相应资质的监理单位和监理工程师，受建筑单位或个人的委托，独立对工程建筑过程进行组织、协调、监督、控制和服务的专业化活动。工程建筑监理招标投标的主要特点如下：

（1）在性质上属工程咨询招标投标的范畴。

（2）在招标的范围上，可以包括工程建筑过程中的全部工作，如项目建筑前期的可行性研究、项目评估等，项目实施阶段的勘察、设计、施工等，也可以只包括工程建筑过程中的部分工作，通常主要是施工监理工作。

（3）在评标定标上，综合考虑监理规划（或监理大纲）、人员素质、监理业绩、检测手段等因素，但其中最主要的考虑因素是人员素质，分值所占比重较大。

4. 材料设备采购招标投标的特点

建筑工程材料设备是指用于建筑工程的各种建筑材料和设备。材料设备采购招标投标的主要特点如下：

（1）在招标形式上，一般应优先考虑在国内招标。

（2）在招标范围上，一般为大宗的而不是零星的建筑工程材料设备采购，如锅炉、电梯、空调等的采购。

（3）在招标内容上，可以就整个工程建筑项目所需的全部材料设备进行总招标，也可以就单项工程所需材料设备进行分项招标或就单件（台）材料设备进行招标，还可以进行本项目的设计，材料设备生产、制造、供应和安装调试到试用投产的工程技术材料设备的成套招标。

（4）在招标中一般要求做标底，标底在评标定标中具有重要意义。

（5）允许具有相应资质的投标人就部分或者全部招标内容进行投标，也可以联合投标，但应在投标文件中明确一个总牵头单位承担全部责任。

5. 工程总承包招标投标的特点

简单地讲，工程总承包是指对工程全过程的承包。按其具体范围可分为三种情况：一是对工程建筑项目从可行性研究、勘察、设计、材料设备采购、施工、安装，直到竣工验收、交付使用、质量保修等的全过程实行总承包，由一个承包商对建筑单位或个人负总责任，建筑单位或个人一般只负责提供项目投资、使用要求及竣工、交付使用期限，这也就是所谓交钥匙工程；二是对工程建筑项目实施阶段从勘察、设计、材料设备采购、施工、安装，直到交付使用等的全过程实行一次性总承包；三是对整个工程建筑项目的某一阶段或某几个阶段实行一次性总承包。这一阶段的主要特点如下：

（1）它是一种带有综合性的全过程的一次性招标投标。

（2）投标人在中标后应当自行完成中标工程的主要部分，对中标工程范围内的其他部分，经发包人同意，有权作为招标人组织分包招标投标或委托具有相应资质的招标代理机构组织分包招标投标，并与中标的分包投标人签订工程分包合同。

（3）分承包招标投标的运作一般按照有关总承包招标投标的规定执行。

（三）建筑工程招标投标活动的基本原则

建筑工程招标投标的基本原则是指在建筑工程招标投标过程中自始至终应遵循的最基本的原则。招标投标活动应当遵循公开、公平、公正和诚实信用的原则。建筑工程发包与承包的招投标活动，应当遵循公开、公正、平等竞争的原则，择优选择承包单位。

1. 公开原则

公开是指招标投标活动应当有较高的透明度，招标投标活动中所遵循的公开原则要求招标活动信息公开、开标活动公开、评标标准公开、定标结果公开。

2. 公平原则

招标投标属于民事法律行为，公平是指民事主体的平等。招标人要给所有的投标人以平等的竞争机会，这包括给所有投标人同等的信息量、同等的投标资格要求，不设倾向性的评标条件。

3. 公正原则

公正原则是指招标人在执行开标程序、评标委员会在执行评标标准时都要严格照章办事，尺度相同，不能厚此薄彼，尤其是处理迟到标，判定废标、无效标以及质疑过程中更要体现公正，要实事求是地进行评标和决策，不偏袒任何一方。

4. 诚实信用原则

诚实信用是民事活动的基本原则，不得有欺骗、背信的行为。招标人不得搞内定，也不能在招标中设圈套损害承包人的利益。投标人不能用虚假资质、虚假标书投标，投标文件中所有各项都要真实。合同签订后，任何一方都要严格、认真地履行。

5. 求效、择优原则

求效、择优原则是建筑工程招标投标的终极原则。实行建筑工程招标投标的目的，就是要求追求最佳的投资效益，在众多的竞争者中选择出最优秀、最理想的投标人作为中标人。讲求效益和择优定标是建筑工程招标投标活动的主要目标，在建筑工程招标投标活动中，除了要坚持合法、公开、公正等前提性、基础性原则外，还必须贯彻求效、择优的目的性原则。贯彻求效、择优原则，最重要的是要有一套科学合理的招标投标程序和评标、定标办法。

二、建筑工程招标投标主体

（一）建筑工程招标人

建筑工程招标人是指依法提出招标项目，进行招标的法人或者其他组织。通常为该建筑工程的投资人即项目业主或建设单位。建筑工程招标人在建筑工程招标投标活动中起主导作用。

在我国，随着投资管理体制的改革，投资主体已由过去单一的政府投资发展为国家、集体、个人多元化投资。与投资主体多元化相适应，建筑工程招标人也多种多样，出现了多样化趋势，包括各类企业、机关、事业单位、社会团体等。

1. 建筑工程招标人的招标资质

建筑工程招标人的招标资质又称招标资格，是指建筑工程招标人能够自己组织招标活动所必须具备的条件和素质。由于招标人自己组织招标是通过其设立的招标组织进行的，因此，招标人资质实质上就是招标人设立的招标组织的资质。建筑工程招标人自行办理招标必须具备的两个条件是：

（1）有编制招标文件的能力。

（2）有组织评标的能力。

从条件要求来看，主要是指招标人必须设立专门的招标组织，必须有与招标工程规模和复杂程度相适应的工程技术、预算、财务和工程管理等方面的专业技术力量，有从事同类工程建设招标的经验，熟悉和掌握招标投标法及有关法规规章。凡符合上述要求的，招标人应向招标投标管理机构备案后组织招标。招标人不符合上述条件的，不得自行组织招标，只能委托招标代理机构代理组织招标。

2. 建筑工程招标人的权利和义务

（1）建筑工程招标人的权利

①自行组织招标或者委托招标的权利。招标人是工程建筑项目的投资责任者和利益主体，也是项目的发包人。招标人发包工程项目，凡具备招标资格的，有权自己组织招标，自行办理招标事宜；不具备招标资格的，则有委托具备相应资质的招标代理机构代理组织招标、代为办理招标事宜的权利。招标人委托招标代理机构进行招标时，享有自由选择招标代理机构并核验其资质证书的权利。同时享受参与整个招标过程的权利，招标人代理有权参加评标组织。任何机关、社会团体、事业单位和个人不得以任何理由为招标人指定或变相指定招标代理机构，招标代理机构只能由招标人选定。在招标人委托招标代理机构代理招标的情况下，招标人对招标代理机构办理的招标事务要承担法律后果，因此，应对代理机构的代理活动，特别是评标、定标代理活动进行必要的监督。

②进行投标资格审查的权利。对于要求参加投标的潜在投标人，招标人有权要求其提供有关资质情况的资料，进行资格审查、筛选，拒绝不合格的潜在投标人参加投标。招标单位对参加投标的承包商进行资格审查，是招标过程中的重要一环。招标单位对投标者的审查，着重掌握投标者的财政状况、技术能力、管理水平、资信能力和商业信誉，以确保投标者能胜任投标的工程项目承揽工作。招标单位对投标者的资格审查内容主要包括企业注册证明和技术等级、主要施工经历、质量保证措施、技术力量简况、正在施工的承建项目、施工机械设备简况、资金或财务状况、企业的商业信誉、准备在招标工程上使用的施工机械设备、准备在招标工程上采用的施工方法和施工进度安排。

③择优选定中标人的权利。招标的目的是通过公平、公开、公正的市场竞争，确定最优中标人，以顺利完成工程建筑项目。招标过程其实就是一个优选过程，择优选定中标人，就是根据评标组织的评审意见和推荐建议，确定中标人。这是招标人最重要的权利。

④享有依法约定的其他各项权利。建筑工程招标人的权利依法确定，法律法规有规定的应该依据法律法规，法律法规无规定时则依双方约定，但双方的约定不得违法或损害社会公共利益和公共秩序。

（2）建筑工程招标人的义务

①遵守法律、法规、规章和方针、政策。社会主义市场经济是法治经济，在社会主义市场经济条件下，任何行为都必须依法进行，建筑工程招标行为也不例外。建筑工程招标人的招标活动必须依法进行，违法或违规、违章的行为不仅不受法律保护，而且还要承担相应的法律责任。遵纪守法是建筑工程招标人的首要义务。

②接受招标投标管理机构管理和监督的义务。为了保证建筑工程招标投标活动公开、

公平、公正，建筑工程招标投标活动必须在招标投标管理机构的行政监督管理下进行。

③不侵犯投标人合法权益的义务。招标人、投标人是招标投标活动的双方，他们在招标投标中的地位是完全平等的，因此，招标人在行使自己权利的时候，不得侵犯投标人的合法权益，不得妨碍投标人公平竞争。

④委托代理招标时向代理机构提供招标所需资料、支付委托费用等义务。招标人委托招标代理机构进行招标时，应承担的义务主要有以下方面：招标人对于招标代理机构在委托授权的范围内所办理的招标事务的后果直接接受并承担民事责任；招标人应向招标代理机构提供招标所需的有关资料，提供为办理受托事务必需的费用；招标人应向招标代理机构支付委托费或报酬，其标准和期限依法律规定或合同的约定；招标人应向招标代理机构赔偿招标代理机构在执行受托任务中非因自己过错所遭受的损失。

⑤保密的义务。建筑工程招标投标活动应当遵循公开原则，但对可能影响公平竞争的信息，招标人必须保密。招标人设有标底的，标底必须保密。

⑥与中标人签订并履行合同的义务。招标投标的最终结果是择优确定中标人，与中标人签订并履行合同。无故不签订或不履行合同应依法承担相应的法律责任。

⑦承担依法约定的其他各项义务。在建筑工程招标投标过程中，招标人与他人依法约定的义务也应认真履行。但是，约定不能违反法律规定，违反法律规定的约定属于无效约定。约定必须双方自愿，坚持意思自治原则，不得强迫或欺诈。

（二）建筑工程投标人

建筑工程投标人是建筑工程招标投标活动的另一主体，它是指响应招标并购买招标文件，参加投标的法人或其他组织。投标人应当具备承担招标项目的能力。参加投标活动必须具备一定条件，不是所有感兴趣的法人或组织都可以参加投标。投标人应当具备承担招标项目的能力；国家有关规定对投标人资格条件或者招标文件对投标人资格条件有规定的，投标人应当具备规定的资格条件。概括地说，投标人通常应具备的基本条件主要有必须有与招标文件要求相适应的人力、物力和财力，必须有符合招标文件要求的资质证书和相应的工作经验与业绩证明，必须有符合法律、法规规定的其他条件。

建筑工程投标人主要是指勘察设计单位、施工企业、建筑装饰装修企业、工程材料设备供应单位、工程总承包单位以及咨询、监理单位等。

1. 建筑工程投标人的投标资质

建筑工程投标人的投标资质，是指建筑工程投标人参加投标所必须具备的条件和素质，包括资历、业绩、人员素质、管理水平、资金数量、技术力量、技术装备、社会信誉等几个方面的因素。

我国目前已对从事勘察、设计、施工、建筑装饰装修、工程材料设备供应、工程总承包以及咨询、监理等活动的单位实行了从业资格认证制度，以上单位必须依法取得相应等级的资质证书，并在其资质等级许可的范围内从事相应的工程建设活动。在建筑工程招标投标管理中，可以不再对上述单位发放专门的投标资质证书，只须对它们已经取得的相应等级的资质证书进行验证，以确认它们的投标资质。

（1）工程勘察设计单位

工程勘察设计单位参加建筑工程勘察设计招标投标活动时，必须持有相应的勘察设计资质证书，并在其资质证书许可的范围内进行活动。工程勘察设计单位的专业技术人员参加建筑工程勘察设计招标投标活动时，也应持有相应的执业资格证书，并在其执业资格证书许可的范围内进行活动。

（2）施工企业

施工企业参加建筑工程招标投标活动，应当在其资质等级证书许可的范围内进行。施工企业的专业技术人员参加建筑工程施工招标活动，应持有相应的执业资格证书，并在其执业资格证书许可的范围内进行。承担项目经理工作的，必须持有相应等级的建造师执业资格证书。

（3）建设监理单位

建设监理单位参加建筑工程监理招标活动，必须持有相应的建筑监理资质证书，并在其资质证书许可的范围内进行。建筑监理单位的专业技术人员参加建筑工程监理招标投标活动，应持有相应的执业资格证书，并在其执业资格证书许可的范围内进行。

（4）建筑工程材料设备供应单位

建筑工程材料设备供应单位，包括具有法人资格的建筑工程材料设备生产、制造厂家，材料设备公司，设备成套承包公司等。目前，我国对建筑工程材料设备供应单位实行资质管理的，主要是混凝土预制构件生产企业、商品混凝土生产企业和机电设备成套供应单位。

混凝土预制构件生产企业、商品混凝土生产企业和机电设备成套供应单位参加建筑工程材料设备招标投标活动，必须持有相应的资质证书，并在其资质证书许可的范围内进行。混凝土预制构件生产企业、商品混凝土生产企业和机电设备成套供应单位的专业技术人员参加建筑工程材料设备招标投标活动，应持有相应的执业资格证书，并在其执业资格证书许可的范围内进行。

2. 建筑工程投标人的权利和义务

（1）建筑工程投标人的权利

①有权平等获得和利用招标信息。招标信息是投标决策的基础和前提，投标人不掌握招标信息，就不可能参加投标。投标人掌握的招标信息是否真实、准确、及时、完整，对投标工作具有非常重要的影响。投标人对招标信息的获得主要是通过招标人发布的招标公告，也可以通过政府主管部门公布的工程报建登记信息获得。能够保证投标人平等地获得招标信息，是招标人和政府主管部门的重要义务。

②有权按照招标文件的要求自主投标或组成联合体投标。为了更好地把握投标竞争机会，提高中标率，投标人可以根据自身的实力和投标文件的要求，自主决定是独自参加投标竞争还是与其他投标人组成一个联合体以一个投标人的身份共同投标。在此需要注意的是，联合体投标是一种联营行为，联合体各方对招标人承担连带责任。联合体是一个临时性组织，不具有法人资格。

③有权要求对招标文件中的有关问题进行答疑。对招标文件中的有关问题进行答疑是指招标人或招标代理机构对于投标人所提问题的答疑。投标人参加投标必须编制投标文件，编制投标文件的基本依据就是招标文件。正确理解和领悟招标文件是编制投标文件的前提。对招标文件不清楚或有疑问，投标人有权要求招标人或招标代理机构给予澄清或解释，以利于准确领会和把握招标意图。

④有权确定自己的投标报价。投标人参加投标是参加建筑市场的竞争活动，各个投标人之间是一种市场竞争关系。投标竞争是投标人自主经营、自负盈亏、自我发展壮大的强大动力。建筑工程招标投标活动必须按照市场经济的规律办事。投标人的投标报价由投标人根据自身的情况自主确定，任何单位和个人都不得非法干涉。投标人根据自身的经营状况、利润目标和市场行情，科学合理地确定投标报价，是整个投标活动中最关键的一环。

⑤有权参与或放弃投标竞争。在市场经济条件下，投标人参加投标竞争的机会是均等的。参加投标是投标人的权利，放弃投标也是投标人的权利。对投标人来说，参加不参加投标、是不是参加到底，完全是自愿的。任何单位或个人不能强制、胁迫投标人参加投标，更不能强迫或变相强迫投标人"陪标"，也不能阻止投标人中途放弃投标。

⑥有权要求优质优价。价格问题是招标投标中的一个核心问题。在现实中，很多投标人为了取得建筑项目的中标而互相盲目压价，不利于工程建筑质量的保证，也有损建筑工程市场的良性发展。为了保证工程的安全和质量，必须防止和克服只为争得项目中标而不切实际地盲目降价压价现象，投标人有权要求实行优质优价，避免投标人之间的恶性竞争。

⑦有权控告、检举违法违规行为。在建筑工程招标投标活动中，投标人和其他利害关系人认为招标投标活动有违反法律、法规情形的，有权向招标人提出异议或依法向有关行政监督部门控告、检举。

（2）建筑工程投标人的义务

①遵守法律、法规、规章、方针和政策。建筑工程投标人的投标活动必须依法进行，遵纪守法是建筑工程投标人的首要义务。违法、违规的行为会受到法律的制裁。

②接受招标投标管理机构的监督管理。招标投标活动及其当事人应当接受依法实施的监督。有关行政监督部门依法对招标投标活动实施监督，依法查处招标投标活动中的违法行为。保证所提供文件的真实性，提供投标保证金或其他形式的担保。投标人提供的投标文件必须真实可靠，并对此予以保证。让投标人提供投标保证金或其他形式的担保，目的在于使投标人的保证落到实处，使投标活动保持应有的严肃性，建立和维护招标投标活动的正常秩序。按招标人或招标代理人的要求对投标文件的有关问题进行答疑。投标文件是以招标文件为主要依据进行编制的。正确理解投标文件，是准确判断投标文件是否实质性响应招标文件的前提。对投标文件中不清楚的问题，招标人或招标代理人有权要求投标人予以答疑。

③中标后与招标人签订合同并履行合同。投标人中标后与招标人签订并实际履行合同约定的全部义务，是实行招标投标制度的意义所在。投标人在接到《中标通知书》30日内必须与招标人签订合同。中标人必须亲自履行合同，不得将工程任务倒手转让给他人承包。如须进行分包的，须经招标人认可方可进行分包。

④履行依法约定的其他义务。在建筑工程招标投标过程中，投标人和招标人、招标代理人可以在遵守法律的前提下，互相协商，约定一定的义务。双方自愿约定的义务也是具有法律效力的，也必须依法履行。

（三）建筑工程招标代理机构

建筑工程招标代理机构是依法设立，接受招标人的委托，从事招标代理业务并提供相关服务的社会中介组织，如工程招标公司、工程招标（代理）中心、工程咨询公司等。工程招标代理机构与行政机关和其他国家机关不存在隶属关系或者其他利益关系，是独立法人，实行独立核算、自负盈亏。

招标人有权自行选择招标代理机构，委托其办理招标事宜。任何单位和个人不得以任何方式为招标人指定招标代理机构。招标人具有编制招标文件和组织评标能力的，可以自行办理招标事宜。依法必须进行招标的项目，招标人自行办理招标事宜的，应当向有关行政监督部门备案。

1. 建筑工程招标代理机构概述

（1）建筑工程招标代理的概念

建筑工程招标代理，是指建筑工程招标人将建筑工程招标事务委托给相应中介服务机构，由该中介服务机构在招标人委托授权的范围内以委托的招标人的名义同他人独立进行建筑工程招标投标活动，由此产生的法律后果由委托招标人承担的一种法律制度。

在建筑工程招标代理关系中，接受委托的中介服务机构称为代理人，委托中介机构的招标人称为被代理人或者本人，与代理人进行建筑工程招标活动的人称为第三人（相对人）。

在建筑工程招标代理关系中存在着三方面的关系：一是被代理人和代理人之间基于委托授权而产生的一方，在授权范围内以他方名义进行招标事务，他方承担其行为后果的关系；二是代理人与第三人之间承受招标代理行为法律后果的关系；三是被代理人与第三人之间因招标代理行为所产生的法律后果归属关系。

（2）建筑工程招标代理的特征

①建筑工程招标代理人必须以被代理人的名义办理招标事务；

②建筑工程招标代理人具有在授权范围内独立进行意思表示的职能；

③建筑工程招标代理行为应在委托授权的范围内实施；

④建筑工程招标代理行为的法律后果归属于被代理人。

2. 建筑工程招标代理机构的资质

建筑工程招标代理机构的资质，是指从事招标代理活动应当具备的条件和素质。招标代理人从事招标代理业务，必须依法取得相应的招标资质等级证书，并在资质等级证书许可的范围内开展招标代理业务。

申请工程招标代理机构资格的单位应当具备以下条件：

（1）是依法设立的中介组织。

（2）与行政机关和其他国家机关没有行政隶属关系或者其他利益关系，有固定的营业场所和开展工程招标代理业务所需设施及办公条件。

（3）有健全的组织机构和内部管理的规章制度。

（4）具备编制招标文件和组织评标的相应专业力量。

（5）具有可以作为评标委员会成员人选的技术、经济等方面的专家库。由于建筑工程招标必须在固定的建筑工程交易场所进行，因此，该固定场所设立的专家库可以作为各类招标代理人直接利用的专家库，招标代理人一般不需要另建专家库。专家库中的专家要求从事相关领域工作满 8 年并具有高级职称或者具有同等专业水平。

（6）从事工程建设项目招标代理业务的招标代理机构，其资格由国务院或省、自治区、直辖市人民政府的建筑行政主管部门认定，具体办法由国务院建筑行政主管部门会同国务院有关部门制定。从事其他招标代理业务的招标代理机构，其资格认定的主管部门由国务院规定。工程代理机构可以跨省、自治区、直辖市承担工程招标代理机构，其代理资质分为甲、乙两级。

3. 建筑工程招标代理机构的权利和义务

（1）建筑工程招标代理机构的权利

①组织和参与招标活动。

②依据招标文件的要求，审查投标人资质。

③按规定标准收取代理费用。

④招标人授予的其他权利。

（2）建筑工程招标代理机构的义务

①遵守法律、法规、规章、方针和政策。

②维护委托人的合法权利。

③组织编制解释招标文件。

④接受招标投标管理机构的监督管理和招标行业协会的指导。

⑤履行依法约定的其他义务。

建筑工程招标投标涉及国家利益、社会公共利益和公众安全，因而必须对其实行强有力的政府监管。建筑工程招标投标活动及其当事人应当接受依法实施的监督管理。

（四）建筑工程招标投标行政监管机关

1. 建筑工程招标投标监管体制

为了维护建筑市场的统一性、竞争有序性和开放性，国家明确指定一个统一归口的建设行政主管部门，即住房和城乡建设部，它是全国最高招标投标管理机构。在住房和城乡建设部的统一监管下，实行省、市、县三级建设行政主管部门对所辖行政区内的建筑工程招标投标分级管理。

各级建设行政主管部门作为本行政区域内建筑工程招标投标工作的统一归口监督管理部门，其主要职责有以下几点：

①指导建筑活动，规范建筑市场，发展建筑产业，研究、制定有关建筑工程招标投标的发展战略、规划、行业规范和相关方针、政策、行为规则、标准和监管措施，组织、宣传、贯彻有关建筑工程招标投标的法律、法规、规章，进行执法检查监督。

②指导、检查和协调本行政区域内建筑工程的招标投标活动，总结交流经验，提供高效率的规范化服务。

③负责对当事人的招标投标资质、中介服务机构的招标投标中介服务资质和有关专业技术人员的执业资格的监督，开展招标投标管理人员的岗位培训。

④会同有关专业主管部门及其直属单位办理有关专业工程招标投标事宜。

⑤调解建筑工程招标投标纠纷，查处建筑工程招标投标违法、违规行为及是否违反招标投标规定的定标结果。

2. 建筑工程招标投标分级管理

建筑工程招标投标分级管理，是指省、市、县三级建筑行政主管部门依照各自的权限，对本行政区域内的建筑工程招标投标分别实行管理，即分级属地管理。

实行建筑行政主管部门系统内的分级属地管理，是现行建筑工程项目投资管理体制的要求，是进一步提高招标工作效率和质量的重要措施，有利于更好地实现建筑行政主管部门对本行政区域建筑工程招标投标工作的统一监管。

3. 建筑工程招标投标监管机关

建筑工程招标投标监管机关，是指经政府或政府主管部门批准设立的隶属于同级建筑行政主管部门的省、市、县建筑工程招标投标办公室。

各级建筑工程招标投标监管机关从机构设置、人员编制来看，性质是代表政府行使行政监管职能的事业单位。建筑行政主管部门与建筑工程招标投标监管机关之间是领导与被领导的关系。省、市、县建筑工程招标投标监管机关的上级与下级之间有业务上的指导和监督关系。

建筑工程招标投标监管机关的职权，概括起来可以分为两个方面：一方面，是承担具体负责建筑工程招标投标管理工作的职责；另一方面，是在招标投标管理活动中享有可独立以自己的名义行使的管理职能。具体来说有以下几点：

（1）办理建筑工程项目报建登记。

（2）审查发放招标组织资质证书、招标代理人以及标底编制单位的资质证书。

（3）接受招标申请书，对招标工程应该具备的招标条件、招标人的招标资质、招标代理人的招标代理资质、采用的招标方式进行审查认定。

（4）接受招标文件并进行审查认定，对招标人要求变更发出后的招标文件进行审批。

（5）对投标人的投标资质进行审查认定。

（6）对标底进行审定。

（7）对评标定标办法进行审查认定，对招标投标活动进行全过程监督，对开标、评标、定标活动进行现场监督。

（8）核发或者与招标人联合发出中标通知书。

（9）审查合同草案，监督承发包合同的签订和履行。

（10）调解招标人和投标人在招标投标活动中或合同履行过程中发生的纠纷。

（11）查处建筑工程中招标投标方面的违法行为，依法受委托实施相应的行政处罚。

第二节　建筑工程造价管理

造价管理在整个建筑工程项目管理工作中是极为关键的一项内容。从建筑工程的角度来看，造价管理不只是确保施工进度和工程质量，同时对工程整体经济效益的实现有着直接影响。从目前我国各地区建筑工程造价管理现状来看，其中的一些问题是客观存在的，唯有加强建筑工程造价管理，才能够促使工程效益最大化。

一、造价管理概述

（一）建筑工程造价的概念

建筑工程造价一般是指进行某项工程建设所花费的全部费用。即该建设项目（工程项目）有计划地进行固定资产再生产和形成最低量流动资金的一次费用总和。按我国现行制度规定，其由建筑安装工程费、设备及工器具购置费、工程建设其他费用、预备费、建设期贷款利息、固定资产投资方向调节税等构成。

建筑安装工程费亦被称为建筑安装工程造价，是指建设单位支付给从事建筑安装工程施工单位的全部生产费用。包括用于建筑物的建造及有关的准备、清理等工程的费用，用于需要安装设备的安置、装配工程费用。它是以货币表现的建筑安装工程的价值，其特点是必须通过兴工动料、追加活劳动才能实现。

设备及工器具购置费是指按照建设项目设计文件要求，建设单位（或其委托单位）购置或自制达到固定资产标准的设备和新扩建项目配置的首套工器具及生产家具所需的费用。它由设备工器具原价和包括设备成套公司服务费在内的运杂费组成。

工程建设其他费用是指未纳入以上两项的、在项目投资中支付的、为保证工程建设顺利完成和交付使用后能够正常发挥效用而发生的各项费用的总和。

预备费按我国现行规定，包括基本预备费和涨价预备费。基本预备费是指在项目实施中可能发生难以预料的支出，需要预先预留的费用。涨价预备费是指在建设期内由价格等变化引起投资增加需要事先预留的费用。

建设期贷款利息是指项目借款在建设期内发生并计入固定资产的利息。

固定资产投资方向调节税是根据国家产业政策而征收的。

建筑工程造价和建筑安装工程造价是处在两个不同层次上的相关概念。建筑工程造价是指业主进行工程建设所花费的全部投资；而建筑安装工程造价则是业主投资当中应以价款的形式支付给施工企业的全部生产费用，在建筑市场中，建筑安装工程造价就是建筑安装产品的价格。

（二）建筑工程造价的计价特点

1. 单件性计价

对于每一项建筑工程，用户都有其特殊的功能要求。建筑工程及其计价方式的独特性使其不能像一般工业产品那样按品种规格、质量等成批定价，而只能单件计价。也就是说，只能根据建筑工程的具体情况，通过特殊程序单独计算工程造价。

2. 多次性计价

建筑工程的生产周期长、消耗数量大，需要遵循一定的建设程序。对工程造价的计算也要根据不同的建设阶段，分次进行。

工程计价过程是一个由粗到细、由浅到深，最终确定工程实际造价的过程。计价过程之间相互联系，前者制约后者，后者补充前者。

3. 按工程构成的分部组合计价

工程建设项目是一个庞大而又复杂的体系。为了便于对其进行设计、施工与管理，必须按照统一的要求和划分原则进行必要的分解。具体的工程建设项目一般分为建设项目、单位工程、分部工程和分项工程。建设项目是指具有设计任务书和总体设计，经济上实行独立核算、行政上具有独立组织形式的建设单位；单位工程是指在一个建设项目具有独立的设计文件、建成后能独立发挥生产效能的工程，它由若干个分部工程组成；分部工程是按建筑部位、专业性质、施工程序、专业系统及类别等的不同，将一个单位工程划分为几个部分；分项工程是指通过简单的施工过程就能生产出来，并能用适量计量单位计算的建筑安装产品，它是将分部工程按不同的施工方法、不同的材料、不同的质的要求和不同的设计尺寸，进一步划分的易于计算工程量和工料消耗量的若干子项目。基于以上项目划分原则，在进行工程计价时，就应按项目构成进行分部组合计价。

二、建筑工程造价构成

（一）设备及工器具购置费用的构成

设备及工器具购置费用是由设备购置费用和工器具及生产家具购置费用组成。在生产性建筑工程中，设备及工器具费用与资本的有机构成相联系，设备及工器具费用占投资费用的比例大小，意味着生产技术的进步和资本有机构成的程度。

1. 设备购置费的构成和计算

设备购置费是指为工程建设项目购置或自制的达到固定资产标准的设备、工具、器具的费用。计算公式为：

$$设备购置费 = \frac{设备原价}{进口设备抵岸价} + 设备运杂费 \tag{7-1}$$

该式中设备原价是指国产标准设备、非标准设备、引进设备的原价。设备运杂费是指设备原价中未包括的包装和包装材料费、运输费、装卸费、采购费及仓库保管费、供销部门手续费等。如果设备是由设备成套公司供应的，成套公司的服务费也应计入设备运杂费之中。

（1）国产标准设备原价

国产标准设备是指按照主管部门颁布的标准图纸和技术要求，由设备生产厂批量生产的，符合国家质量检验标准的设备。国产标准设备原价一般指的是设备制造厂的交货价，即出厂价。如设备是由设备成套公司供应，则以订货合同价为设备原价。有的设备有两种出厂价，即带有备件的出厂价和不带有备件的出厂价。在计算设备原价时，一般按带有备件的出厂价计算。

（2）国产非标准设备原价

国产非标准设备是指国家尚无定型标准，各设备生产厂不可能在工艺过程中采用批量生产，只能按一次订货，并根据具体的设备图纸制造的设备。非标准设备原价有多种不同的计算方法，如成本计算估价法、系列设备插入估价法、定额估价法等。但无论哪种方法，都应该使非标准设备计价的准确度接近实际出厂价，并且计算方法要简便。

（3）进口设备抵岸价的构成及其计算

进口设备抵岸价是指抵达买方边境港口或边境车站，且缴完关税以后的价格。

①进口设备的交货方式

进口设备的交货方式可分为内陆交货类、目的地交货类、装运港交货类。内陆交货类即卖方在出口国内陆的某个地点完成交货任务。在交货地点，卖方及时提交合同规定的货物和有关凭证，并承担交货前的一切费用和风险；买方按时接收货物，交付货款，承担接货后的一切费用和风险，并自行办理出口手续和装运出口。货物的所有权也在交货后由卖方转移给买方。

目的地交货类即卖方要在进口国的港口或内地交货，包括目的港船上交货价、目的港船边交货价（FOS）和目的港码头交货价（关税已付）及完税后交货价（进口国目的地的指定地点）。它们的特点是买卖双方承担的责任、费用和风险是以目的地约定交货点为分界线，只有当卖方在交货点将货物置于买方控制下才算交货，才能向买方收取货款。这类交货价对卖方来说承担的风险较大，在国际贸易中卖方一般不愿意采用这类交货方式。

装运港交货类即卖方在出口国装运港完成任务。主要有装运港船上交货价（FOB），习惯称为离岸价；运费在内价（CFR）；运费、保险费在内价（CF），习惯称为到岸价。它们的特点主要是卖方按照约定的时间在装运港交货，只要卖方把合同规定的货物装船后提供货运单据便完成交货任务，并可凭单据收回货物。

采用装运港船上交货价（FOB）时卖方的责任是：负责在合同规定的装运港和规定的期限内，将货物装上买方指定的船只，并及时通知买方；负责货物装船前的一切费用和风险；负责办理出口手续；提供出口国政府或有关方面签发的证件；负责提供有关装运单据。买方的责任是：负责租船或订舱；支付运费，并将船期、船名通知卖方；承担货物装船后的一切费用和风险；负责办理保险及支付保险费，办理在目的港的进口和收货手续，接受卖方提供的有关装运单据，并按合同规定支付货款。

②进口设备抵岸价的构成

进口设备如果采用装运港船上交货价（FOB），其抵岸价构成可概括为：

进口设备抵岸价=货价+国外运费+国外运输保险费+银行财务费+外贸手续费+进口关税+增值税+消费税+海关监管手续费

进口设备的货价。一般可采用下列公式计算：

$$货价=离岸价（FOB 价）×人民币外汇牌价 \qquad (7-2)$$

国外运费。我国进口设备大部分采用海洋运输方式，小部分采用铁路运输方式，个别采用航空运输方式，计算公式为：

$$国外运费=离岸价×运费率 \qquad (7-3)$$

或

$$国外运费=运量×单位运价 \qquad (7-4)$$

上式中，运费率或单位运价参照有关部门或进出口公司的规定。

国外运输保险费。对外贸易货物运输保险是由保险人（保险公司）与被保险人（出口人或进口人）订就保险契约，在被保险人交付议定的保险费后，保险人根据保险契约的规定对货物在运输过程中发生的承保责任范围内的损失给予经济上的补偿。计算公式为：

$$国外运输保险费 = （离岸价+国外运费）×国外保险费率 \qquad (7-5)$$

银行财务费：一般指银行手续费。银行财务费率一般为 0.4%~0.5%。计算公式为：

$$银行财务费 = 离岸价×人民币外汇牌价×银行财务费率 \qquad (7-6)$$

外贸手续费：指按商务部规定的外贸手续费率计取的费用。计算公式为：

$$外贸手续费 = 到岸价×人民币外汇牌价×外贸手续费率 \qquad (7-7)$$

进口关税。进口关税是由海关对进出国境的货物和物品征收的税种，属于流转性课税。计算公式为：

$$进口关税 = 到岸价×人民币外汇牌价×进口关税率 \qquad (7-8)$$

增值税。增值税是我国政府对从事进口贸易的单位和个人，在进口商品报关进口后征收的税种。我国增值税条例规定进口应税产品均按组成计税价格，依税率直接计算应纳税额，不扣除任何项目的金额或已纳税额，增值税基本税率为 16%，增值税计算公式为：

$$进口产品增值税额 = 组成计税价格×增值税率 \qquad (7-9)$$

$$组成计税价格 = 到岸价×人民币外汇牌价+进口关税+消费税 \qquad (7-10)$$

消费税。对部分进口产品（如轿车等）征收的税种，计算公式为：

$$消费税 = \frac{到岸价 × 人民币外汇牌价 + 关税}{1 - 消费税率} ×消费税率 \qquad (7-11)$$

海关监管手续费。是指海关对发生减免进口税或实行保税的进口设备，实施监管和提供服务收取的手续费。全额收取关税的设备，不收取海关监管手续费，计算公式为：

$$海关监管手续费 = 到岸价×人民币外汇牌价×海关监管手续费率 \qquad (7-12)$$

（4）设备运杂费

①设备运杂费的构成。设备运杂费通常由下列各项构成：

国产标准设备由设备制造厂交货地点起至工地仓库（或施工组织设计指定的需要安装设备的堆放地点）止所发生的运费和装卸费，进口设备则由我国到岸港口、边境车站起至工地仓库（或施工组织设计指定的需要安装设备的堆放地点）止所发生的运费和装卸费。

在设备出厂价格中没有包含的设备包装和包装材料器具费，在设备出厂价或进口设备价格中如已包括了此项费用，则不应重复计算。

供销部门的手续费，按有关部门规定的统一费率计算。

建设单位（或工程承包公司）的采购与仓库保管费，是指采购、验收、保管和收发设备所发生的各种费用，包括设备采购、保管和管理人员工资、工资附加费、办公费、差旅交通费、设备供应部门办公和仓库所占固定资产使用费、工具用具使用费、劳动保护费、检验试验费等。这些费用可按主管部门规定的采购保管费率计算。

②设备运杂费的计算

设备运杂费按设备原价乘以设备运杂费率计算。其计算公式为：

$$设备运杂费 = 设备原价 × 设备运杂费率 \qquad (7-13)$$

其中，设备运杂费率按各部门及省、市等的规定计取。

2. 工器具及生产家具购置费的构成计算

工器具及生产家具购置费是指新建项目或扩建项目初步设计规定所必须购置的不够固定资产标准的设备、仪器、工卡模具、器具、生产家具和备品备件的费用。其一般计算公式为：

$$工器具及生产家具购置费 = 设备购置费 × 定额费率 \qquad (7-14)$$

（二）建筑安装工程费用的构成

1. 建筑安装工程直接工程费

建筑安装工程直接工程费由直接费、其他直接费和现场经费组成。

（1）直接费

直接费是指施工过程中耗费的构成工程实体和有助于工程形成的各项费用，它包括人工费、材料费和施工机械使用费。

①人工费。建筑安装工程直接费中的人工费，是指直接从事建筑安装工程施工的生产工人开支的各项费用。计算公式为：

$$人工费 = \Sigma（人工定额消耗量 × 日工资单价） \qquad (7-15)$$

其中，生产工人的日工资单价组成如下：

生产工人基本工资：是指按规定标准发放给生产工人的基本工资。

生产工人工资性补贴：是指为了补偿工人额外或特殊的劳动消耗及为了保证工人的工资水平不受特殊条件影响，而以补贴形式支付给工人的劳动报酬，它包括按规定标准发放的物价补贴，煤、燃气补贴，交通费补贴，住房补贴，流动施工津贴及地区津贴等。

生产工人辅助工资：是指生产工人年有效施工天数以外非作业天数的工资。包括职工学习、培训期间的工资，调动工作、探亲、休假期间的工资，因气候影响的停工工资，女工哺乳时间的工资，病假在六个月以内的工资及产、婚、丧假期的工资。

职工福利费：是指按规定标准计提的职工福利费。

生产工人劳动保护费：是指按规定标准发放的劳动保护用品的购置费及修理费，徒工服装补贴、防暑降温费、在有碍身体健康环境中施工的保健费用等。

②材料费。建筑安装工程直接费中的材料费，是指施工过程中耗用的构成工程实体的

原材料、辅助材料、构配件、零件、半成品的费用和周转使用材料的摊销（或租赁）费用。计算公式为：

$$材料费 = \Sigma（材料、构配件、零件、半成品定额消耗量 \times 材料预算价格） +$$

$$\Sigma（周转材料定额摊销量 \times 材料预算价格） \tag{7-16}$$

上式中，材料预算价格是指材料（包括构件、成品及半成品等）从其来源地（或交货地点）到达施工地仓库（或施工组织设计确定的存放材料的地点）后的出库价格。材料预算价格一般由材料原价、供销部门手续费、包装费、运输费、采购及保管费组成。计算公式为：

$$材料预算价格 = 材料原价 + 供销部门手续费 + 包装费 + 运输费 \tag{7-17}$$

③施工机械使用费。施工机械使用费是指使用施工机械作业所发生的机械使用费以及机械安装、拆卸和进出场费用。计算公式为：

施工机械使用费 $= \Sigma（施工机械定额台班消耗量 \times 台班费用单价） +$ 其他机械使用费 + 施工机械进出场费

$$\tag{7-18}$$

其中，机械台班费用单价的构成包括如下各项：

折旧费：是指机械在规定的使用期限（即耐用总台班）内，陆续收回其原值时每一台班所分摊的费用。其计算公式为：

$$台班折旧费 = \frac{机械预算价格 \times（1 - 残值率）}{耐用总台数} \tag{7-19}$$

大修理费：是指机械设备按规定的大修间隔台班进行必要的大修理以恢复机械的正常功能时每台班所摊的费用。其计算公式为：

$$台班大修理费 = \frac{一次大修理费 \times 大修次数}{耐用总台班数} \tag{7-20}$$

经常修理费：是指机械设备除大修理以外的各级保养及临时故障排除所需费用，为保障机械正常运转所需替换设备、随机配备的工具、附具的摊销及维护费用，机械运转及日常保养所需润滑、擦拭材料费用和机械停置期间的维护保养费用等。

安拆费及场外运输费：安拆费指机械在施工现场进行安装、拆卸所需人工、材料、机械和试运转的费用，以及机械辅助设施的折旧、搭设、拆除等费用。场外运输费指机械整体或分件自停置地方运至施工现场或由一工地运至另一工地的运输、装卸、辅助材料以及架线费用。

燃料动力费：是指机械设备在运转施工作业中所耗用的固体燃料（煤炭、木材）、液体燃料（汽油、柴油）、电力、水和风力等的费用。

人工费：是指机上司机、司炉和其他操作人员的工作日工资以及上述人员在机械规定的工作台班以外的基本工资和工资性质的津贴。

运输机械养路费、车船使用税及保险费：是指运输机械按国家相关规定应缴纳的养路费、车船使用税以及机械投保所支出的保险费。

（2）其他直接费

其他直接费是指直接费以外的施工过程中发生的其他费用。同材料费、人工费、施工机械使用费相比，其他直接费具有较大弹性。就具体单位工程来讲，其他直接费需要根据现场施工条件加以确定。

①其他直接费的内容

其他直接费的内容包括如下各项：

冬、雨季施工增加费：是指在冬季、雨季施工期间，为了确保工程质量，采取保温防雨措施所增加的材料费、人工费和设施费用以及因工效和机械作业效率降低所增加的费用。

夜间施工增加费：是指为确保工期和工程质量。需要在夜间连续施工或白天施工须增加照明设施（如在炉窑、烟囱、地下室等处施工）及发放夜餐补助等发生的费用。

材料二次搬运费：是指因施工场地狭小等特殊情况而发生的材料搬运费。

仪器、仪表使用费：是指通信、生产所需的不属于固定资产的生产工具和检验、试验用具等的购置、摊销和维修费，以及支付给工人自备工具的补贴费。

生产工具、用具使用费：是指施工、生产所需的不属于固定资产的生产工具和检验、试验用器等的购置、摊销和维修费，以及支付给工人自备工具的补贴费。

检验试验费：是指对建筑材料、构件和建筑物进行一般鉴定、检查所花的费用。包括自设试验室进行试验所耗用的材料和化学药品等费用以及技术革新和研究试验费。

特殊工种培训费：是指在承担某些特殊工程、新型建筑施工任务时，根据技术规范要求对某些特殊工种的培训费。

工程定位复测、工程点交、场地清理等费用。

特殊地区施工增加费：是指铁路、公路、通信、输电、长距离输送管道等工程在原始森林、高原、沙漠等特殊地区施工增加的费用。

②其他直接费的计算

其他直接费是按相应的计费基础乘以其他直接费费率确定的。计算公式为：

土建工程：

$$其他直接费=直接费×其他直接费费率 \tag{7-21}$$

安装工程：

$$其他直接费=人工费×其他直接费费率 \tag{7-22}$$

（3）现场经费

现场经费是指为施工准备、组织施工生产和管理所需的费用，包括临时设施费和现场管理费两方面的内容。

①临时设施费。临时设施费是指施工企业为进行建筑安装工程施工所必需的生活和生产用的临时建筑物、构筑物和其他临时设施的搭设、维修、拆除费或摊销费。

临时设施包括临时宿舍、文化福利及公用事业房屋与构筑物、仓库、办公室、加工厂以及规定范围内道路、水、电、管线等临时设施和小型临时设施。不包括水利、电力、铁路、公路、水运、林业等工程单独编制临时工程设计的临时工程费用。

②现场管理费。现场管理费一般是指发生在施工现场这一级的经营管理费用。现场管理费的内容包括如下各项：

现场管理人员的基本工资、工资性补贴、职工福利费、劳动保护费等。

办公费：是指现场管理办公用的文具、纸张、账表、印刷、邮电、书报、会议、水、电、烧水和集体取暖（包括现场临时宿舍取暖）用煤等费用。

差旅交通费：是指现场职工因公出差期间旅费，住勤补助费，市内交通费和午餐补助费，探亲路费，劳动力招募费，离退休、退职一次性路费。工伤人员就医路费，工地转移费以及现场管理使用的交通工具的油料、燃料、养路费及牌照费。

固定资产使用费：是指现场管理及试验部门使用的属于固定资产的设备、仪器等的折旧、大修理、维修费或租赁费等。

工具、用具使用费：是指现场管理使用的不属于固定资产的工具、器具、家具、交通工具和检验、试验、测绘、消防用具等的购检、维修和摊销费。

保险费：是指施工管理用财产，车辆保险，高空、井下、海上作业等特殊工种安全保险等。

工程保修费：是指工程竣工交付使用后，在规定保修期以内的修理费用。

工程排污费：是指施工现场按规定交纳的排污费用。

其他费用。

现场经费是以相应的计费基础乘以现场经费费率确定的。计算公式为：

土建工程：

$$现场经费=直接费×现场经费费率 \qquad (7-23)$$

安装工程：

$$现场经费=人工费×现场经费费率 \qquad (7-24)$$

2. 建筑安装工程间接费

建筑安装工程间接费是指虽不直接由施工的工艺过程所引起，但却与工程的总体条件有关的建筑安装企业为组织施工和进行经营管理以及间接为建筑安装生产服务的各项费用。

（1）间接费的组成

按现行规定，建筑安装工程间接费由企业管理费、财务费用和其他费用组成。

①企业管理费。企业管理费是指施工企业为组织施工生产经营活动所发生的管理费用。其内容包括如下各项：

企业管理人员的基本工资、工资性补贴及按规定标准计提的职工福利费。

办公费：是指企业办公用文具、纸张、账表、印刷、邮电、书报、会议、水、电、燃煤（气）等费用。

差旅交通费：是指企业职工因公出差、工作调动的差旅费，住勤补助费，市内交通及午餐补助费，职工探亲路费，劳动力招募费，离退休职工一次性路费及交通工具油料、燃料、牌照、养路费等。

固定资产折旧、修理费：是指企业管理用的，属于固定资产的房屋、设备、仪器等折旧费及维修费等。

工具、用具使用费：是指企业管理使用的不属于固定资产的工具、用具、家具、交通工具、检验、试验、消防等的摊销及维修费用。

工会经费：是指企业按职工工资总额2%计提的工会经费。

职工教育经费：是指企业为职工学习先进技术和提高文化水平，按职工工资总额的1.5%计提的费用。

劳动和医疗保险费：是指企业支付离退休职工的退休金（包括提取的离退休职工劳保统筹基金），医药费，异地安家补助费，职工退职金，六个月以上的病假人员工资，职工死亡丧葬补助费、抚恤费，按规定支付给离休干部的各项经费。

职工养老保险及待业保险费：是指职工退休养老金的积累及按规定标准计提的职工待业保险费。

保险费：是指企业财产保险、管理用车辆等保险费用。

税金：是指企业按规定缴纳的房产税、车船使用税、印花税等。

其他：包括技术转让费、技术开发费、业务招待费、排污费、绿化费、广告费、公证费、法律顾问费、审计费、咨询费等。

②财务费用。财务费用是指企业为筹集资金而发生的各项费用，包括企业经营期间发生的短期贷款利息净支出、汇兑净损失、调剂外汇手续费、金融机构手续费，以及企业筹集资金发生的其他财务费用。

③其他费用。其他费用是指按规定支付工程造价（定额）管理部门的定额编制管理费及劳动定额管理部门的定额测定费，以及按有关部门规定支付的上级管理费。

（2）间接费的计算

间接费是按相应的计费基础乘以间接费费率确定的。计算公式为：

土建工程：

$$间接费=直接工程费×间接费费率 \qquad (7-25)$$

安装工程：

$$间接费=人工费×间接费费率 \qquad (7-26)$$

3. 利润及税金

建筑安装工程费用中的利润及税金是建筑安装企业职工为社会劳动所创造的那部分价值在建筑安装工程造价中的体现。

（1）利润

利润是指按规定应计入建筑安装工程造价的利润。依据不同投资来源或工程类别，利润实行差别利润率。利润是按相应的计费基础乘以利润率确定的，计算公式为：

土建工程：

$$利润=（直接工程+间接费）×利润率 \qquad (7-27)$$

安装工程：

$$利润=人工费×利润率 \qquad (7-28)$$

随着市场经济的进一步发展，企业决定利润率水平的自主权将会更大。企业可以根据工程的难易程度、市场竞争情况和自身的经营管理水平确定合理的利润率。

（2）税金

建筑安装工程税金是指国家税法规定的应计入建筑工程造价的营业税、城乡维护建设税及教育费附加。

①营业税。营业税的税额为营业额的 3%，计算公式为：

$$营业税=营业额×3\% \qquad (7-29)$$

其中，营业额是指从事建筑、安装、修缮、装饰及其他工程作业收取的全部收入，还包括建筑、修缮、装饰工程所用的原材料及其他物资和动力的价款，安装设备的价值作为安装工程产值时，亦包括所安装设备的价款。但建筑业的总承包人将工程分包或转包给他人的，其营业额中不包括付给分包或转包人的价款。

②城乡维护建设税。城乡维护建设税是国家为了加强城乡的维护建设，扩大和稳定城市、乡镇维护建设资金来源，而对有经营收入的单位和个人征收的一种税。城乡维护建设税应纳税额的计算公式为：

$$应纳税额=应纳营业税额×适用税率 \qquad (7-30)$$

城乡维护建设税的纳税人所在地为市区的，按营业税的7%征收；所在地为县镇的，按营业税的5%征收；所在地为农村的，按营业税的1%征收。

③教育费附加。教育费附加税额为营业税的3%。计算公式为：

$$应纳税额 = 应纳营业税额 × 3\% \tag{7-31}$$

为了计算上的方便，可将营业税、城乡维护建设税和教育费附加合并在一起计算。以工程成本加利润为基数计算税金，即：

$$税金 = （直接工程费 + 间接费 + 利润）× 计税系数 \tag{7-32}$$

$$计税系数 = \{1/[1-营业税税率×(1+城乡维护建设税税率+教育费附加税率)]-1\}$$
$$×100\% \tag{7-33}$$

三、建筑工程造价确定

（一）投资决策阶段工程造价的合理确定

在建设前期投资决策阶段，工程造价的表现形式为投资估算。投资估算是指在初步设计前的投资决策过程中，依据现有的资料和一定的方法，对工程项目的投资额度进行估计。它是工程项目建设前期工作的重要环节之一。

1. 投资估算的阶段划分

投资决策过程可进一步划分为规划阶段、项目建议书阶段、可行性研究阶段和评审阶段。与此对应，投资估算也再分为四个阶段，分别是规划阶段的投资估算、项目建议书阶段的投资估算、可行性研究阶段的投资估算和评审阶段的投资估算。

2. 投资估算编制基本方法

编制投资估算的方法很多，包括资金周转率法、生产能力指数法、朗格系数法、设备费用百分比估算法、系数估算法、功能单元法以及造价指标估算法等，这些方法有的适用于整个工程项目的投资估算，有的适用于一套装置的投资估算。下面主要介绍三种常用的估算方法：

（1）资金周转率法

这种方法是用资金周转率来推测投资额的一种简单方法，计算公式为：

$$资金周转率 = \frac{年销售额}{总投资} = \frac{产品的年产量 × 产品单价}{总投资} \tag{7-34}$$

（2）生产能力指数法

这种方法是根据已建成的性质类似的建设项目或装置的投资和生产能力，以及拟建项目或装置的生产能力估算其投资额，计算公式为：

$$C_2 = C_1 \left(\frac{A_2}{A_1} \right)^n \cdot f \qquad\qquad (7-35)$$

若已建成类似工程项目或装置的规模和拟建工程项目或装置的规模相对不大，生产规模比值为 0.5~2，则指数 n 的取值近似为 1。

若拟建项目或装置与类似项目或装置的规模相差不大于 50 倍，且拟建工程项目规模的扩大仅靠增大设备规格来达到时，则 n 取值为 0.6~0.7；若是靠增加相同规格设备的数量来达到，n 取值为 0.8~0.9。

采用此法估算投资，计算简单、速度快，但要求类似工程的资料可靠、条件基本相同，否则误差就会增大。

（3）造价指标估算法

根据各种具体的造价指标，可进行单位工程投资的估算。造价指标的形式很多，例如，每平方米房屋造价，每公里公路、铁路造价等，根据这些造价指标，乘以预计的总面积、总长度等，就可以求出相应的单位工程投资额。在此基础上，可汇总成每一单项工程投资。另外再估算工程建设其他费用及预备费，即可求得建设项目总投资。

（二）设计阶段工程造价的合理确定

设计阶段一般分为初步设计和施工图设计，其工程造价的表现形式分别为设计概算和施工图预算。

1. 设计概算

（1）设计概算的内容

设计概算是指在初步设计或扩大初步设计阶段，根据设计要求对工程造价进行的概略计算，它是设计文件的组成部分。设计概算分为三级概算，即单位工程概算、单项工程综合概算、建设项目总概算。

单位工程概算是确定单项工程中的各单位工程建设费用的文件，是编制单项工程综合概算的依据。单位工程概算分为建筑工程概算和设备及安装工程概算两大类。建筑工程概算分为土建工程概算、给水排水工程概算、采暖工程概算、通风工程概算、电气照明工程概算、工业管道工程概算、特殊构筑物工程概算。设备及安装工程概算分为机械设备及安装工程概算，电气设备及安装工程概算，工具、器具及生产家具购置费概算。

单项工程综合概算是确定一个单项工程所需建设费用的文件，是根据单项工程内各专业单位工程概算汇总编制而成的。

建设项目总概算是确定整个建设项目从筹建到竣工验收所需全部费用的文件，它是由各个单项工程综合概算以及工程建设其他费用和预备费用概算汇总编制而成的。

（2）设计概算的编制方法

建筑单位工程概算的编制方法如下：

①扩大单价法。当初步设计达到一定深度、建筑结构方案已经确定时，可采用这种方法编制建筑工程概算。采用扩大单价法编制概算，首先根据概算定额编制扩大单位估价表（概算定额基价），然后用算出的扩大分部分项工程的工程量，乘以扩大单位估价，进行具体计算，其中，工程量的计算必须根据定额中规定的各个扩大分部分项工程内容，遵循定额中规定的计量单位、工程量计算规则及方法来进行。采用扩大单价法编制建筑工程概算比较准确，但计算比较烦琐。

②概算指标法。当初步设计深度不够、不能准确地计算工程量，但工程采用的技术比较成熟而又有类似概算指标可以利用时，可采用概算指标来编制概算。概算指标是按一定计量单位规定的，比概算定额更综合扩大的分部工程或单位工程的劳动、材料和机械台班的消耗量标准与造价指标。在建筑工程中，它往往按完整的建筑物、构筑物以 m^2、m^3 或座等为计量单位。当设计对象在结构特征、地质自然条件上与概算指标完全相同时，如基础埋深及形式、层高、墙体、楼板等主要承重构件相同，就可直接套用概算指标编制概算。当设计对象的结构特征与某个概算指标有局部不同时，则需要对该概算指标进行修正，然后用修正后的概算指标进行计算。修正计算公式为：

$$单位造价修正指标＝原指标单价-换出结构构件价值+换入结构构件价值 \quad （7-36）$$
$$换出（入）结构单价＝换出（入）结构构件工程量×相应的概算定额的地区单位$$
$$（7-37）$$

2. 施工图预算（设计预算）

施工图预算是确定建筑安装工程预算造价的文件，它是在施工图设计完成后，以施工图为依据，根据预算定额、取费标准以及地区人工、材料、机械台班的预算价格进行编制的。与设计概算的编制过程相似，施工图预算是由单位工程设计预算、单项工程综合预算和建设项目总预算三级预算逐级汇总组成的。由于施工图预算是以单位工程为单位编制的，按单项工程综合而成。所以，施工图预算编制的关键在于编制单位工程施工图预算。这里仅就单位工程施工图预算的编制方法做详细介绍。单项工程综合预算和建设项目总预算的编制方法与设计概算的编制方法相同。尽管建筑安装工程包含的专业类别很多，各类工程的内容和施工方法各不相同，但施工图预算的编制方法主要有单价法和实物法两种。

（1）单价法编制施工图预算

用单价法编制施工图预算，就是根据地区统一单位估价表中的各项工程综合单价，乘以相应的各分项工程的工程量，并相加，得到单位工程的人工费、材料费和机械使用费三者之和。再加上其他直接费、现场经费、间接费、计划利润和税金，即可得到单位工程的施工图预算价格。

（2）实物法编制施工图预算

用实物法编制施工图预算，主要是先用计算出的各分项工程的实物工程量，分别套取预算定额，并按类相加，求出单位工程所需的各种人工、材料、施工机械台班的消耗量，然后分别乘以当时各地各种人工、材料、施工机械台班的实际单价。求得人工费、材料费和施工机械使用费，再汇总求和。对于其他直接费、现场经费、间接费、计划利润和税金等费用的计算方法均与单价法相同。

采用实物法编制施工图预算，由于所用的人工、材料和机械台班的单价都是当时当地的实际价格，所以，编制出的预算能比较准确地反映实际水平，误差较小。这种方法适合于市场经济条件下价格波动较大的情况。但是，由于采用这种方法需要统计人工、材料、机械台班消耗量，还需要收集相应的实际价格。因而工作量较大，计算过程烦琐。然而，随着建筑市场的开放、价格信息系统的建立，以及竞争机制作用的发挥和计算机的普及，实物法将是一种与市场经济条件下的工程造价管理机制相适应的行之有效的预算编制方法。

第三节　建筑工程成本管理

一、成本管理与全面成本管理

（一）建筑工程项目成本管理概述

1. 建筑工程项目成本的概念

成本是指产品生产经营活动中所耗费的物化劳动和活劳动的货币表现。建筑工程项目成本是建筑施工企业以施工项目作为成本核算对象，在施工过程中所耗费的生产资料转移价值和劳动者必要劳动所创造的价值的货币形式。建筑工程项目成本包括所耗费的主辅材料、构配件、周转材料的摊销费或租赁费，施工机械的台班费或租赁费，支付给生产工人的工资、奖金以及在施工现场进行施工组织与管理所发生的全部费用支出。但不包括工程造价组成中的利润和税金，也不应包括构成施工项目价值的一切非生产性支出。建筑工程项目成本是施工企业的主要产品成本，一般以项目的单位工程作为成本核算对象，通过综合各单位工程的成本核算来反映。

2. 建筑工程项目成本的分类

（1）按成本的支出性质划分

按成本计价的定额标准分，建筑工程项目成本可分为合同成本、目标成本、实际成本。

合同成本是按建筑工程实物及和国家（或部门）、地区或企业制定的预算定额及取费标准计算的社会平均成本或企业平均成本，是以施工图预算为基础进行分析、预测、归集和计算确定的。预算成本包括直接费用和间接费用，是考核工程项目支出的重要尺度。

目标成本是在预算成本的基础上，根据企业自身的要求（如内部承包合同的规定），结合工程项目的技术特征、自然地理特征、劳动力素质、设备情况等确定的标准成本。它是控制项目支出的标准，也是成本管理的目标。

实际成本是工程项目施工过程中实际发生的，可以列入成本支出的费用总和，是项目施工活动中劳动耗费的综合反映。

以上各种成本计算既有联系又有区别。实际成本与预算成本比较，可以反映社会平均成本（或企业平均成本）的超支或节约，综合体现了项目的经济效益。计划成本同实际成本相比较，其差额是成本降低额，也就是项目降低成本的具体要求。通过比较，可以看出成本计划的执行情况。

（2）按生产费用与工程量关系划分

按生产费用与工程量关系划分，建筑工程项目成本可分为固定成本和变动成本。固定成本是指在一定期间和一定的工程量范围内，发生的成本额不受工程量增减变动的影响而相对固定的成本，如折旧费、大修理费、管理人员工资。变动成本指发生总额随着工程量的增减变动而成正比例变动的费用，如直接用于工程的材料费。

（3）按成本计入财务的方法划分

按成本计入财务的方法划分，建筑工程项目成本可分为直接成本和间接成本。直接成本指施工过程中耗费的构成工程实体和有助于工程形成的各项费用支出，包括直接工程费和措施费。直接费用发生时能够确定其用于哪些工程的，可以直接计入该工程成本。间接成本指非直接耗用也无法直接计入工程对象的，但为进行工程施工所必须发生的费用，包括规费和企业管理费。

3. 建筑工程项目成本管理的任务

建筑工程项目成本管理就是要在保证工期和质量的情况下，利用组织措施、经济措施、技术措施、合同措施把成本控制在计划范围内，并进一步寻求最大限度的成本节约。实际上一旦项目确定，收入也就确定了。如何降低工程成本、获取最大利润是项目成本管理的目标。项目成本管理工作贯穿于项目实施的全过程，应伴随项目的进行渐次展开。项目成本管理的任务主要包括成本预测、成本计划、成本控制、成本核算、成本分析和成本考核。

（1）成本预测

成本预测就是根据成本信息和项目的具体情况，运用一定的方法，对未来的成本水平及其可能发展趋势做出科学的估计，它是在工程施工前对成本进行的估算。通过成本预测，可以在满足项目业主和本企业要求的前提下，选择成本低、效益好的最佳成本方案，并能够在施工项目成本形成过程中，针对薄弱环节，加强成本控制，克服盲目性，提高预见性。因此，施工项目成本预测是施工项目成本决策与计划的依据。成本预测，通常是对施工项目计划工期内影响其成本变化的各个因素进行分析。比照近期已完工施工项目或将完工施工项目的成本（单位成本），预测这些因素对工程成本中有关项目（成本项目）的影响程度，进而预测出工程的单位成本或总成本。

（2）成本计划

成本计划是以货币形式编制施工项目在计划期内的生产费用、成本水平、成本降低率以及为降低成本所采取的主要措施和规划的书面方案，它是建立工程项目成本管理责任制、开展成本控制和核算的基础。一般来说，一个工程项目成本计划应包括从开工到竣工所必需的施工成本，它是该工程项目降低成本的指导文件，是设立目标成本的依据。可以说，成本计划是目标成本的一种形式。

（3）成本控制

成本控制是指在施工过程中，对影响工程项目施工成本的各种因素加强管理，并采取各种有效措施，将施工中实际发生的各种消耗和支出严格控制在成本计划范围内。随时揭示并及时反馈，严格审查各项费用是否符合标准，计算实际成本和计划成本之间的差异并进行分析，进而采取多种形式，消除施工中的损失浪费现象。施工项目成本控制应贯穿于施工项目从投标阶段开始直到项目竣工验收的全过程，它是企业全面成本管理的重要环节，施工成本控制时分为事先控制、事中控制（过程控制）和事后控制。在项目的施工过程中，须按动态控制原理对实际施工成本的发生过程进行有效控制。

（4）成本核算

成本核算包括两个基本环节：一是按照规定的成本开支范围对施工费用进行归集和分配，计算出施工费用的实际发生额；二是根据成本核算对象，采用适当的方法，计算出该施工项目的总成本和单位成本。施工成本管理需要正确、及时地核算施工过程中发生的各项费用，计算施工项目的实际成本。项目成本核算所提供的各种成本信息，是成本预测、成本计划、成本控制、成本分析和成本考核等各个环节的依据。施工成本一般以单位工程为成本核算对象；但也可以按照承包工程项目的规模、工期、结构类型、施工组织和施工现场等情况，结合成本管理要求，灵活划分成本核算对象。

（5）成本分析

成本分析是在施工成本核算的基础上，对成本的形成过程和影响成本的因素进行分析，以寻求进一步降低成本的途径，包括有利偏差的挖掘和不利偏差的纠正。成本分析贯穿于施工成本管理的全过程，它是在成本的形成过程中，主要利用施工项目的成本核算资料（成本信息），与目标成本、预算成本以及类似的施工项目的实际成本等进行比较，了解成本的变动情况，同时也要分析上述技术经济指标对成本的影响，系统地研究成本变动的因素，检查成本计划的合理性，并通过成本分析，深入揭示成本变动的规律，寻找降低施工项目成本的途径，以便有效地进行成本控制。成本偏差的控制，分析是关键，纠偏是核心，要针对分析得出的偏差发生原因，采取切实措施，加以纠正。

（6）成本考核

成本考核是指在施工项目完成后，对工程项目成本形成中的各责任者，按施工项目成本目标责任制的有关规定，将成本的实际指标与计划、定额、预算进行对比和考核，评定施工项目成本计划的完成情况和各责任者的业绩，并以此给予相应的奖励和处罚。通过成本考核，做到有奖有惩、赏罚分明，才能有效地调动每一位员工在各自施工岗位上努力完成目标成本的积极性，为降低施工项目成本和增加企业的积累，做出自己的贡献。

建筑工程项目成本管理的每一个环节都是相互联系和相互作用的。成本预测是成本决策的前提，成本计划是成本决策所确定目标的具体化。成本控制则是对成本计划的实施进行控制和监督，保证决策的成本目标的实现，而成本核算又是对成本计划是否实现的最后检验，它所提供的成本信息又为下一个施工项目的成本预测和决策提供了基础资料。成本考核是实现成本目标责任制的保证和实现决策目标的重要手段。

4. 建筑工程项目成本管理的原则

（1）以人为本、全员参与原则

项目成本管理工作是一项系统工程。项目成本管理是项目管理的中心工作，必须让企业全体人员共同参与。项目成本管理的每一项工作、每一个内容都需要相应的人员来完善，所以，抓住本质，全面提高人的积极性和创造性，是搞好项目成本管理的前提。

（2）领导者推动原则

企业的领导者是企业成本的责任人，也必然是工程项目施工成本的责任人。领导者应该制定项目成本管理的方针和目标，负责项目成本管理体系的建立和保持，创造使企业全体员工能充分参与项目施工成本管理、实现企业成本目标的良好内部环境。

（3）管理层次与管理内容的一致性原则

项目成本管理是企业各项专业管理的一个部分。从管理层次上讲，企业是决策中心、利润中心，项目是企业的生产场地、生产车间，由于大部分成本耗费在此发生，因而它也是成本中心。管理层次对应的管理内容和管理权力必须相称和匹配，否则会发生责、权、利的不协调，从而导致管理目标和管理结果的扭曲。

（4）动态性、及时性、准确性原则

由于项目成本的构成是随着工程施工的进展而不断变化的，因而动态性是项目成本管理的属性之一。进行项目成本管理就是不断调整项目成本支出与计划目标的偏差，使项目成本支出基本与目标一致的过程。这就需要进行项目成本的动态管理，它决定了项目成本管理不是一次性的工作，而是项目全过程随时都在进行的工作。

（5）目标分解、责任明确原则

企业确定工程项目责任成本指标和成本降低率指标，是对工程成本进行了目标分解。企业的责任是降低企业管理费用和经营费用，组织项目经理部完成工程项目责任成本指标和成本降低率指标。

（6）过程控制与系统控制原则

项目成本是由施工过程的各个环节的资源消耗形成的。因此，项目成本的控制必须采用过程控制的方法，分析每一个过程影响成本的因素，制定工作程序和控制程序，使其时刻处于受控状态。

5. 成本管理的措施

为了取得项目成本管理的理想成效，应当从多方面采取措施实施管理，通常可以将这些措施归纳为四个方面，即经济措施、组织措施、技术措施、合同措施。

（1）经济措施

经济措施是最容易被人接受和采用的措施。管理人员应编制资金使用计划，确定、分解项目成本管理目标，对项目成本管理目标进行风险分析，并制定防范性对策。通过偏差原因分析和对未完项目进行成本预测，可发现一些可能导致未完项目成本增加的潜在问题。对这些问题应主动控制，及时采取预防措施。

（2）组织措施

项目成本管理不仅是专业成本管理人员的工作，各级项目管理人员也都负有成本控制责任。组织措施是从项目成本管理的组织方面采取的措施。如实行项目经理责任制，落实项目成本管理的组织机构和人员，明确各级项目成本管理人员的任务和职能分工、权利和责任，编制本阶段项目成本控制工作计划和详细的工作流程图等。组织措施是其他各类措施的前提和保障，而且一般不需要额外增加费用，运用得当可以收到较好的效果。

（3）技术措施

技术措施不仅对解决项目成本管理过程中的技术问题是不可缺少的，而且对纠正项目成本管理目标偏差也有相当重要的作用。运用技术措施的关键，一是要能提出多个不同的技术方案，二是要对不同的技术方案进行技术经济分析。在实践中要避免仅从技术角度选定方案而忽视对其经济效果的分析论证。

（4）合同措施

成本管理要以合同为依据。因此，合同措施就显得尤为重要。合同措施从广义上理解，除了参加合同谈判、修订合同条款、处理合同执行过程中的索赔问题、防止和处理好与业主及分包商之间的索赔之外，还应分析不同合同之间的相互联系和影响，对每一个合同做总体和具体的分析。

（二）建筑工程项目全面成本管理

1. 建筑工程项目全面成本管理的提出

企业的全面成本管理体系（TCM）要体现成本管理中的"三全性"，即全员、全面和全过程，使产品的生产管理组织流程的每一个环节、每一项工艺、每一个部门甚至生产现场每一个工位操作工，都能参与成本管理；同时，强调成本管理的科学性与发挥全员参与改善的主动性相结合。通过成本管理的科学性与全员参与改善的主动性，来达到经营层的要求同基层部门的追求的一致性，推行全面成本管理体系不但要体现"三全性"，而且要将"科学性、主动性、一致性"融入其中。因此，全面成本管理体系就是以成本管理的科学性为依据，建立由全员参与，包含企业管理全过程的、全面的成本管理体系，并汇集全员智慧，发挥全员主动性，让各部门全体员工自主改善，不断降低成本，使经营层与各部门员工具有降低成本的一致性，谋求在最低成本状态下，进行生产管理与组织运作。建筑工程项目成本管理是在保证满足工程质量、工期等合同要求的前提下，对项目实施过程中所发生的费用，通过计划、组织、控制和协调等活动，实现预定的成本目标，并尽可能地降低实际成本费用。成本控制是一项科学的管理活动，它主要通过技术（如施工方案的制订及比选、工业工程、价值工程等）、经济（如核算）和管理（如施工组织管理、各项规章制度等）活动来达到预定目标，实现计划成本，降低工程成本。因此，相对于企业全面成本管理，建筑工程项目全面成本管理的定义为：它是在项目管理活动的整个过程中，涉及项目投标、中标签约到施工准备、现场施工、竣工验收直至工程决算的各个环节，都力争降低各种耗费，以获得最大的经济效益的动态管理控制活动。其成本控制内容包括人工费、材料费、机械使用费等实物成本及建筑工程项目管理制度形成与运行的制度成本，主要体现"动态性、全面性、全员性、全过程"的成本管理模式。

2. 建筑工程项目全面成本管理的特征

建筑工程项目全面成本管理的主要特征是由建筑产品特点、建筑产品的生产特征及建筑产品生产过程决定的。

（1）建筑产品特点及其生产特征

建筑产品作为建筑行业的最终成果，产品本身及其生产具有区别于其他社会产品的特有性质。这些性质直接决定了建筑施工企业的组织结构及运营过程，因而也影响到建筑施工企业全面成本特性。

综合考虑建筑产品特点及其生产特征，可以用建筑产品的技术经济特点来加以说明，包括建筑产品的多样性与生产的一次性。建筑产品体积大、价值高，生产周期长，位置的固定性与生产的流动性，质量问题影响大，成本影响因素多而复杂等。

①建筑产品的多样性与生产的一次性。建筑位置、建筑用途、建筑设计、施工方法等的不同决定任何一项建筑工程的实施都具有一次性的特点。它不同于制造业的批次生产，因而在成本计划、成本核算以及成本源分析上与一般的制造业产品差异很大。

②建筑产品体积大、价值高。建筑工程的投资每年占国家固定资产投资的主要份额。每项建筑工程都需要若干单位、部门的协同工作，投入大量的物资，消耗大量的能源。一项完工的建筑产品往往价值数百万、数千万甚至数亿元，因而施工全过程中的各项问题带来的损失也可能十分巨大。

③生产周期长。任何一项建筑工程从立项到竣工都需要经过设计、审批、招投标、施工等一系列过程，往往要几年的时间，每一环节都对工程项目的成本产生影响。将建筑产品由图纸变为现实，一方面，要受到前期工作的影响；另一方面，受建筑产品实现过程的影响。因此，对一项建筑产品的全面成本数据收集与分析就需要一个较长的时间。

④位置的固定性与生产的流动性。建筑工程一旦开工就固定于一定位置，直至建筑报废，其位置一般不可能发生移动。因而建筑的"生产"只能在一个固定的位置上进行。建筑产品的位置固定带来建筑人员的相对流动性，因而最终影响工程成本管理的开展。

⑤质量问题影响大。建筑物作为固定资产，直接关系着生产、生活的各个方面。建筑产品尤其是重大工程的建设，关系社会、人民生产生活。开展全面成本管理有助于在保证质量的前提下，有效节约成本，使企业利益与社会利益达到统一。

⑥成本影响因素多而复杂。鉴于建筑周期长，参与人员多，加上气候以及国家政策、法规等，影响建筑工程成本的因素是多方面而复杂的。

（2）建筑产品生产过程

建筑工程项目成本的发生贯穿于建筑产品生产过程的始终，历时长，构成要素多元化，成本控制点多而复杂。就其发生、产生的主要阶段（施工过程）而言，每一个成本控制环节都是成本的发生点。

3. **建筑工程项目全面成本管理的特点**

建筑工程项目全面成本管理要符合建筑业的产品特点、生产特点以及建筑施工企业特点。由于行业差异性大，建筑工程项目实际成本超出计划成本的情况显著，借鉴其他行业或企业成本管理体系的可能性不大。建筑工程项目全面成本管理特征主要体现在以下三个方面：

（1）工程成本分层核算与归集

建筑施工企业实施工程项目管理，在项目法施工的指导下组成多个项目部，每个项目独立核算。因此，成本核算也应相应地在企业和项目部两个层面进行。两个层面既独立又相互关联，在出年终质量成本报告时，企业应将各项目的成本核算进行有机汇总。建立专门的成本归集明细表对成本源进行归集后，就可借助这种对应关系找出公司层面相应的成本。

（2）阶段点成本控制与反馈

由于建筑产品生产周期长，使得成本数据收集工作历时较长。一个工程项目的完整成本数据往往要等到一个项目的保修期结束以后才能得到。因此，阶段点的成本控制是开展全面成本管理工作的前提，在此基础上设立的成本核算才更加科学与完善。

（3）以单项工程进行成本归集

以单项工程进行成本归集便于核算和分析。

4. **建筑工程项目全面成本管理的要素**

（1）直接工程成本

直接工程成本包括项目的人工费、材料费和机械费等主要支出项目，在此不再赘述。

（2）间接工程成本

在工程开工之前编制的成本计划并不是一成不变的，在工程实施的过程中，它除了受到材料、人工、机械等基本因素的影响外，还会受到工期、质量、资金、工程变更等因素的影响，导致原计划在施工过程中经常产生许多修改，产生新的成本计划。它既不同于原来的计划成本（初始的计划），又不同于实际成本（完全的实际开支）。在项目过程中只有这种新的计划成本和实际成本相比较，才更有实际意义，才能获得项目收益的真正信息。成本计划必须随时追踪各影响因素的变化，及时进行相应的修改，以此作为成本管理的基础。

①工期成本。成本计划的编制是在成本和进度相互协调的情况下完成的，由于施工过程中人为或自然环境的影响，进度会经常出现超前或滞后的现象，此时，该段时间的成本计划也要做出相应的变动。同时，进度的变动也会导致成本计划的增减，因此，进度的变化引出了工期成本的概念。一般来讲，把计划工期成本定为零成本的话，施工过程中工期的增减也会引起工期成本的变化。总而言之，工期成本是指项目经理部为实现工期目标而采取相应措施所发生的一切费用，以及因为工期拖延而导致的业主索赔成本。

②质量成本。工程质量与成本之间的关系非常密切。工程质量如果超出或低于承包合同和施工组织设计中的规定质量，成本计划会受到影响。一般来说，工程质量越好，成本计划越高，但经济效益也会提高，工程成本反而会降低。如果质量要求高，质检人员、检验工时等都要相应增加，施工管理费会随着工程质量的提高而增加，但产品合格率会提高，可以减少返工修理的成本。反之，质量管理工作较差，管理费用虽可相应减少，但产品合格率会下降。即使工程造价很低，但因工程不能交工，要进行返修，必将带来人工、材料的损失和浪费，反而使成本上升，同时还延误工期。因此，质量成本对于成本计划来说，也是一个非常重要的影响因素，它是指项目为保证和提高产品质量而支出的一切费用，以及未达到质量指标而发生的一切损失费用之和。

③安全成本。近年来，安全成本的理念逐步被广大建筑施工企业所接受，应该正确对待安全成本的客观存在，处理好安全与效益的关系。安全成本可以概述为：为了预防生产过程发生人身伤害、设备设施损毁等事故，保证职工在生产中的安全健康及周边环境安全而发生的一切费用和因安全问题而产生的一切损失。

④资金成本。一般来讲，资金成本就是项目经理部在对工程项目的流动资金的管理中，因筹资垫资、付款等活动而发生的各种费用，如筹资手续费、信贷资金、存款利息等。以上所述的资金成本是固定不变的，是可控成本。另一种资金成本是资金风险成本，当业主不能根据合同的约定支付工程款时，资金成本呈无限上升的态势。一方面，资金计划受到影响，项目部不能按约支付材料款或工人工资，导致停工待料、工地窝工，甚至索赔诉讼；另一方面，项目部和公司的资金流出现断层，严重影响公司和项目的生产经营工作正常开展。

⑤工程变更成本及工程索赔。

第一，工程变更成本。工程变更主要指施工过程中发包方对发包工程的设计、工程量等做局部的改动而引起的工程价款的变动。它的内容包括工程数量的增减、工作任务的追加或取消，以及改变工作的进度计划和预定质量水平等。以上任何一项工程变更都会影响到工程的人工费、材料费、施工机械使用费、分包费和施工管理费等成本费用。对于因变更引起的人、材、机的成本费用的改变，应按实际增减的工程量对照所选定额，或者根据经年比例计算出升高或降低的各类直接成本和间接成本，并及时调整成本计划。

第二，工程索赔。出现工程变更后，如果是由于发包方的原因或发生承包商和发包方双方都不可控制的因素而遭受的损失，承包商要及时向发包方提出施工索赔，以挽回自己的经济损失，使因工程变更增加的成本得到补偿。索赔也是降低成本的一个有效途径。

二、成本计划与成本控制

（一）建筑工程项目成本计划

1. 建筑工程项目成本计划的类型

对于一个建筑工程项目而言，其成本计划是一个不断深化的过程。在这一过程的不同阶段形成深度不同的成本计划。按其作用可分为三类。

（1）竞争性成本计划

竞争性成本计划，即工程项目投标及签订合同阶段的估算成本计划。这类成本计划是以招标文件中的合同条件、投标者须知、技术规程、设计图纸或工程量清单等为依据，以有关价格条件说明为基础，结合调研和现场考察获得的情况，根据本企业的工料消耗标准、水平、价格资料和费用指标，对本企业完成招标工程所需要支出的全部费用的估算。在投标报价过程中，虽然也着力考虑降低成本的途径和措施，但总体上较为粗略。

（2）指导性成本计划

指导性成本计划，即选派项目经理阶段的预算成本计划，是项目经理的责任成本目标。它是以合同标书为依据，按照企业的预算定额标准制订的设计预算成本计划，且一般情况下只是确定责任总成本指标。

（3）实施性成本计划

实施性成本计划，即项目施工准备阶段的施工预算成本计划，它以项目实施方案为依据，落实项目经理责任目标为出发点，采用企业的施工定额，通过施工预算的编制形成实施性施工成本计划。

以上三类成本计划互相衔接和不断深化，构成了整个工程施工成本的计划过程。其中，竞争性计划成本带有成本战略的性质，是项目投标阶段商务标书的基础，而有竞争力的商务标书又是以先进合理的技术标书为支撑的。因此，它奠定了施工成本的基本框架和水平。指导性成本计划和实施性成本计划都是竞争性成本计划的进一步展开和深化，是对战略性成本计划的战术安排。此外，根据项目管理的需要，成本计划又可按成本组成、项目组成、工程进度分别编制成本计划。

2. 建筑工程项目成本计划的编制依据

成本计划是建筑工程项目成本控制的一个重要环节，是实现降低建筑工程成本任务的指导性文件。如果针对建筑工程项目所编制的成本计划达不到目标成本要求，就必须组织项目管理班子的有关人员重新研究降低成本的途径，重新编制成本计划。同时，编制成本计划的过程也是动员全体建筑工程项目管理人员的过程，是挖掘降低成本潜力的过程，也是检验质量管理、工期管理、物资消耗和劳动力消耗管理等是否落实的过程。编制建筑工程项目成本计划，需要在广泛收集相关资料并进行整理的基础上，根据有关设计文件、工程承包合同、施工组织设计、施工成本预测资料等，按照施工项目应投入的生产要素，结合各种因素的变化和拟采取的各种措施，估算施工项目生产费用支出的总水平，进而提出施工项目的成本计划控制指标，确定目标总成本。目标总成本确定后，应将总目标分解落实到各个机构、班组，以及便于进行控制的子项目或工序。最后，通过综合平衡，编制完成建筑工程项目成本计划。

建筑工程项目成本计划的编制依据包括以下几点：

（1）投标报价文件；

（2）企业定额、施工预算；

（3）施工组织设计或施工方案；

（4）人工、材料、机械台班的市场价；

（5）企业颁布的材料指导价、企业内部机械台班价格、劳动力内部挂牌价格；

（6）周转设备内部租赁价格、摊销损耗标准；

（7）已签订的工程合同、分包合同（或估价书）；

（8）结构件外加工计划和合同；

（9）有关财务成本核算制度和财务历史资料；

（10）施工成本预测资料；

（11）拟采取的降低施工成本的措施；

（12）其他相关资料。

3. 建筑工程项目成本计划的编制原则

（1）从实际情况出发的原则

编制成本计划必须根据国家的方针政策，从企业的实际情况出发，充分挖掘企业内部潜力，使降低成本指标既积极可靠，又切实可行。施工项目管理部门降低成本的潜力在于正确合理选择施工方案，合理组织施工，提高劳动生产率，改善材料供应，降低材料消耗，提高机械利用率，节约施工管理费用等。但是要注意，不能为降低成本而偷工减料，忽视质量，不对机械设备进行必要的维护修理，片面增加劳动强度，加班加点。

（2）与其他计划结合的原则

编制成本计划，必须与施工项目的其他各项计划，如施工方案、生产进度、财务计划、材料供应及耗费计划等密切结合，保持平衡。即成本计划一方面要根据施工项目的生产技术组织措施、劳动工资和材料供应等计划来编制；另一方面又影响着其他各种计划指标，应考虑适当降低成本的要求，并与成本计划密切配合，而不能单纯考虑每一种计划本身的需要。

（3）统一领导、分级管理的原则

编制成本计划，应实行统一领导、分级管理的原则，采取走群众路线的工作方法。应在项目经理的领导下，以财务和计划部门为中心，发动全体职工共同进行，总结降低成本的经验，找出降低成本的正确途径，使成本计划的制订和执行具有广泛的群众基础。

（4）弹性原则

编制成本计划应留有充分余地，保持计划的弹性。在计划实施期间，项目经理部的内部或外部的技术经济状况和供产销条件，很可能发生一些在编制计划时所未预料的变化。尤其是在材料供应和市场价格方面，给计划实施带来了很大的困难。因此，在编制计划时应充分考虑到这些情况，使计划保持一定的应变能力。

4. 建筑工程项目成本计划的编制方法

建筑工程项目成本计划的编制以成本预测为基础，关键是确定目标成本。计划的制订，须结合施工组织设计的编制过程，通过不断优化施工技术方案和合理配置生产要素，进行工、料、机消耗的分析，制定一系列成本节约和挖潜措施，确定施工成本计划。一般情况下，施工成本计划总额应控制在目标成本范围内，并使成本计划建立在切实可行的基础上。施工总成本目标确定之后，还须通过编制详细的实施性施工成本计划，将目标成本层层分解，落实到施工过程的每个环节，有效地进行成本控制。建筑工程项目成本计划的编制方式有以下三种：

（1）按成本组成编制施工成本计划

施工成本可以按成本组成分解为人工费、材料费、施工机械使用费、措施费和间接费，可以编制按施工成本组成分解的施工成本计划。

（2）按项目组成编制施工成本计划

大中型工程项目通常是由若干单项工程构成的，而每个单项工程包含了多个单位工程，每个单位工程又由若干个分部分项工程所构成。因此，首先要把项目总施工成本分解到单项工程和单位工程中，再进一步分解到分部工程和分项工程中。

在完成建筑工程项目成本目标分解之后，接下来就要具体分配成本，编制分项工程的成本支出计划，从而得到详细的成本计划表。

在编制成本支出计划时，要考虑项目总的预备费，也要在主要的分项工程中安排适当的不可预见费，避免在编制成本计划时，发现个别单位工程或工程量表中某项内容的工程量计算有较大出入，使原来的成本预算失实。在项目实施过程中对这样的情况要尽可能地采取一些措施。

（3）按工程进度编制施工成本计划

按工程进度编制的建筑工程项目成本计划，通常可由控制项目进度的网络图进一步扩充而得。即在建立网络图时，一方面，确定完成各项工作所需花费的时间；另一方面，确定完成这一工作的合适的建筑工程项目成本支出计划。在实践中，将建筑工程项目分解为既能方便地表示时间，又能方便地表示成本支出计划的工作是不容易的。通常如果项目分解程度对时间控制合适，则建筑工程项目成本支出计划可能分解过细，以至于不可能对每项工作都确定其成本支出计划，反之亦然。因此，在编制网络计划时，在充分考虑进度控制对项目划分要求的同时，还要考虑确定建筑工程项目成本支出计划对项目划分的要求，做到二者兼顾。通过对建筑工程项目成本目标按时间进行分解，在网络计划基础上，可获得项目进度计划的横道图，并在此基础上编制成本计划。其表示方式有两种：一种是在时标网络图上按月编制的成本计划，另一种是时间成本累积曲线（S形曲线）。

时间-成本累积曲线的绘制步骤如下：

①确定建筑工程项目进度计划，编制进度计划的横道图。

②根据每单位时间内完成的实物工程量或投入的人力、物力和财力，计算单位时间（月或旬）的成本，在时标网络图上按时间编制成本支出计划。

③计算规定时间 t 计划累计支出的成本额，其计算方法为各单位时间计划完成的成本额累加求和，可按下式计算

$$Q_t = \sum_{n=1}^{t} q_n \tag{7-38}$$

上式中：Q_t——某时间 t 内计划累计支出成本额；

q_n——单位时间 n 的计划支出成本额；

t——某规定计划时刻。

④按各规定的值，绘制 S 形曲线。每一条 S 形曲线都对应某一特定的工程进度计划。因为在进度计划的非关键线路中存在许多有时差的工序或工作。因而 S 形曲线（成本计划值曲线）必然包括在由全部工作都按最早开始时间开始和全部工作都按最迟必须开始时间开始的曲线所组成的"香蕉图"内。项目经理可根据编制的成本支出计划来合理安排资金。同时项目经理也可以根据筹措的资金来调整 S 形曲线，即通过调整非关键线路上的工

序项目的最早或最迟开工时间，力争将实际的成本支出控制在计划范围内。

一般而言，所有工作都按最迟开始时间开始，对在约资金贷款利息是有利的，但同时也降低了项目按期竣工的保证率。因此，项目经理必须合理地确定成本支出计划，达到既节约成本支出，又控制项目工期的目的。

以上编制建筑工程项目成本计划的方式并不是相互独立的。在实践中，往往是将这几种方式结合起来使用，从而取得扬长避短的效果。

（二）建筑工程项目成本控制

建筑工程项目的成本控制，通常是指在项目成本的形成过程中，对生产经营所消耗的人力资源、物质资源和费用开支进行指导、监督、调节和限制，及时纠正将要发生和已经发生的偏差，把各项生产费用控制在计划成本的范围之内，以保证成本目标的实现。

1. 成本控制的原理

建筑工程项目施工成本计划与控制应贯穿于项目从投标阶段开始直至竣工验收的全过程，它是企业全面成本管理的重要环节。

（1）主动控制

主动控制是指将"控制"立足于事先主动地分析各种产生偏差的可能，并采取预防措施，通过快速完成"计划—动态跟踪—再计划"这个循环过程，来尽量减少实际值与目标值的偏离。

（2）动态控制

动态控制是以合同文件和成本计划为目标，以进度报告和工程变更与索赔资料为动态资料。在工程实施过程中定期进行成本发生实际值与目标值的比较。通过比较发现找出实际支出额与成本目标之间的偏差，然后分析发生偏差的原因，并采取有效措施进行纠偏。

2. 成本控制的依据

（1）工程承包合同

建筑工程项目成本控制要以工程承包合同为依据，围绕降低工程成本这个目标，从预算收入和实际成本两方面，努力挖掘增收节支潜力，以求获得最大的经济效益。

（2）成本控制的指导性方案

建筑工程项目成本计划是根据建筑工程项目的具体情况制订的成本控制方案，既包括预定的具体成本控制目标，又包括实现控制目标的措施和规划，是成本控制的指导性方案。

（3）进度报告

进度报告提供了每一时刻工程实际完成量、建筑工程项目成本实际支付情况等重要信息。建筑工程项目成本控制工作正是通过将实际情况与成本计划相比较，找出二者之间的差别，分析偏差产生的原因，从而采取措施改进以后的工作。此外，进度报告还有助于管理者及时发现工程实施中存在的问题，并在事态还未造成重大损失之前采取有效措施，尽量避免损失。

（4）工程变更

在项目的实施过程中，由于各方面的原因，工程变更是很难避免的。工程变更一般包括设计变更、进度计划变更、施工条件变更、技术规范与标准变更、施工次序变更、工程数量变更等。一旦出现变更，工程量、工期、成本都必将发生变化，从而使得建筑工程项目成本控制工作变得更加复杂和困难。因此，成本管理人员就应当通过对变更要求当中各类数据的计算、分析，随时掌握变更情况，包括已发生工程量、将要发生工程量、工期是否拖延、支付情况等重要信息，判断变更以及变更可能带来的索赔额度等。

除了上述几种成本控制工作的主要依据以外，有关施工组织设计、分包合同等也都是成本控制的依据。

3. 成本控制的原则

（1）开源与节流相结合的原则

降低项目成本，一方面，需要增加收入；另一方面，需要节约支出。因此，在成本控制中，也应该坚持开源与节流相结合的原则。要求做到每发生一笔金额较大的成本费用，都要查一查有无与其相对应的预算收入，是否支大于收，在经常性的分部分项工程成本核算和月度成本核算中，也要进行实际成本与预算收入的对比分析，以便从中探索成本节超的原因，纠正项目成本的不利偏差，降低项目成本。

（2）全面控制原则

项目成本是一项综合性很强的指标，它涉及项目组织中各个部门、单位和班组的工作业绩，也与每个职工的切身利益有关。因此，需要大家重视项目成本，施工项目成本管理也需要项目建设者群策群力，仅靠项目经理和专业成本管理人员及少数人的努力是无法达到预期效果的。项目成本的全员控制，并不是抽象的概念，而是有系统的实质性内容，其中包括各部门、各单位的责任网络和班组经济核算等，有效落实成本控制责任。

施工项目成本的全过程控制，是指在工程项目确定以后，自施工准备开始，经过工程施工，到竣工交付使用后的保修期结束，其中每一项经济业务都要纳入成本控制的轨道。也就是成本控制工作要随着项目施工进展的各个阶段连续进行，既不能疏漏，又不能时紧时松，使施工项目成本自始至终置于有效的控制之下。

（3）中间控制原则

中间控制原则又称动态控制原则，对于具有一次性特点的施工项目成本来说，应该特别强调项目成本的中间控制。因为施工准备阶段的成本控制，只是根据上级要求和施工组织设计的具体内容确定成本目标、编制成本计划、制订成本控制的方案，为今后的成本控制做好准备。而竣工阶段的成本控制，由于成本盈亏已经基本定局，即使发生了偏差，也已来不及纠正。因此，把成本控制的重心放在基础、结构、装饰等主要施工阶段上，是十分必要的。

（4）目标管理原则

目标管理是贯彻执行计划的一种方法，它把计划的方针、任务、目的和措施等逐一加以分解，提出进一步的具体要求，并分别落实到执行计划的部门、单位甚至个人。目标管理的内容包括目标的设定和分解，目标的责任到位和执行，检查目标的执行结果，评价目标和修正目标，形成目标管理的 P（计划）、D（实施）、C（检查）、A（处理）循环。

（5）节约原则

节约人力、物力、财力的消耗，是提高经济效益的核心，也是成本控制的一项最主要的基本原则。节约要从三个方面入手：一是严格执行成本开支范围、费用开支标准和有关财务制度，对各项成本费用的支出进行限制和监督；二是提高施工项目的科学管理水平，优化施工方案，提高生产效率，节约人、财、物的消耗；三是采取预防成本失控的技术组织措施，制止可能发生的浪费。做到了以上三点，成本目标就能实现。

（6）例外管理原则

例外管理是西方国家现代管理常用的方法。它起源于决策科学中的"例外"原则，目前则被更多地用于成本指标的日常控制。在工程项目建设过程的诸多活动中，有许多活动是例外的，如施工任务单和限额领料单的流转程序等，通常是通过制度来保证其顺利进行的。但也有一些不经常出现的问题，我们称之为"例外"问题。这些"例外"问题，往往是关键性问题，对成本目标的顺利完成影响很大，必须予以高度重视。例如，在成本管理中常见的成本盈亏异常现象，即盈余或亏损超过了正常的比例；本来是可以控制的成本，突然发生了失控现象；某些暂时的节约，但有可能对今后的成本带来隐患（如由于平时机械维修费的节约，可能会造成未来的停工修理和更大的经济损失）等，都应该视为"例外"问题，进行重点检查，深入分析，并采取相应的积极措施加以纠正。

（7）责、权、利相结合的原则

要使成本控制真正发挥及时有效的作用，必须严格按照经济责任制的要求，贯彻责、权、利相结合的原则。在项目施工过程中，一方面，项目经理、工程技术人员、业务管理人员以及各单位和生产班组都负有一定的成本控制责任，从而形成整个项目的成本控制责任网络；另一方面，各部门、各单位、各班组在肩负成本控制责任的同时，还应享有成本控制的权力，即在规定的权力范围内可以决定某项费用能否开支、如何开支和开支多少，以行使对项目成本的实质性控制。项目经理还要对各部门、各单位、各班组在成本控制中的业绩进行定期的检查和考评，并与工资分配紧密挂钩，实行有奖有罚。实践证明，只有责、权、利相结合的成本控制，才是名实相符的项目成本控制，才能收到预期的效果。

4. 成本控制的步骤

在确定了建筑工程项目成本计划之后，必须定期进行建筑工程成本计划值与实际值的比较。当实际值偏离计划值时，分析产生偏差的原因，采取适当的纠偏措施，以确保建筑工程成本控制目标的实现。其步骤如下：

（1）比较

按照某种确定的方式将建筑工程项目成本计划值与实际值逐项进行比较，以发现建筑工程项目成本计划实施是否正常，判断有无偏差。

（2）分析

在比较的基础上，对比较的结果进行分析，以确定偏差的严重性及偏差产生的原因。这一步是成本控制工作的核心，其主要目的在于找出产生偏差的原因，从而采取有针对性的措施，减少或避免相同原因的偏差再次发生或减少由此造成的损失。

（3）预测

按照完成情况估计完成项目所需的总费用。

（4）纠偏

当建筑工程项目的实际成本出现了偏差，应当根据工程的具体情况、偏差分析和预测的结果，采取适当的措施，以期达到使成本偏差尽可能小的目的。纠偏是成本控制中最具实质性的一步。只有通过纠偏，才能最终达到有效控制施工成本的目的。对偏差原因进行分析的目的是有针对性地采取纠偏措施，从而实现成本的动态控制和主动控制。纠偏首先要确定纠偏的主要对象，偏差原因有些是无法避免和控制的，如客观原因，充其量只能对其中少数原因做到防患于未然，力求减少该原因所产生的经济损失。在确定了纠偏的主要对象之后，就需要采取有针对性的纠偏措施。纠偏可采用组织措施、经济措施、技术措施和合同措施等。

（5）检查

它是指对工程的进展进行跟踪和检查，及时了解工程进展状况以及纠偏措施的执行情况和效果，为今后的工作积累经验。

5. 成本控制的方法

（1）过程控制方法

施工阶段是控制建筑工程项目成本发生的主要阶段，它通过确定成本目标并按计划成本进行施工资源配置，对施工现场发生的各种成本费用进行有效控制，具体的控制方法如下：

①人工费的控制。人工费的控制实行"量价分离"的方法，将作业用工及零星用工按定额工日的一定比例综合确定用工数量与单价，通过劳务合同进行控制。

②材料费的控制。材料费控制同样按照"量价分离"原则，控制材料用度和材料价格。

材料用量的控制。在保证符合设计要求和质量标准的前提下，合理使用材料，通过定额管理、计量管理等手段有效控制材料物资的消耗，具体方法如下：

第一，定额控制。对于有消耗定额的材料，以消耗定额为依据，实行限额发料制度。在规定限额内分期分批领用，超过限额领用的材料，必须先查明原因，经过一定审批手续方可领料。

第二，指标控制。对于没有消耗定额的材料，则实行计划管理和按指标控制的办法。根据以往项目的实际耗用情况，结合具体施工项目的内容和要求制定领用材料指标，据以控制发料，超过指标的材料，必须经过一定的审批手续方可领用。

第三，计量控制。准确做好材料物资的收发计量检查和投料计量检查。

第四，包干控制。在材料使用过程中，对部分小型及零星材料（如钢钉、钢丝等）根据工程量计算出所需材料量，将其折算成费用，由作业者包干控制。

材料价格的控制。材料价格主要由材料采购部门控制。由于材料价格是由买价、运杂费、运输中的合理损耗等所组成的，因此，控制材料价格，主要是通过掌握市场信息，应用招标和询价等方式控制材料、设备的采购价格。建筑工程项目的材料物资，包括构成工程实体的主要材料和结构件，以及有助于工程实体形成的周转使用材料和低值易耗品。从价值角度看，材料物资的价值，占建筑安装工程造价的60%甚至70%以上，其重要程度自然不言而喻。由于材料物资的供应渠道和管理方式皆不相同，所以，控制的内容和所采取的控制方法也将有所不同。

③施工机械使用费的控制。合理选择和使用施工机械设备对成本控制具有十分重要的意义，尤其是高层建筑施工。据某些工程实例统计，高层建筑地面以上部分的总费用中，垂直运输机械费用占6%~10%。由于不同的起重运输机械各有不同的用途和特点，因此，在选择起重运输机械时，首先应根据工程特点和施工条件确定采取何种不同起重运输机械

的组合方式。在确定采用何种组合方式时，首先应满足施工需要，同时还要考虑费用的高低和综合经济效益。

施工机械使用费要由台班数量和台班单价两方面决定，为有效控制施工机械使用费支出，主要从以下四个方面进行控制：

第一，合理安排施工生产，加强设备租赁计划管理，减少因安排不当引起的设备闲置；

第二，加强机械设备的调度工作，尽量避免窝工，提高现场设备利用率；

第三，加强现场设备的维修保养，避免因不正当使用造成机械设备的停置；

第四，做好机上人员与辅助生产人员的协调与配合，提高施工机械台班产量。

④管理费的控制。现场管理费在项目成本中占有一定比例，在使用和开支时弹性较大，控制与核算都较难把握。可采取的主要控制措施如下：

第一，制定并严格执行项目经理部的施工管理费使用的审批、报销程序；

第二，编制项目经理部施工管理费总额预算，制定施工项目管理费开支标准和范围，落实各部门、岗位的控制责任；

第三，按照现场施工管理费占总成本的一定比重，确定现场施工管理费总额。

⑤临时设施费的控制。施工现场临时设施费用是施工项目成本的构成部分。施工规模大或施工集中度高，虽然可以缩短施工工期，但所需要的施工临时设施数量也多，势必导致施工成本增加。因此，合理确定施工规模或集中度，在满足计划工期目标要求的前提下，做到各类临时设施的数量尽可能最少，同样蕴藏着极大的降低施工项目成本的潜力。临时设施费的控制表现在以下四个方面：

第一，现场生产及办公、生活临时设施和临时房屋的搭建数量、形式的确定。在满足施工基本需要的前提下，应尽可能做到简洁适用，充分利用已有和待拆除的房屋。

第二，材料堆场、仓库类型、面积的确定，应在满足合理储备和施工需要的前提下，力求配置合理。

第三，施工临时道路的修筑、材料工器具放置场地的硬化等，在满足施工需要的前提下，应尽可能数量最少，尽可能先做永久性道路路基，再修筑施工临时道路。

第四，临时供水、供电管网的敷设长度及容量确定应尽可能合理。

⑥施工分包费用的控制。做好分包工程价格的控制是施工项目成本控制的重要工作之一。对分包费用的控制主要是建立稳定的分包商关系网络，做好分包询价、订立互利平等的分包合同、施工验收与分包结算等工作。

（2）赢得值法

赢得值法（Earned Value Management，EVM）作为一项先进的项目管理技术，最初是20世纪70年代在美国开发研究的。它首先在国防工业中应用并获得成功，然后推广到其他工业领域的项目管理。80年代，世界上主要的工程公司均已采用赢得值法作为项目管理和控制的准则，并做了大量基础性工作，完善了赢得值法在项目管理和控制中的应用。用赢得值法进行费用、进度综合分析控制，基本参数有三项，即已完工作预算费用、计划工作预算费用和已完工作实际费用。

①赢得值法的三个基本参数

参数一，已完工作预算费用

已完工作预算费用为 BCWP（Budgeted Cost For Work Performed），是指在某一时间已经完成的工作（或部分工作），以批准认可的预算为标准所需要的资金总额。由于业主正是根据这个值为承包人完成的工作量支付相应的费用，也就是承包人获得（挣得）的金额，故称赢得值或挣值。

$$已完工作预算费用（BCWP）=已完成工作量\times预算单价 \tag{7-39}$$

参数二，计划工作预算费用

计划工作预算费用。简称 BCWS（Budgeted Cost For Work Scheduled），即根据进度计划，在某一时刻应当完成的工作（或部分工作），以预算为标准所需要的资金总额。一般来说，除非合同有变更，BCWS 在工程实施过程中应保持不变。

$$计划工作预算费用（BCWS）=计划工作量\times预算单价 \tag{7-40}$$

参数三，已完工作实际费用

已完工作实际费用，简称 ACWP（actual cost for work preformed），即到某一时刻为止，已完成的工作（或部分工作）所实际花费的总金额。

$$已完工作实际费用（ACWP）=已完成工作量\times实际单价 \tag{7-41}$$

②赢得值法的四个评价指标

在这三个基本参数的基础上，可以确定赢得值法的四个评价指标——费用偏差、进度偏差、费用绩效指数、进度绩效指数，它们也都是时间的函数。

a. 费用偏差（CV，Cost Variance）

$$费用偏差（CV）=已完工作预算费用（BCWP）-已完工作预算费用（BCWP） \tag{7-42}$$

当费用偏差（CV）小于0时，表示项目运行超出预算费用。

当费用偏差（CV）大于0时，表示项目运行节支，实际费用没有超出预算费用。

b. 进度偏差（SV，Schedule Variance）。

进度偏差（SV）＝已完工作预算费用（BCWP）－计划工作预算费用（BCWS）

$$(7-43)$$

当进度偏差（SV）小于 0 时，表示进度延误，即实际进度落后于计划进度。

当进度偏差（SV）大于 0 时，表示进度提前，即实际进度快于计划进度。

c. 费用绩效指数（CPI）

费用绩效指数（CPI）＝已完工作预算费用（BCWP）÷已完工作实际费用（ACWP）

$$(7-44)$$

当费用绩效指数（CPI）小于 1 时，表示超支，即实际费用高于预算费用。

当费用绩效指数（CPI）大于 1 时，表示节支，即实际费用低于预算费用。

d. 进度绩效指数（SPI）

进度绩效指数（SPI）＝已完工作预算费用（BCWP）÷计划工作预算费用（BCWS）

$$(7-45)$$

当进度绩效指数（SPI）小于 1 时，表示进度延误，即实际进度比计划进度拖后。

当进度绩效指数（SPI）大于 1 时，表示进度提前，即实际进度比计划进度快。

费用（进度）偏差反映的是绝对偏差，结果很直观，有助于费用管理人员了解项目费用出现偏差的绝对数额，并依此采取一定措施，制订或调整费用支出计划和资金筹措计划。但是，绝对偏差有其不容忽视的局限性。如同样是 10 万元的费用偏差，对于总费用 1000 万元的项目和总费用 1 亿元的项目而言，其严重性显然是不同的。因此，费用（进度）偏差仅适合于对同一项目做偏差分析。费用（进度）绩效指数反映的是相对偏差。它不受项目层次的限制，也不受项目实施时间的限制，因而在同一项目和不同项目比较中均可采用。

在项目的费用、进度综合控制中引入赢得值法，可以克服进度、费用分开控制的缺点，即当我们发现费用超支时，很难立即知道是由于费用超出预算，还是由于进度提前。相反，当我们发现费用低于预算时，也很难立即知道是由于费用节省，还是由于进度拖延。而引入赢得值法即可定量地判断进度、费用的执行效果。

（3）偏差分析的表达方法

偏差分析可以采用不同的表达方法，常用的有横道图法、表格法和曲线法等。

①横道图法。横道图法进行费用偏差分析，是用不同的横道标志已完工作预算费用、计划工作预算费用和已完工作实际费用。横道的长度与其金额成正比。横道图法具有形象、一目了然等优点，它能准确表达出费用的绝对偏差。而且能使人一眼感受到偏差的严重性。但这种方法反映的信息量少，一般在项目较高的管理层应用。

②表格法。表格法是进行偏差分析最常用的一种方法。它将项目编号、名称、费用参

数以及费用偏差数总和归纳入一张表格中，并且直接在表格中进行比较。由于各偏差参数都在表中列出，使得费用管理者能够综合地了解并处理这些数据。

利用表格法进行偏差分析具有如下优点：

灵活、适用性强。可根据实际需要设计表格，对所列项目进行增减。

信息量大。可以反映偏差分析所需的资料，从而有利于费用控制人员及时采取有针对性的措施，加强控制。

表格处理可借助于计算机，从而节约大量数据处理所需的人力，并大大提高速度。

③曲线法。曲线法是用投资时间曲线（S形曲线）进行分析的一种方法。通常有三条曲线，即已完工作实际费用曲线、已完工程预算费用曲线、计划工作预算费用曲线。已完工作实际费用与已完工程预算费用两条曲线之间的竖向距离表示投资偏差，计划工作预算费用与已完工程预算费用曲线之间的水平距离表示进度偏差。

第八章　建筑工程项目施工结算、索赔与财务管理

第一节　工程项目施工结算与收款

一、建设项目和竣工决算

（一）施工结算

1. 工程价款的结算

（1）工程价款结算的作用

工程价款结算是工程项目承包中的一项较为重要的工作，主要表现为以下方面：

工程价款结算是反映工程进度的主要指标。在施工过程中，工程价款结算的依据就是按照已完工程进行结算，根据累计已结算的工程价款占合同总价款的比例，基本能反映出工程的进度情况。

工程价款结算是加速资金周转的重要环节。加快施工单位结算工程款，有利于偿还债务和资金回笼，降低内部运营成本。通过加速资金周转，提高资金的使用效率。

工程价款结算是考核经济效益的重要指标。对施工单位来说，工程款按时结清避免了经营风险，才能获得相应的利润，达到良好的经济效益。

（2）工程价款结算方法

建筑安装工程价款的主要结算方法根据工程性质、规模、资金来源、施工工期以及承包内容不同，可分为定期结算、分段结算、年终结算、竣工后一次结算和目标结算等。

①定期结算。定期结算又称按月结算，是指定期由承包方提出已完成的工程进度报表，连同工程价款结算账单，经发包方签证，交银行办理工程价款结算。定期结算分为以下两种：

第一，月初预支、月末结算、竣工后清算。在月初（或月中），承包方按施工作业计划和施工图预算，编制当月工程价款预支账单，包括预计完成的工程名称、数量和预算价格等，经发包方认定，交银行预支约50%的当月工程价款，月末按当月施工统计数据编制

已完工程月报表和工程价款结算账单，经发包方签证，交银行办理月末结算。同时，扣除本月预支款，并办理下月预支款。本期收入额为月终结算的已完工程价款金额。

第二，月末结算。月初（或月中）不实行预支，月终承包方按统计的实际完成分部分项工程量，编制已完工程月报表和工程价款结算账单，经发包方签证，交银行审核办理结算。

②分段结算。分段结算是指以单项（或单位）工程为对象，按其施工形象进度划分为若干施工阶段，按阶段进行工程价款结算。

第一，阶段预支和结算。根据工程的性质和特点，将其施工过程划分为若干施工形象进度阶段，以审定的施工图预算为基础，测算每个阶段的预支款数额。在施工开始时办理第一阶段的预支款，待该阶段完成后，计算其工程价款，经发包方签证，交银行审查并办理阶段结算，同时办理下阶段的预支款。

第二，阶段预支，工程竣工结算。对于工程规模不大、投资额较小（承包合同价值在50万元以内），或工期较短（一般在六个月以内完成的工程），将其施工全过程的形象进度分阶段，施工企业按阶段预支工程价款，在工程竣工验收后，经发包方签证，通过银行办理工程竣工结算。

③年终结算。年终结算是指单位工程或单项工程不能在本年度竣工，而要转入下年度继续施工，为了正确统计施工企业本年度的经营成果和建设投资完成情况，由承包方、发包方和银行对正在施工的工程进行已完成和未完成工程量盘点，结清本年度的工程价款。

④竣工后一次结算。基本建设投资由预算拨款改为银行贷款，取消了预付备料款和预支工程价款制度，承包方所需流动资金全部由银行贷款。预付备料款和预支工程价款制度的建设项目，或者按承包合同规定实行竣工结算的工程项目，实行竣工后一次结算。竣工后一次结算的工程，一般按建设项目工期长短不同分为以下两种：一是建设项目工程竣工结算，即建设工期在一年内的工程，一般以整个建设项目为结算对象，实行竣工后一次结算；二是单项工程竣工结算，即当年不能竣工的建设项目，其单项工程在当年开工、当年竣工的，实行单项工程竣工后一次结算。单项工程当年不能竣工的工程项目，也可以采用分段结算、年终结算或竣工后总结算的办法。

⑤目标结款。在工程合同中，将承包工程的内容分解成不同的控制界面，以业主验收控制界面为支付工程价款的前提条件。也就是说，将合同中的工程内容分解成为不同的验收单元，当承包商完成单元工程内容并经业主（或其委托人）验收后，业主支付构成单元工程内容的工程价款。

⑥双方约定并经开户银行同意的其他结算方法。

（3）工程价款结算程序

我国现行建筑安装工程价款结算中，有相当一部分实行按月结算。这种结算办法是按分部分项工程，按月结算（或预支），待工程竣工后再办理竣工结算，找补余款。

按分部分项工程价款结算，便于建设单位和银行根据工程进展情况控制分期拨款额度；也便于承包商的施工消耗及时得到补偿，且能按月考核工程成本的执行情况。

这种结算办法的一般程序包括以下方面：

①预付备料款。预付备料款是指在工程开工之前的施工准备阶段由发包方预先支付一部分资金，主要用作购买材料、结构构件等的流动资金，也称工程备料款。预付款的有关事项，如数量、支付时间和方式、支付条件、扣还方式等，应在施工合同条款中予以规定。

第一，预付备料款的计算。计算预付备料款可采用两种方法。一是百分比法。百分比法是按年度工作量的一定比例确定预付备料款额度的一种方法。由各地区各部门根据各自的条件从实际出发分别制定预付备料款的比例。二是数学计算法。数学计算法是根据主要材料（含结构构件等）占年度承包工程总价的比重、材料储备定额天数和年度施工天数等因素，通过数学公式计算预付备料款额度的一种方法。年度施工天数按日历天数计算；材料储备天数根据当地材料供应的在途天数、加工天数、整理天数、供应间隔天数、保险天数等因素确定。

第二，预付备料款的支付。工程预付款是建筑工程施工合同订立后由发包人按照合同约定，在正式开工前预先支付给承包人的工程款。实行工程预付款的，双方应当在专门条款内约定发包人向承包人预付工程款的时间和数额，开工后按约定的时间和比例逐次扣回。预付时间应不迟于约定的开工日期前 7 天。发包人不按约定预付，承包人在约定预付时间 7 天后向发包人发出要求预付的通知，发包人收到通知后仍不能按要求预付的，承包人可在发出通知后 7 天停止施工，发包人应从约定应付之日起向承包人支付应付款的贷款利息，并承担违约责任。

第三，预付备料款的扣回。发包人拨付给承包人的备料款属于预支性质，到了工程中后期，随着工程所需主要材料储备的逐渐减少，应以抵充工程价款的方式陆续扣回。扣款的方式有以下几种：可以从未施工工程尚需的主要材料及构件的价值相当于备料款数额时起扣，从每次结算工程价款中按材料比重扣抵工程价款，竣工前全部扣清；在承包人完成金额累计达到合同总价的 10% 后，由承包人开始向发包人还款，发包人从每次应付给承包人的金额中扣回工程预付款，发包人至少在合同规定的完成工期前三个月将工程预付款的总计金额按逐次分摊的办法扣回；当发包人一次付给承包人的金额少于规定扣回的金额时，其差额应作为债务结转下一次支付金额中。

②中间结算（工程进度款的支付）

第一，工程进度款的计算。工程进度款是指工程开工之后，按工程实际完成情况定期由发包人拨付已完工程部分的价款。工程进度款的计算，主要涉及两个方面：一是工程量的计量（清单计量、规则计量），二是单价的计算方法。单价的计算方法主要根据发包人和承包人事先约定的工程价格的计价方法确定，通常采用可调工料单价法计算确定。

当采用可调工料单价法计算工程进度款时，在确定已完工程量后，按以下步骤计算工程进度款：根据所完成工程量的项目名称，配上分项编号、单价，得出合价；将本月所完成的全部项目合价相加，得出直接费小计；按规定计算措施费、间接费、利润；按规定计算主材差价或差价系数；按规定计算税金；累计本月应收工程进度款。

第二，工程进度款的支付。在确认计量结果后 14 天内，发包人应向承包人支付工程款（进度款）。发包人超过约定的支付时间不支付工程款（进度款），承包人可向发包人发出要求付款的通知，发包人接到承包人通知后仍不能按要求付款，可与承包人协商签订延期付款协议，经承包人同意后可延期支付。协议应明确延期支付的时间和从计量结果确认后第 15 天起计算应付款的贷款利息。发包人不按合同约定支付工程款（进度款），双方未达成延期付款协议，导致施工无法进行，承包人可停止施工，由发包人承担违约责任。

③预留工程保修金。按有关规定，工程项目造价中应预留出一定的尾款作为质量保修费用，即保修金（又称保留金），待工程项目保修期结束后付款。一般保修金的扣除方法包括两个方面：第一，在工程进度款拨付累计金额达到该工程合同额的一定比例时，停止支付，预留部分作为保修金；第二，从发包人向承包人第一次支付的工程进度款开始，在每次承包人应得的工程款中扣留规定的金额作为保修金，直至保修金总额达到规定的限额为止。

2. 设备、工具、器具和材料价款的支付与结算

（1）国内设备、工具、器具和材料价款的支付与结算

①国内设备、工具、器具价款的支付与结算。按照我国现行规定，执行单位和个人办理结算都必须遵守以下结算原则：恪守信用，及时付款；银行不垫付。建设单位对订购的设备、工具、器具，一般不预付定金，只对制造期在半年以上的大型专用设备和船舶的价款，按合同分期付款。建设单位收到设备、工具、器具后，要按合同规定及时结算付款，不应无故拖欠。如果资金不足延期付款，要支付一定的赔偿金。

②国内材料价款的支付与结算。建安工程承发包双方的材料往来，可按以下方式结算：

第一，由承包单位自行采购建筑材料的，发包单位可以在双方签订工程承包合同后，

按年度工作量的一定比例向承包单位预付备料资金，并应在一个月内付清。备料款的预付额度：建筑工程一般不应超过当年建筑（包括水、电、暖、卫等）工作量的30%，大量采用预制构件及工期在六个月以内的工程，可以适当增加；安装工程一般不应超过当年安装工程量的10%，安装材料用量较大的工程，可以适当增加。在工程价款结算时，从竣工前未完工程所需材料价值相当于预付备料款额度时起，按材料所占的比重陆续抵扣。

第二，按工程承包合同规定由承包人包工包料的，发包人将主管部门分配的材料指标交承包单位，由承包人购货付款，并收取备料款。

第三，按工程承包合同规定由发包人供应材料的，可按材料预算价格转给承包人，材料价款在结算工程款时陆续抵扣，承包人不应收取备料款。凡是没有签订工程承包合同和不具备施工条件的工程，发包人不得预付备料款，不准以备料款为名转移资金；承包人收取备料款后两个月仍不开工或发包人无故不按合同规定付给备料款的，开户银行可以根据双方工程承包合同的约定，分别从有关单位账户中收回或付出备料款。

（2）进口设备、工具、器具和材料价款的支付与结算

进口设备分为标准机械设备和专制机械设备两类。标准机械设备是指通用性广泛、供应商（厂）有现货，可以立即提交的货物。专制机械设备是指根据业主提交的订制设备图纸，供应商（厂）专门为该业主制造的设备。

①标准机械设备的结算。标准机械设备的结算，大都使用国际贸易广泛使用的不可撤销的信用证。这种信用证在合同生效之后一定日期内由买方委托银行开出，经买方认可的卖方所在地银行为议付银行。以卖方为收款人的不可撤销的信用证，其金额与合同总额相等。

第一，标准机械设备首次合同付款。当采购货物已装船，卖方提交下列文件和单证后，即可支付合同总价的90%。由卖方所在国的有关部门颁发的允许卖方出口合同货物的出口许可证，或不需要出口许可证的证明文件；由卖方委托买方认可的银行出具的以买方为受益人的不可撤销保函，担保金额与首次支付金额相等；装船的海运提单；商业发票副本；由制造厂（商）出具的质量证书副本；详细的装箱单副本；向买方信用证的出证银行开出以买方为受益人的即期汇票；相当于合同总价形式的发票。

第二，标准机械设备的最终合同付款。机械设备在保证期截止时，卖方提交下列单证后支付合同总价的尾款。说明所有货物无损、无遗留问题，完全符合技术规范要求的证明书；向出证行开出以买方为受益人的即期汇票；商业发票副本。

第三，支付货币与时间。合同付款货币：买方以卖方在投标书标价中说明的一种或几种货币，和卖方在投标书中说明在执行合同中所需的一种或几种货币比例进行支付。付款时间：每次付款在卖方所提供的单证符合规定之后，买方须从卖方提出日期的一定期限内将相应的货款付给卖方。

②专制机械设备的结算。专制机械设备的结算一般分为预付款、阶段付款和最终付款。

第一，预付款。一般专制机械设备的采购，在合同签订后开始制造前，由买方向卖方支付合同总价的10%～20%的预付款。预付款一般在提出下列文件和单证后进行支付：由卖方委托银行出具以买方为受益人的不可撤销的保函，担保金额与预付款货币金额相等；相当于合同总价形式的发票；商业发票；由卖方委托的银行向买方的指定银行开具由买方承兑的即期汇票。

第二，阶段付款。按照合同条款，当机械制造加工到一定阶段，可按设备合同价一定的百分比进行付款。阶段的划分是当机械设备加工制造到关键部位时付一次款，货物装船买方收货验收后再付一次款。每次付款都应在合同条款中做较详细的规定。

机械设备制造阶段付款的一般条件有以下几点：当制造工序达到合同规定的阶段时，制造厂应以电传或信件通知业主，开具经双方确认完成工作量的证明书，提交以买方为受益人的所完成部分的保险发票，提交商业发票副本。

机械设备装运付款，包括成批订货分批装运的付款，应由卖方提供下列文件和单证：有关运输部门的收据；交运合同货物相应金额的商业发票副本；详细的装箱单副本；由制造厂（商）出具的质量和数量证书副本；原产国证书副本；货物到达买方验收合格后，当事双方签发的合同货物验收合格证书副本。

第三，最终付款。最终付款指在保证期结束时的付款。付款时应提交下列单证：商业发票副本；全部设备完好无损，所有待修缺陷及待办的问题，均已按技术规范说明圆满解决后的合格证副本。

对进口设备、工具、器具和材料价款的支付，我国还经常利用出口信贷的形式。出口信贷根据借款的对象分为卖方信贷和买方信贷。卖方信贷是卖方将产品赊销给买方，规定买方在一定时期内延期或分期付款。卖方通过向本国银行申请出口信贷，来填补占用的资金。买方信贷有两种形式：一种是由产品出口国银行把出口信贷直接贷给买方，买卖双方以即期现汇成交；另一种是由出口国银行把出口信贷贷给进口国银行，再由进口国银行转贷给买方，买方用现汇支付借款，进口国银行分期向出口国银行偿还借款本息。

3. 资金使用计划的编制与应用

（1）编制施工阶段资金使用计划的相关因素

前序阶段的资金投入与策划直接影响到后序工作的进程与效果，资金的不断投入过程即是工程造价的逐步实现过程。施工阶段工程造价的计价和控制与其前序阶段的众多因素密切相关。可行性研究报告、设计方案、施工图预算是施工阶段造价计价与控制的关键因素。与施工阶段造价计价与控制有直接关系的是施工组织设计，其任务是实现建设计划和实际要求，对整个工程选择科学的施工方案和合理安排施工进度，是施工过程控制的依据，也是施工阶段资金使用计划编制的依据。

总进度计划是确定资金使用计划与控制目标，编制资源需要与调度计划的最为直接的重要依据。总进度计划的相关因素有项目工程量、建设总工期、单位工程工期、施工程序与条件、资金资源的需要与供给能力和条件。

确定施工阶段资金使用计划时还应考虑施工阶段出现的各种风险因素对于资金使用计划的影响。在制订资金使用计划时要考虑计划工期与实际工期、计划投资与实际投资、资金供给与资金调度等多方面的关系。

（2）资金使用计划的作用

施工阶段资金使用计划的编制与控制在整个工程造价管理中处于重要而独特的地位，对工程造价的作用表现在以下方面：

第一，通过编制资金使用计划，合理确定工程造价施工阶段目标值，使工程造价的控制有依据，并为资金的筹集与协调打下基础。

第二，资金使用计划的科学编制，可以对未来工程项目的资金使用和进度控制有所预测，消除不必要的资金浪费和进度失控，也能够避免在今后工程项目中由于缺乏依据而进行轻率判断所造成的损失，减少盲目性，增加自觉性，使现有资金充分地发挥作用。

第三，通过资金使用计划的严格执行，可以有效地控制工程造价上升，最大限度地节约投资，提高投资效益。

第四，对脱离实际的工程造价目标值和资金使用计划，应在科学评估的前提下，允许修订和修改，使工程造价趋于合理水平，从而保障建设单位和承包商各自的合法利益。

（3）施工阶段资金使用计划的编制方法

施工阶段资金使用计划的编制方法，主要有以下三种：

第一，按投资构成分解来编制资金使用计划。工程项目的投资主要分为建筑安装工程投资，设备工具、器具购置投资及工程建设其他投资。由于建筑工程和安装工程在性质上存在着较大差异，投资的计算方法和标准也不尽相同。因此，在实际操作中往往将建筑工程投资和安装工程投资分解开来。这样，工程项目投资的总目标就可以按建筑工程投资，安装工程投资，工具、器具购置投资进一步分解。按投资构成分解来编制资金使用计划的方法适用于有大量经验数据的工程项目。

第二，按不同子项目编制资金使用计划。大中型工程项目通常是由若干单项工程构成的，而每个单项工程包括多个单位工程，每个单位工程又是由若干个分部分项工程构成的，因此，首先要把项目总投资分解到单项工程和单位工程中。

一般来说，由于概算和预算大都是按照单项工程和单位工程来编制的，所以，将项目总投资分解到各单项工程和单位工程是比较容易的。需要注意的是，按照这种方法分解项目总投资，不能只是分解建筑工程投资，安装工程投资和设备、工具、器具购置投资，还应该分解项目的其他投资。但项目其他投资所包含的内容既与具体单项工程或单位工程直接有关，也与整个项目建设有关，因此，必须采取适当的方法将项目其他投资合理地分解到各个单项工程和单位工程中。最常用的也是最简单的方法，就是按照单项工程的建筑安装工程投资和设备、工具、器具购置投资之和的比例分摊，但其结果可能与实际支出的投资相差甚远。因此，实践中一般应对工程项目的其他投资的具体内容进行分析，将其中确实与各单项工程和单位工程有关的投资分离出来，按照一定比例分解到相应的工程上。其他与整个项目有关的投资则不分解到各单项工程和单位工程上。

另外，对各单位工程的建筑安装工程投资还需要进一步分解，在施工阶段一般可分解到分部分项工程。

第三，按时间进度编制资金使用计划。建设项目的投资总是分阶段、分期支付的，资金使用是否合理与资金时间安排有密切关系。

按时间进度编制的资金使用计划，通常可利用项目进度网络图进一步扩充后得到。利用网络图控制投资，要求在拟订工程项目的执行计划时，一方面，确定完成某项施工活动所需的时间；另一方面，要确定完成这一工作的合适的支出预算。

（4）施工阶段投资偏差分析

施工阶段投资偏差的形成过程，是由于施工过程随机因素与风险因素的影响，形成的实际投资与计划投资、实际工程进度与计划工程进度的差异，可以将它们称为投资偏差与进度偏差。

①实际投资与计划投资。由于时间—投资累计曲线中既包含投资计划，也包含进度计划，因此，有关实际投资与计划投资的变量包括拟完工程计划投资、已完工程实际投资和已完工程计划投资。

第一，拟完工程计划投资。拟完工程计划投资是指根据进度计划安排在某一确定时间内所应完成工程内容的计划投资，可以表示为在某一确定时间内，计划完成的工程量与单位工程量计划单价的乘积。

第二，已完工程实际投资。已完工程实际投资是根据实际进度完成状况在某一确定时间内已经完成工程内容的实际投资，可以表示为在某一确定时间内，实际完成的工程量与单位工程量实际单价的乘积。

在进行有关偏差分析时，通常进行如下假设：拟完工程计划投资中的拟完工程量，与已完工程实际投资中的实际工程量在总额上是相等的,两者之间的差异只在于完成的时间进度不同。

第三,已完工程计划投资。由于拟完工程计划投资和已完工程实际投资之间既存在投资偏差,也存在进度偏差,已完工程计划投资正是为了更好地辨析这两种偏差而引入的变量,是指根据实际进度完成状况,在某一确定时间内已经完成的工程所对应的计划投资额。可以表示为在某一确定时间内,实际完成的工程量与单位工程量计划单价的乘积。

②投资偏差与进度偏差

第一,投资偏差。投资偏差指投资计划值与投资实际值之间存在的差异,当计算投资偏差时,应剔除进度原因对投资额产生的影响。

在投资偏差分析时,具体又分为局部偏差和累计偏差。

局部偏差有两层含义:相对于总项目的投资而言,指各单项工程、单位工程和分部分项工程的偏差;相对于项目实施的时间而言,指每一控制周期所发生的投资偏差。

累计偏差则是在项目已经实施的时间内累计发生的偏差,又分为绝对偏差和相对偏差。绝对偏差是指投资计划值与实际值比较所得的差额。相对偏差则是指投资偏差的相对数或比例数,通常用绝对偏差与投资计划值的比值来表示。相对偏差能较客观地反映投资偏差的严重程度或合理程度,从对投资控制的要求来看,相对偏差比绝对偏差更有意义,应当予以高度重视。

绝对偏差和相对偏差的数值均可正可负,且两者符号相同,正值表示投资增加,负值表示投资节约。在进行投资偏差分析时,对绝对偏差和相对偏差都要进行计算。

第二,进度偏差。与投资偏差密切相关的是进度偏差,进度偏差为正值时,表示工期拖延;进度偏差为负值时,表示工期提前。

③常用的偏差分析方法。常用的偏差分析方法有横道图法、时标网络图法、表格法与曲线法。

第一,横道图法。用横道图进行投资偏差分析,是用不同的横道标志拟完工程计划投资、已完工程实际投资和已完工程计划投资,在实际工作中往往需要根据拟完工程计划投资和已完工程实际投资确定已完工程计划投资后,再确定投资偏差与进度偏差。

根据拟完工程计划投资与已完工程实际投资,确定已完工程计划投资的方法是:已完工程计划投资与已完工程实际投资的横道位置相同,已完工程计划投资与拟完工程计划投资的各子项工程的投资总值相同。

横道图的优点是简单直观,便于了解项目的投资概貌,但这种方法的信息量较少,主要反映累计偏差和局部偏差,因而应用起来有一定的局限性。

第二,时标网络图法。时标网络图是在确定施工计划网络图的基础上,将施工的实施进度与日历工期结合起来而形成的网络图。根据时标网络图可以得到每一时间段的拟完工程计划投资；已完工程实际投资可以根据实际工作完成情况测得；在时标网络图上，认真观察实际进度前锋线并经过计算，就可以得到每一时间段的已完工程计划投资。实际进度前锋线表示整个项目目前实际完成的工作面情况，将某一确定时点下时标网络图中各个工序的实际进度点相连就可以得到实际进度前锋线。

时标网络图法具有简单、直观的特点，主要用来反映累计偏差和局部偏差，但实际进度前锋线的绘制有时会遇到一定的困难。

第三，表格法。表格法是进行偏差分析最常用的一种方法。可以根据项目的具体情况、数据来源、投资控制工作的要求等条件来设计表格，因而适用性较强；表格法的信息量大，可以反映各种偏差变量和指标，对全面深入了解项目投资的实际情况非常有益；另外，表格法还便于用计算机辅助管理，提高投资控制工作的效率。

第四，曲线法。曲线法是用投资时间曲线进行偏差分析的一种方法。

④偏差形成原因、形式及纠正方法

第一，偏差形成原因：客观原因、业主原因、设计原因和施工原因。

第二，偏差分为四种形式：投资增加且工期拖延、投资增加但工期提前、投资减少但工期拖延、投资减少且工期提前。

第三，通常把纠偏措施分为组织措施、经济措施、技术措施、合同措施。

4. 工程竣工结算

工程竣工结算又称竣工结算，是指一个单位工程或单项建筑工程竣工，并经建设单位及有关部门验收后，承包人与建设单位之间办理的最终工程结算。工程竣工结算一般以承包人的预算部门为主，由承包人将施工建造活动中与原设计图纸规定产生的一些变化，与原施工图预算比较有增加或减少的地方，按照编制施工图预算的方法与规定，逐项进行调整计算，并经建设单位核算签署后，由发、承包人共同办理工程竣工结算手续，然后进行工程结算。工程竣工结算意味着发、承包双方经济关系的最后结束，因此，发、承包双方的财务往来必须结清。

（1）工程竣工结算的作用

工程竣工结算的作用有以下四方面：第一，企业所承包工程的最终造价被确定，建设单位与施工单位的经济合同关系完结；第二，企业所承包工程的收入被确定，企业以此为根据可考核工程成本，进行经济核算；第三，企业所承包的建筑安装工作量和工程实物量被核准承认，所提供的结算资料可作为建设单位编报竣工决算的基础资料依据；第四，可作为进行同类经济分析、编制概算定额和概算指标的基础资料。

（2）工程竣工结算的编制

工程竣工结算的编制与施工图预算基本相同，其费用构成和编制方法与施工图预算也基本相同，只是结合施工中历次设计变更资料、修改图纸、现场签证、工程量核定单、材料差价等实际变动情况，在合同所列基础上进行增、减调整计算。

①工程竣工结算的编制依据。编制工程竣工结算除应具备全套竣工图纸、计价定额、材料价格或材料及设备购物凭证、取费标准以及有关计价规定外，还应具备以下资料：工程竣工报告及工程竣工验收单（这是编制工程竣工结算的首要条件，未竣工的工程或虽竣工但没有进行验收及验收没有通过的工程，不能进行工程竣工结算）；工程承包合同或施工协议书；经建设单位及有关部门审核批准的原工程概预算及增减概预算；施工图、设计变更图、通知书、技术洽商及现场施工记录；在工程施工过程中发生的参考概预算价格差价凭据、暂估价差价凭据，以及合同、协议书中有关条文规定须持凭据进行结算的原始凭证（如工程签证凭证、工程价款结算凭证等）；本地区现行的概预算定额、材料预算定额、费用定额及有关文件规定、解释说明等；其他有关资料。

②工程竣工结算的编制内容

第一，分部分项工程费应依据双方确认的工程量、合同约定的综合单价计算，发生调整的，以发、承包双方确认调整的综合单价计算。

第二，措施项目费的计算应遵循以下原则：采用综合单价计价的措施项目，应依据发、承包双方确认的工程量和综合单价计算；明确采用以"项"计价的措施项目，应依据合同约定的措施项目和金额或发、承包双方确认调整后的措施项目费金额计算；措施项目费中的安全文明施工费应按照国家或省级、行业建设主管部门的规定计算。施工过程中，国家或省级、行业建设主管部门对安全文明施工费进行了调整的，措施项目费中的安全文明施工费应相应地调整。

第三，其他项目费应按以下规定计算：计日工的费用应按发包人实际签证确认的数量和合同约定的相应项目综合单价计算；暂估价中的材料单价应按发、承包双方最终确认价在综合单价中调整；专业工程暂估价应按中标价或发包人、承包人与分包人最终确认价计算；总承包服务费应依据合同约定金额计算，发生调整的，以发、承包双方确认调整的金额计算；索赔费用应依据发、承包双方确认的索赔事项和金额计算；现场签证费用应依据发、承包双方签证资料确认的金额计算；暂列金额应减去工程价款调整与索赔、现场签证金额计算，如有余额，应归发包人所有。

第四，规费和税金应按照国家或省级、行业建设主管部门对规费和税金的计取标准计算。

③工程竣工结算的编制方法。工程竣工结算的编制方法与承包方式不同。

第一，采用施工图概预算加减承包方式的工程结算书，是在被批准的原工程概预算基础上，加上施工过程中不可避免地发生的设计变更、材料代用、施工条件变化、经济政策变化等影响到原施工图概预算价格的变化费用，又称为预算结算制。

第二，采用施工图概预算加包干系数或每平方米造价包干的工程结算书，一般在承包合同中已分清承、发包单位之间的义务和经济责任，不再办理施工过程中所承包内容的经济洽商，在工程结算时不再办理增减调整。工程竣工后，以原概预算加系数或每平方米造价的价值进行计算。只有发生超出包干范围的工程内容时，才在工程结算中进行调整。

第三，采用投标方式承包的工程结算书，原则上应按中标价格（成交价格）进行编制，但合同中对工期较长、内容比较复杂的工程，规定了对较大设计变更及材料调价允许调整的条文，施工单位在工程竣工结算时，可在中标价格基础上进行调整。当合同条文规定允许调整范围以外发生的非建筑企业原因发生中标价格以外费用时，建筑企业可以向招标单位提出签订补充合同或协议，作为结算调整价格的依据。

④工程竣工结算编制程序中的重要工作

第一，开展编制准备工作。编制准备包括的内容：收集与工程竣工结算编制工作有关的各种资料，尤其是施工记录与设计变更资料；了解工程开工时间、竣工时间和施工进度、施工安排与施工方法等有关内容；掌握在施工过程中的有关文件调整与变化，并注意合同中的具体规定；检查工程质量，校核材料供应方式与供应价格。

第二，对施工图预算中的真实项目进行调整。通过设计变更资料，寻找原预算中已列但实际未做的项目，并将项目对应的预算从原预算中扣减出来，计算实际增加项目的费用。费用构成依然为工程直接费、间接费、利润、税金。根据施工合同的有关规定，计算由政策变化而引起的调整性费用。在当前预结算工作中，最常见的一个问题是因文件规定的不断变化而对预结算编制工作带来的直接影响，尤其是间接费率的变化、材料系数的变化、人工工资标准的变化等。

第三，确定计算大型机械进退场费。预结算制度明确规定，大型施工机械进退场费结算时按实计取，但招投标工程应根据招投标文件和施工合同规定办理。

第四，调整材料用量。引起材料用量尤其是主要材料用量变化的主要因素：设计变量引起的工程量的变化而导致的材料数量的增减，施工方法、材料类型不同而引起的材料数量的变化。

第五，按实计算材差（重点是"三材"与特殊材料价差）。一般情况下，建设单位委托承包商采购供应的"三材"和一些特殊材料按预算价、预算指导价或暂定价进行预算造价，而结算时如实计取。这就要求在结算过程中，按结算确定的建筑材料实际数量和实际价格，逐项计算材差。

第六，确定建设单位供应材料部分的实际供应数量与实际需求数量。材料的供应数量与工程需求数量是两个不同的概念，对建设单位供应材料来说，这种概念上的区别尤为重要。建设单位供应材料的供应数量，是建设单位购买材料并交给承包人使用的数量；材料的需求数量是完成建筑工程施工所需材料的客观消耗量。

第七，计算由施工方式的改变而引起的费用变化。预算时按施工组织设计要求，计算有关施工过程费用，但实际施工时，施工情况、施工方式有变化，有关费用要按合同规定和实际情况进行调整，如地下工程施工中有关的技术措施、施工机械型号选用变化、施工事故处理等有关费用。

（3）工程竣工结算的计算方法

①工程量差调整。工程量差是指施工图预算或合同内所列分项工程量与实际完成的分项工程量不相符而需要增加或减少的工程量。这部分量差一般是由以下原因造成的：

第一，设计单位提出的设计变更。工程开工后，由于某种原因，建设单位提出要求改变某些施工做法，增减某些具体工程项目等。经与施工单位研究并征求设计单位同意后，填写设计变更洽商记录，经三方签证后作为结算增减工程量的依据。

第二，施工中遇到需要处理的问题而引起的设计变更。施工单位在施工过程中遇到一些原设计未预料到的具体情况，需要进行处理，经三方签证后作为结算增减工程量的依据。

第三，施工单位提出的设计变更。施工单位在施工中，由于施工方面的原因（如某种建筑材料供应不上，需要用其他材料代替；或因施工现场要求改变某些项目的具体设计而需变更设计时），除较大变更须经设计单位同意外，一般只须建设单位同意并在洽商记录上签字，即可作为增减工程量的依据。

第四，发包人在招标文件中所列的分项工程不准确。在编制竣工结算前，应结合工程竣工验收，核对实际完成的分项工程量。发现与施工图预算或合同价内所列分项工程量不符时，应按实调整。

②材料价差调整。材料价差包括因材料代用所发生的价格差额和材料实际价格与招标文件中列出的主要材料表的基期价格存在的价差。

③竣工调价系数法。按工程价格管理机构公布的竣工调价系数及调价计算方法计算差价。

④调值公式法（又称动态结算公式法）。建筑安装工程费用价格调值公式包括固定部分、材料部分和人工部分等。

应用调值公式时应注意：计算物价指数的品种只选择对总造价影响较大的品种，在签订合同时要明确调价品种和波动到何种程度可调整，考核地点一般在工程所在地或指定某地市场。

（4）工程竣工结算的审查

工程竣工结算的审查应依据施工合同约定的结算方法进行，根据不同的施工合同类型，采用不同的审查方法。第一，工程竣工结算审查程序。工程竣工结算审查应按准备、审查和审定三个工作阶段进行，并实行编制人、校对人和审核人分别署名盖章确认的内部审核制度。第二，工程竣工结算报告审查内容。审查结算的递交程序和资料的完备性，审查与结算有关的各项内容。第三，工程竣工结算的审查时限。单项工程竣工后，承包人应按规定程序向发包人递交竣工结算报告及完整的结算资料，发包人应按规定的时限进行核对（审查），并提出审查意见。

建设项目竣工总结算在最后一个单项工程竣工结算审查确认后 15 天内汇总，送发包人后 30 天内审查完成。

（二）竣工决算

1. 竣工决算的认知

竣工决算是指在工程竣工验收交付使用阶段，建设单位以竣工结算等资料为基础编制的技术经济文件。它是以实物数量和货币指标为计量单位，综合反映竣工项目从筹建开始到项目竣工交付使用为止的全部建设费用、投资效果和财务情况的总结性文件，是竣工验收报告的重要组成部分。竣工决算是正确核定新增固定资产价值，考核分析投资效果，建立健全经济责任制的依据。通过竣工决算与概算、预算的对比分析，能够考核投资控制的工作成效，为工程建设提供重要的技术经济方面的基础资料，提高未来工程建设的投资效益。

竣工决算的作用主要有以下五方面：

第一，竣工决算是国家对基本建设投资实行计划管理的重要手段。通过把竣工决算的各项费用数额与设计概算中的相应费用指标相比，可得出节约或超支的情况，通过分析节约或超支的原因，总结经验教训，加强投资计划管理以提高基本建设投资效果。

第二，竣工决算是对基本建设实行"三算"对比的基本依据。"三算"对比中的设计概算和施工图预算，都是在建筑施工前不同建设阶段根据有关资料进行计算，以确定拟建工程所需要的费用。在一定意义上，它们属于人们主观上的估算范畴。而建筑工程竣工决算所确定的建设费用是人们在建设活动中实际支出的费用。因此，在"三算"对比中具有特殊的作用，能够直接反映出固定资产投资计划完成情况和投资效果。

第三，竣工决算是竣工验收的主要依据。按照国家基本建设程序规定，当批准的设计文件规定的工业项目经负荷运转和试生产，生产出合格的产品，民用项目符合设计要求，能够正常使用时，应及时组织竣工验收工作，对建设项目进行全面考核。建设单位提出的验收报告，主要组成部分是竣工决算文件。作为验收依据，验收人员要检查建设项目的实际建筑物、构筑物和生产设备与设施的生产和使用情况，审查竣工决算文件中的有关内容和指标，确定建设项目的验收结果。

第四，竣工决算是确定建设单位新增固定资产价值的依据。竣工决算详细地计算了建设项目所有的建筑工程费、安装工程费，设备费和其他费用等新增固定资产总额及流动资金，可作为建设管理部门向企事业使用单位移交财产的依据。

第五，竣工决算是基本建设成果和财务的综合反映。建筑工程竣工决算包括基本项目从筹建到建成投产或使用的全部费用。它除了用货币形式表示基本建设的实际成本和有关指标外，还能够表示建设工期、工程量和资产的实物量以及技术经济指标。它综合了工程的年度财务决算，全面反映了基本建设的主要情况。

2. 竣工决算的依据

竣工决算编制的主要依据：建筑工程计划任务书和有关文件；建设项目总概算书和单项工程综合概算书；建筑工程项目设计图纸及说明，其中包括总平面图、建筑工程施工图、安装工程施工图及有关资料；设计交底或图纸会审会议纪要；招标标底、承包合同及工程竣工结算资料；施工记录或施工签证单及其他施工中发生的费用记录，如索赔报告与记录、停（交）工报告等；竣工图及各种竣工资料；设备、材料调价文件和调价记录；历年基建资料、历年财务决算的批复文件；国家和地方主管部门颁发的有关建筑工程竣工决算文件。

3. 竣工决算的内容

建设项目竣工决算应包括从筹集到竣工投产全过程的全部实际费用，包括建筑安装工程费；设备、工具、器具购置费及预备费等费用。竣工决算由竣工财务决算说明书、竣工财务决算报表、工程竣工图和工程竣工造价对比分析四部分组成。其中，竣工财务决算说明书和竣工财务决算报表两个部分又称建设项目竣工财务决算，是竣工决算的核心内容和重要组成部分。

财政部将按规定对中央大中型项目、国家确定的重点小型项目竣工财务决算的审批实行"先审核、后审批"的办法，即对须先审核后审批的项目，先委托财政投资评审机构或经财政部认可的有资质的中介机构对项目单位编制的竣工财务决算进行审核，再按规定批复项目竣工财务决算。有关文件要求，项目建设单位应在项目竣工后三个月内完成竣工财务决算的编制工作，并报主管部门审核。主管部门收到竣工财务决算报告后，对于按规定报财务部门审批的项目，应及时审核批复并报财政部备案；对于按规定报财政部审批的项目，一般在收到决算报告后一个月内完成审核工作，并将经其审核后的决算报告报财政部审批。以前年度已竣工尚未编报竣工财务决算的基建项目，主管部门应督促项目建设单位抓紧编报。另外，主管部门应对项目建设单位报送的项目竣工财务决算认真审核，严格把关。审核的重点内容：项目是否按规定程序和权限进行立项、可行性研究和初步设计报批工作，建设项目超标准、超规模、超概算投资等问题审核，项目竣工财务决算金额的正确性审核，项目竣工财务决算资料的完整性审核，项目建设过程中存在主要问题的整改情况审核等。

（1）竣工财务决算说明书

竣工财务决算说明书主要反映竣工工程建设成果和经验，是对竣工决算报表进行分析和补充说明的文件，是全面考核分析工程投资与造价的书面总结，是竣工决算报告的重要组成部分。其内容主要包括：

①建设项目概况，对工程总的评价。一般从进度、质量、安全和造价方向进行分析说明。进度方面主要说明开工和竣工时间，对照合理工期和要求工期分析工程是提前还是延期；质量方面主要根据竣工验收委员会或一级质量监督部门的验收评定等级、合格率和优良品率，对工程进行评价；安全方面主要根据劳动工资和施工部门的记录，对有无设备和人身事故进行说明；造价方面主要对照概算造价，用金额和百分率说明节约或超支的情况。

②资金来源及运用等财务分析。主要对包括工程价款结算、会计财务的处理、财产物资情况及债权债务的清偿情况进行分析。

③基本建设收入、投资包干结余、竣工结余资金的上交分配情况的分析。通过对基本建设投资包干情况的分析，说明投资包干数、实际支用数和节约额、投资包干结余的有机构成和包干节余的分配情况。

④各项经济技术指标的分析。概算执行情况分析，根据实际投资完成额与概算进行对比分析；新增生产能力的效益分析，说明交付使用财产占总投资额的比例，不增加固定资产的造价占投资总额的比例，分析有机构成和成果。

⑤工程建设的经验及项目管理和财务管理工作以及竣工财务决算中有待解决的问题。

⑥其他需要说明的事项。

（2）竣工财务决算报表

建设项目竣工财务决算报表要根据大、中型建设项目和小型建设项目分别编排。大型、中型建设项目竣工决算报表包括：建设项目竣工财务决算审批表，大型、中型建设项目概况表，大型、中型建设项目竣工财务决算表，大型、中型建设项目交付使用资产总表，建设项目交付使用资产明细表。小型建设项目竣工财务决算报表包括建设项目竣工财务决算审批表、竣工财务决算总表、建设项目交付使用资产明细表等。

（3）工程竣工造价对比分析

对控制工程造价所采取的措施、效果及其动态的变化需要进行认真的对比，总结经验教训。批准的概算是考核建筑工程造价的依据。在分析时，可先对比整个项目的总概算，然后将建筑安装工程费、设备工器具费和其他工程费用逐一与竣工决算表中所提供的实际数据及批准的概算、预算指标、实际的工程造价进行对比分析，以确定竣工项目总造价是节约还是超支，并在对比的基础上总结先进经验，找出节约和超支的内容和原因，提出改进措施。在实际工作中，应主要分析以下内容：第一，主要实物工程量，对于实物工程量出入比较大的情况，必须查明原因；第二，主要材料消耗量，考核主要材料消耗量，要按照竣工决算表中所列明的三大材料实际超概算的消耗量，先查明在工程的哪个环节超出量最大，再进一步查明超耗的原因；第三，考核建设单位管理费、措施费和间接费的取费标准，建设单位管理费、措施费和间接费的取费标准要按照国家和地方的有关规定，根据竣工决算报表中所列的建设单位管理费与概预算所列的建设单位管理费数额进行比较，依据规定查明多列或少列的费用项目，确定其节约或超支的数额，并查明原因。

4. 竣工决算的步骤

第一，收集、整理和分析有关依据资料。在编制竣工决算文件之前，应系统地整理所有的技术资料、工料结算的经济文件、施工图纸和各种变更与签证资料，并分析它们的准确性。完整、齐全的资料，是准确、及时编制竣工决算的必要条件。

第二，清理各项财务、债务和结余物资。在收集、整理和分析有关资料中，要特别注意建筑工程从筹建到竣工投产或使用的全部费用的各项账务、债权和债务的清理，做到工程完毕账目清晰。既要核对账目，又要查点库存实物的数量，账与物相符，账与账相符。对结余的各种材料、工具、器具和设备，要逐项清点核实，妥善管理，并按规定及时处理，收回资金。对各种往来款项要及时进行全面清理，为编制竣工决算提供准确的数据和结果。

第三，核实工程变动情况。重新核实各单位工程、单项工程造价，将竣工资料与原设计图纸进行查对、核实，必要时可实地测量，确认实际变更情况；根据经审定的承包人竣工结算等原始资料，按照有关规定对原预算进行增减调整，重新核定工程造价。

第四，编制建筑工程竣工决算说明。按照建筑工程竣工决算说明的内容要求，根据编制依据材料填写在报表中的结果，编写文字说明。

第五，填写竣工决算报表。按照建筑工程决算表格中的内容，根据编制依据中的有关资料进行统计或计算各个项目的数量，并将其结果填到相应表格的栏目内，完成所有报表的填写。

第六，做好工程造价对比分析。

第七，清理、装订好竣工图。

第八，上报主管部门审查存档。

竣工决算在上报主管部门的同时，抄送有关设计单位。大型、中型建设项目的竣工决算还应抄送财政部、建设银行总行和省、自治区、直辖市的财政局和建设银行分行各一份。建筑工程竣工决算的文件，由建设单位负责组织人员编写，在竣工建设项目办理验收使用一个月之内完成。

5. 竣工决算的新增资产价值

（1）新增资产的分类

建设项目竣工投入运营后，所花费的总投资会形成相应的资产。按照新的财务制度和企业会计准则，这些新增资产按资产性质可分为固定资产、流动资产、无形资产和其他资产四大类。

（2）新增资产价值的确定方法

①新增固定资产价值的确定。新增固定资产价值是建设项目竣工投产后所增加的固定资产的价值，它是以价值形态表示的固定资产投资最终成果的综合性指标。新增固定资产价值的计算是以独立发挥生产能力的单项工程为对象的。单项工程建成经有关部门验收鉴定合格，正式移交生产或使用，即应计算新增固定资产价值。一次交付生产或使用的工程一次计算新增固定资产价值，分期分批交付生产或使用的工程，应分期分批计算新增固定资产价值。新增固定资产价值的内容包括已投入生产或交付使用的建筑、安装工程造价，达到固定资产标准的设备、工具、器具的购置费用，增加固定资产价值的其他费用。

②新增流动资产价值的确定。流动资产是指可以在一年内或者超过一年的一个营业周期内变现或者运用的资产，包括现金及各种存款以及其他货币资金、短期投资、存货、应收及预付款项以及其他流动资产等。

③新增无形资产价值的确定。作为评估对象的无形资产通常包括专利权、非专利技术、生产许可证、特许经营权、租赁权、土地使用权、矿产资源勘探权和采矿权、商标权、版权、计算机软件及商誉等。无形资产是指企业拥有或者控制的没有实物形态的可辨认非货币性资产。

二、工程项目结算与收款管理制度的设置

有管理组织就应有配套的管理制度，全面的管理制度应该包括分工明确且合适的各成员部门职责、有效的目标指标及考核方法、完善的信息申报制度。

（一）指标设置

依据合同进行工程项目结算收款管理，应在施工合同签订与履行的各阶段设置相应指标，即针对施工承包合同签订阶段、项目建设阶段、项目已完工未结算阶段、项目已完工结算未收完款阶段设置相应指标。

1. 施工承包合同签订阶段

项目工程款回收工作应从施工承包合同签订开始，施工承包合同对项目实施过程中的工程款回收有直观影响的为合同约定的付款比例，在施工承包合同签订阶段可量化的指标也是合同约定的付款比例，其中包括预付款付款比例和进度款付款比例。工程建设合同的实施大多超过一年，预付款支付的期数、回扣的起扣时间及期数各不相同，年度内各项目的进度款确认时间及支付时间也各不相同，要综合考虑预付款支付比例及进度款支付比例对在建项目收款率的影响

2. 项目建设阶段

项目的营业收入有三种确认方法：第一，按业主已确认的工程产值计营业收入；第二，按成本覆盖法计算出的工程产值计营业收入；第三，按项目现场实际完成的工作量乘以施工承包合同单价计算出的工程产值计营业收入。

施工承包合同的特点，基本约定按月或季度进行进度确认及进度款支付，且约定未经过监理验收的项目不予申报进度，施工合同的这一特点使得按第一种方法计算出来的营业收入与现场实际完成的工程进度有较大时间差距。而按成本覆盖法计算出来的工程产值较易受成本统计方式影响，如果对成本费用分摊和成本支出滞后的处理不及时，或者已支出的成本按合同无法得到相应的收入，那么计算出来的工程产值与实际也有较大差距。

按项目现场实际完成的工作量乘以施工承包合同单价计算出的工程产值计营业收入的方法确认的工程产值作为营业收入更能体现和控制项目的收款情况，可促进项目部及时申报进度、确认变更并积极跟进监理、业主的审批与支付，且在公司设置工程营业收入指标的同时设置在建工程收款率指标有助于减少项目部报营业收入的行为。

3. 项目已完工未结算阶段

（1）项目已完成未结算阶段的主要指标设置

工程项目临近完工，建筑产品在结构上不影响使用，且项目后期建设资金紧张，业主方对付款的积极性降低。在项目已完工未结算阶段，项目的结算工作尤为重要。

完工项目结算指标的设置，可使用年度结算个数指标或者年度结算比例指标。结算个

数指标即考核当年完成结算的项目个数，结算比例指标即考核当年完成结算项目的个数占全年已完工未结算项目个数的比例。

（2）项目已完工未结算阶段的辅助指标设置

项目已完工未结算阶段的辅助指标，可使用重点项目指标。结算是为了收款，除重点项目指标外，收款计划应依据要求办理完结算的项目的合同约定来编制（结算后扣留的保证金、保证金以外的工程款付款期限等），以使收款指标既有激励功能又有合同依据。

4. 项目已完工结算未收完款阶段

项目完工结算后，除去履行保修义务，工作的重心就基本转移到了工程尾款收取上。依据已完工结算项目有关收款的合同约定及项目具体情况，编制各项目收款计划（不含账销案存项目），并从中找出影响较大的项目设置重点收款项目计划；对业主无理由拖欠或确实无力偿还欠款的项目，设置"账销案存项目欠款回收计划"或"运用法律手段收款计划"。

（二）信息填报制度设置

指标设置好后应有相应的信息收集，以便对比指标完成情况并进行相应考核激励。

1. 报表设置中合同管理与财务管理意识混杂

已完工项目要求填报应收账款中按合同规定未到期的保修金金额，但在建项目未要求填报应收账款中按合同规定无法收取的过程保留金金额，造成在建项目按合同约定实际可收取的工程款金额不明；已完工未结算项目要求填报"已报产值并列入财务收入的工作量"，财务部门对财务收入的计算并未统一计算方法，造成已完工未结算项目按合同约定实际可收取的工程款金额不明；对内部分包项目未设置数据抵减，造成重复计数；报表在汇总时未将国内项目与海外项目数据分开。

2. 报表的填报基本为财务人员，填报的数据以财务方法确认的居多

财务在对"业主确认产值"的理解上不统一，有些按业主实际批复产值填报，有些按成本覆盖法计算财务收入填报，数据无法反映项目按合同约定实际可收的工程款数额。

对报表填报制度进行修改，将工程按"在建项目""已完工未结算项目""已结算未收完款项目"进行分类，统一要求各类项目均填报"业主确认产值"数额及应收账款中"未到期金额"，统一"业主确认产值"填报标准，规定内部分包项目数据对抵方法，取消"三年以上账款回收"计划与执行数据填报，增加重点项目计划与执行数据填报。

第二节　工程项目施工索赔

一、现代建筑工程的施工索赔

（一）建筑工程索赔及施工索赔的内容

随着我国社会主义市场经济的建立和完善，商品交易中发生索赔是一种正常现象。因此，应该提高对索赔的认识，加强索赔理论和索赔方法的研究，正确对待索赔工作，这对维护合同签约各方的合法权益都具有十分重要的意义。

索赔是一种权利主张，是指合同在履行过程中，合同一方发生并非由本方的过错或原因造成的，也不属于自己风险范围的额外支出或损失，受损方依据法律或合同向对方提出的补偿要求。

施工索赔是指在工程项目施工过程中，由于业主或其他原因，致使承包商增加了合同规定以外的工作和费用或造成的其他损失，承包商可根据合同规定，并通过合法的途径和程序，要求业主补偿在时间和经济上所遭受损失的行为。

施工索赔是一项涉及面广、学问颇深的工作，参与索赔工作的人员必须具有丰富的管理经验，熟悉施工中的各个环节，通晓各种建筑法规，并具有一定的财务知识。由于工程项目的复杂多变，现场条件、气候和环境的变化，标书及施工说明错误等原因的存在，索赔在承包过程中是必然存在的。索赔工作中重要的一环是证明承包商提出的索赔要求是正确的。但仅仅证明自己正确还是不能收回已损失的费用，只有准确地计算要求赔偿的数额，并证明此数额合情合理，索赔才能获得成功。

总之，施工索赔是利用经济杠杆进行项目管理的有效手段，对承包商、业主和监理工程师来说，处理索赔问题水平的高低，也反映出他们项目管理水平的高低。随着建筑市场的建立与发展，索赔将成为项目管理中越来越重要的问题。

（二）建筑工程索赔产生的原因

在执行合同的过程中，承包商提出索赔理由大都是由合同条款的变更而引起的。当承包商支付的实际工程费用大于工程收入时，就应检查其原因。如果查明原因是由业主造成的，才能提出索赔要求，并使自己受到的损失得到补偿。施工索赔产生的原因主要有以下八种：

1. 工程变更

一般在合同中均规定有变更条款，即业主均保留变更工程的权利。业主在任何时候均可以写成书面文件对施工图、说明书、合同进度表进行变更。工程变更的原则是：不能带来人身危险或财产损失；不能额外增加工程量，如要增加工程量必须有工程师的书面签证确认；不能增加工程总费用，除非是增加工程的同时也增加造价，但也必须有工程师或业主的书面签证。除上述三个方面外，工程师在发布工程通知书时，有权提出较小的改动，但不得额外加价，并且这种改动与建设本工程的目标应完全一致。

在工程变更的情况下，承包商必须熟悉合同规定的工程内容，以便确定执行，或者经双方同意签订补充协议。

如果因这种变更，使合同造价有所增减，引起工期延迟，合同也要相应加以调整。除此之外，其他均应在原合同条款上予以执行。

2. 施工条件变化

这里所说的施工条件变化是针对以下两种情况：一是用来处理现场地面以下与合同出入较大的潜在自然条件的变更，例如，地质勘探资料和说明书上的数据错误，造成地基或地下工程的特殊处理而给承包商带来损失，承包商有权要求对合同价格进行公平合理的调整；二是现场的施工条件与合同确定的情况大不相同，承包商应立即通知业主或工程师进行检查确认。

3. 工程延期

在以下情况下，工程完成期限是允许推迟的：①由于业主或其雇员的疏忽失职；②由于提供施工图的时间推迟；③由于业主中途变更工程；④由于业主暂停施工；⑤工程师同意承包商提出的延期理由；⑥由不可抗力所造成的工程延期。

在发生上述任何一种情况时，承包商应立即将备忘录送给工程师，并提出延长工期的要求。工程师应在接到备忘录五天内给承包商签认。如果业主要求暂停施工而没有在备忘录上标明复工日期和期限，那么承包商可以被迫放弃暂停施工的部分工程，并将停工部分进行估算，开具账单，请业主结付工程款，而且可以按被迫放弃的工程价值加一个百分比作为补偿管理费、专用设施和预期利润等所遭受的损失。

4. 不可抗力或意外风险

不可抗力，顾名思义即指超出合同各方控制能力的意外事件。其中任何一件不可抗力事件发生，都会直接干扰合同的履行，由此造成的施工时间延长、工程修理及其费用、终止合同，或业主、第三方的破产和损害及人身伤亡，承包商概不承担任何责任。业主应对就此引起的一切权利、要求、诉讼、损害赔偿费、各项开支和费用等负责，保证承包商免受损害并给予承包商补偿。

凡是发生上述情况的，承包商应迅速向业主报告，并提供适当的证明文件，以便业主核实。业主或其代表接到通知后也应及时答复。如长期拖延不予处理，也要负违约的责任。对于自然灾害的影响，承包商不仅可以要求顺延工期，而且应当声明，除顺延工期外，还应对由于灾害暂时停工而需要对承包价格进行合理的调整。

5. 检查和验收

如业主对已检查验收过的隐蔽工程和设备内部再次要求拆下或剥开检查时，承包商必须照办。经检查，工程完全符合合同要求时，承包商应要求补偿因拆除、剥开部分工程所造成的损失，包括修复的直接费用和间接费用，以及因检查所引起的额外工程费用等。

6. 在工程竣工验收前业主占用

业主有权占用或使用已竣工的或部分竣工的工程。关于这一情况，在签订合同时应分清双方的责任和义务。一般这种占用或使用不得被认为是对已完成的、不符合合同规定的工程的验收。但是对于工程所遭受的损失和损害，如不是由承包商的过失或疏忽造成，则不应该由承包商负责。如这种先期占用或使用使工程进度受到拖延给承包商造成额外费用，就应对合同价款和竣工期限进行公平合理的调整，承包商必须详细记录。

7. 业主提供设备

设备如由业主提供，合同中规定有设备的交付时间或履行合同日期，如业主未按期供应，按规定就要公平合理地调整合同价格，延长竣工期限。

8. 劳动力、材料费用涨价

如果材料价格及劳动力费用受到供求关系或市场因素的巨大影响，业主会在合同中同意准许材料价格及劳动力费用调整。因此，合同实施中如遇到市场价格上涨的情况，承包商应及时向业主提供工程价格调整的要求。

除以上情况外，还有许多引起承包商提出索赔要求的因素，如加快工程进度、波及效应等。承包商必须熟悉合同条款的具体规定，对各种因素进行仔细斟酌，严加推敲，以便适时地采取措施，保护自己的利益。

（三）建筑工程施工索赔的类型划分

1. 按索赔的目的不同划分

按索赔的目的不同可分为要求延长工期和要求经济补偿，这是施工索赔业务中常见的分类方法。当提出索赔时，必须明确是要求工期索赔还是经济索赔，前者是要求得到工期的延长，后者是要求得到经济补偿。

2. 按索赔的处理方式不同划分

按索赔的处理方式不同，可分为单项索赔和一揽子索赔两种。

（1）单项索赔

单项索赔是指在工程施工过程中出现干扰原合同实施的某项事件，承包商为此而提出的索赔。如业主发出设计变更指令，造成承包商成本增加、工期延长，承包商为变更设计这一事件提出索赔要求，就属于单项索赔。应当注意，单项索赔往往在合同中规定必须在索赔有效期内完成，即在索赔有效期内提出索赔报告，经监理工程师审核后交业主批准。如果超过规定的索赔有效期，则该索赔无效。因此，对于单项索赔，必须有合同管理人员对日常的每个合同事件进行跟踪，一旦发现问题就应迅速研究是否对此提出索赔要求。单项索赔由于涉及的合同事件比较简单，责任分析和索赔计算不太复杂，金额也不会太大，双方往往容易达成协议，使承包商获得成功索赔。

（2）一揽子索赔

一揽子索赔又称总索赔，它是指承包商在工程竣工前后，将施工过程中提出但未解决的索赔汇总在一起，向业主提出一份索赔报告。这种索赔，有的是在合同实施过程中，因为一些单项索赔问题比较复杂，不能立即解决，经双方协商同意留待以后解决；有的是业主对索赔迟迟不做答复，采取拖延的办法，使索赔谈判旷日持久；有的是由于承包商对合同管理的水平差，平时忙于工程施工，没有注意对索赔的管理，当工程快完工时才发现自己亏了本，才准备进行索赔。

由于以上原因，在处理一揽子索赔时，因许多干扰事件交织在一起，影响因素比较复杂，有些证据因为时过境迁，责任分析和索赔值的计算困难加大，使索赔处理和谈判很艰难，加上一揽子索赔的金额一般较大，往往需要承包商做出较大让步才能解决。因此，承包商在进行施工索赔时，一定要掌握索赔的有利时机，力争单项索赔，使索赔在施工过程中逐项解决。对于实在不能单项解决，需要一揽子索赔的，也应力争在施工建成移交之前完成主要的谈判与付款。如果业主无理拒绝和拖延索赔，承包商还有约束业主的"武器"——合同；否则，工程移交后，承包商就失去了约束业主的"王牌"，业主有可能赖账，使索赔长期得不到解决。

3. 按索赔发生的原因不同划分

索赔发生的原因有很多，但归纳起来有四类：施工延期索赔、工程变更索赔、施工加速索赔和不利现场条件索赔。

（1）施工延期索赔

施工延期索赔主要是由于业主的原因不能按原定计划的时间进行施工所引起的索赔。如为了控制建设成本，业主往往把材料和设备规定为自己直接订货，再供应给施工的承包商，业主如不能按时供货而导致工期延期，就会引起施工延期的索赔。又如业主不能按合同约定提供现场必要的施工条件而延误开工或影响施工速度，承包商也会因此而要求延期索赔。还有设计图纸的错误或遗漏，设计者不能及时提交审查或批准的图纸等，都可能引起延期索赔。

（2）工程变更索赔

工程变更索赔是指因合同规定工作范围的变化而引起的索赔。这类索赔有时不如施工延期索赔那么容易确定，如某分项工程所包含的详细工作内容和技术要求、施工要求很难在合同文件中用语言描述清楚，设计图纸也很难对每个施工细节都表达得很详尽，因此，实施中很难界定此工程内容是否有所变更，即使有变更，也很难确定其变更程度。但是对于明显的设计错误或遗漏、设计变更以及工程师发布工程变更指令而引起的工期延误和施工费用增加，承包商则应及时向业主提出工程变更索赔。

（3）施工加速索赔

施工加速索赔通常是施工延期或工程变更的结果，有时也被称为"赶工索赔"，而施工加速索赔与劳动生产率降低的关系极大，因此又被称为劳动生产率损失索赔。如业主要求承包商比合同规定的工期提前，或者因前一阶段的工程拖期，要求后一阶段工程弥补已经损失的工期，使整个工程按期完工。这样，承包商可以因施工加速成本超过原计划的成本而提出索赔，其索赔的费用一般应考虑加班工资以及雇用额外劳动力，采用额外设备，改变施工方法，提供额外监督管理人员，由拥挤、干扰、加班引起疲劳的劳动生产率损失等所引起的费用增加。

（4）不利现场条件索赔

不利现场条件索赔是指图纸和技术规范中所描述的条件与实际情况有实质性的不同或合同中虽未做描述，但遇到的是一个有经验的承包商无法预料的情况，一般是地下的水文地质条件，以及某些隐藏着的不可知的地面条件。如果承包商证明业主没有给出某地段的现场资料，或所给的资料与实际相差甚远，或所遇到的现场条件是一个有经验的承包商不能预料的，那么承包商对于不利现场条件的索赔通常都能成功。

不利现场条件索赔近似于工程变更索赔，然而又不大像大多数工程变更索赔。不利现场条件索赔应归咎于确实不易预知的某个事实。如现场的水文、地质条件在设计时只能根据某些地质钻孔和土样试验资料来分析和判断。这种不利现场条件的风险由业主来承担是合理的。

4. 按索赔的依据不同划分

索赔是为了得到经济补偿和工期延长，而索赔必须有其可靠的依据。因此，按索赔的依据不同，可分为合同内索赔、合同外索赔和道义索赔。

（1）合同内索赔

合同内索赔是指以合同条款为依据，在合同中有明文约定的索赔，如工程延误、工程变更、工程师给出错误数据导致放线的错误、业主不按合同规定支付进度款等。这种索赔，由于在合同中有明文约定，故往往容易成功。

（2）合同外索赔

合同外索赔一般是指难以直接从合同的某个条款中找到依据，但可以从对合同条件的合理推断或同其他的有关条款联系起来论证该索赔是属于合同约定的索赔。

（3）道义索赔

道义索赔是指索赔无合同和法律依据，承包商认为自己在施工中确实遭到很大的损失，想要得到优惠性的额外付款，只有在遇到通情达理的业主时才有希望成功。一般在承包商的确克服了很多困难，使工程圆满完成，而自己却蒙受重大损失时，若承包商提出索赔要求，业主可能会出自善意，给承包商一定的经济补偿。

5. 按索赔的业务性质不同划分

按索赔的业务性质不同，可分为施工索赔和商务索赔两种。

（1）施工索赔

施工索赔是指涉及工程项目建设中施工条件或施工技术、施工范围等变化引起的索赔，一般发生频率高、索赔费用大。

（2）商务索赔

商务索赔是指实施工程项目过程中的物资采购、运输、保管等活动引起的索赔事项。由于供货商、运输公司等在物资数量上短缺、质量上不符合要求、运输损失或不能按期交货等原因，给承包商造成经济损失时，承包商将向供货商、运输公司等提出索赔要求；反之，当承包商不按合同规定付款时，则供货商或运输公司将向承包商提出索赔。

6. 按索赔的当事人不同划分

按索赔的当事人不同，可分为承包商同业主之间的索赔，总承包商同分承包商之间的索赔，承包商同供货商之间的索赔，承包商同保险公司、运输公司的索赔和承包商同劳务供应商的索赔。

7. 按索赔的对象不同划分

按索赔的对象不同，可分为索赔和反索赔两种。

（1）索赔

索赔是指承包商向业主、供货商、保险公司、运输公司等提出的索赔（此处"索赔"主要指承包商向业主提出的索赔）。

（2）反索赔

反索赔是指业主、供货商、保险公司、运输公司等向承包商提出的索赔。

二、建筑工程施工索赔管理

（一）建筑工程施工索赔意识

在市场经济环境中，建筑承包商要提高经济效益，必须重视施工索赔问题，必须有索赔意识。而索赔意识主要体现在以下三个方面：

1. 法律意识

索赔是法律赋予承包商的正当权利，是承包商保护自己正当权益的手段。强化索赔意识，实质上是强化承包商的法律意识。这不仅可以加强承包商的自我保护意识、提高自我保护能力，而且能够提高承包商履约的自觉性，从而自觉地避免侵害他人的利益。这样合同双方有一个好的合作气氛，有利于工程合同总目标的实现。

2. 市场经济意识

在市场经济环境中，建筑承包企业以追求经济效益为目标，而施工索赔是指在合同规定的范围内，合理合法地追求经济效益的手段。通过施工索赔可以提高合同价格，增加收益。

3. 工程管理意识

施工索赔工作涉及工程项目管理的各个方面，要想使施工索赔成功，必须提高整个工程项目的管理水平。在工程项目管理中，必须有专人负责索赔管理工作，将施工索赔管理贯穿于项目施工全过程、工程实施的各个环节和各个阶段。所以，搞好施工索赔能带动建筑施工企业管理和工程项目管理整体水平的提高。

在现代工程的施工中，施工索赔的作用不仅是争取经济上的补偿以弥补损失，而且包括三个重要作用。第一，可以防止损失的发生。即通过有效的施工索赔管理，可以避免影响正常施工的事件（简称干扰事件）的发生，也可以避免自己的违约行为。第二，可以加深对工程合同的理解。因为对工程合同条款的解释，通常都是通过工程合同案例进行的，而这些工程合同案例通常都是索赔案例。如果有较强的索赔意识，就会对工程合同理解得更透彻。第三，有助于企业素质和工程项目管理水平的提高。施工索赔管理是工程项目管理中高层次的管理工作，重视和加强施工索赔管理工作，可以带动整个工程项目管理水平和企业素质的提高。

（二）建筑工程施工索赔管理任务

1. 索赔管理的主要任务

索赔的重要作用主要是对自己已经受到的经济损失进行追索补偿。索赔管理的主要任务包括以下两个方面：

（1）在工程实施中寻找和发现索赔机会

在任何工程实施中，干扰事件都是不可避免的，问题是承包商能否及时发现并抓住索赔机会。承包商应有敏锐的感觉，并通过对工程承包合同实施过程进行监督、跟踪、分析和诊断，以寻找和发现索赔机会。

（2）处理索赔事件和解决索赔争执

承包商一旦发现索赔机会，则应迅速做出反应，进入索赔处理过程。在这个过程中有大量的、具体的、细致的索赔管理工作和索赔业务工作，主要包括：①向业主和监理工程师提出索赔的意向；②进行事件调查，寻找索赔理由和证据，分析干扰事件的影响，计算索赔价值，起草索赔报告（索赔文件）；③向业主提交索赔报告，通过谈判、调解或仲裁等方法，最终解决索赔争执，使自己的经济损失得到合理的补偿。

2. 反索赔管理的主要任务

承包商反索赔应避免经济损失，反索赔管理有以下任务：

（1）反驳对方不合理的索赔要求

对对方（包括业主、总包或分包）已提出的索赔要求进行反驳，尽力摆脱自己对已经产生的干扰事件的合同责任，否定或部分否定对方的索赔要求，使自己不受或少受损失。

（2）防止对方提出索赔

通过有效的合同管理，使自己完全按合同办事，处于主动的地位，即着眼于避免损失和争执的发生。

在工程实施过程中，签订合同的双方都在进行合同管理，都在寻找索赔的机会。所以，如果承包商不能进行有效的索赔管理，不仅容易丧失索赔机会，使自己的损失得不到补偿，而且可能反被对方索赔，蒙受更大的损失。

（三）索赔管理与项目管理

承包商承包工程要获得好的经济效益，必须高度重视施工索赔。要取得施工索赔的成功，必须进行有效的索赔管理。索赔管理是工程项目管理的一部分，它的涉及面很广，是工程项目管理的综合体现。它与工程项目管理的其他职能有密切的联系，主要表现如下：

1. 索赔与合同管理

工程合同是施工索赔的依据。索赔就是针对不符合或违反合同的事件，并以工程合同条文作为最终判定的标准。索赔是合同管理的继续，是解决双方合同争执的独特方法，所以，人们将索赔称为合同索赔。

（1）签订有利于自己的合同是索赔成功的前提

索赔是以合同条文为理由和根据的，所以，索赔的成败、索赔金额的大小取决于合同的完善程度和表达方式。签订有利于自己的合同，承包商在工程实施中将处于有利地位，无论进行索赔和反索赔都能得心应手，处理索赔事件时有理有利；签订不利于自己的合同，如责权利不平衡、单方面的约束条件太多、风险太大、合同中没有索赔条款或索赔权利受到严格的限制，则使承包商处于不利的地位，往往只能被动挨打，对经济损失防不胜防。因此，签订一个有利于自己的合同对索赔管理是至关重要的。

在工程项目的投标、议标和合同签订过程中，承包商应仔细研究工程所在地（或所在国）的法律、政策、规定及合同条件，特别是关于合同工程范围、义务、付款、价格调整、工程变更、违约责任、业主风险、索赔时限和争端解决等条款，必须在合同中明确当事人各方的权利和义务，以便为将来可能的索赔提供合法的依据和基础。

（2）从合同中寻找和发现索赔机会

承包商应从对合同的分析、监督和跟踪中寻找和发现索赔机会，即在合同签订前和合同实施前，通过对合同条款的审查和分析，预测和发现潜在的索赔机会。其中，应对合同变更、价格补偿、工期索赔条件、索赔的可能及程序等条款予以特别的注意和研究。在工程合同实施过程中要进行监督和跟踪，首先应保证承包商自己全面执行合同、不违约，并且监督和跟踪对方合同完成情况，将每天的工程实施情况与合同分析的结果相对照，一旦发现两者之间不相符，或出现有争议的问题，就应分析并进行索赔准备。这些索赔机会就是索赔的起点。因此，索赔的依据在于日常管理工作的积累，在于对工程合同执行的全面控制。

（3）合同变更可直接作为索赔事件

业主的工程变更指令、合同签约双方对新的特殊问题的协议、会议纪要、修正方案等都会引起合同变更。承包商不仅要落实这些变更，调整合同实施计划，修改原合同规定的责权利关系，而且要分析合同变更造成的影响。合同变更如果造成工期延误和费用增加，就可能导致索赔。

（4）合同管理可为处理索赔事件提供所需依据

在合同管理中要处理大量的合同文件和工程资料，这些文件和资料可作为索赔的证据。单项索赔事件一般是由合同管理人员负责处理，并由他们进行干扰事件的影响分析、收集证据、准备索赔报告、参加索赔谈判。对重大的一揽子索赔事件，必须成立专门的索赔小组负责具体索赔工作，合同管理人员在索赔小组中起主导作用。

在国际工程中，索赔已被看成是一项正常的合同管理业务。索赔实质上是对合同双方责权利关系的重新分配，索赔事件的解决结果也可作为工程合同的一部分。

2. 索赔与计划管理

索赔从根本上讲是由于干扰事件造成实际施工过程与预定计划的差异而引起的，而索赔值的大小由这个差异所决定。所以，计划必然是干扰事件影响分析的尺度和索赔值计算的基础。通过施工计划和实际施工状态的对比分析可发现索赔机会，具体如下：

（1）在实际施工过程中工程进度的变化，如施工顺序、劳动力、机械、材料使用量等的变化，都可能对工程施工产生影响，对前述变化进行定量分析就可以获取相应的索赔值。

（2）工期索赔可由计划和实际的关键线路分析得到。

（3）可以提供索赔值计算的基础和计算证据。

3. 索赔与成本管理

在工程项目管理中，工程成本管理包括工程预算与估价、成本计划、成本核算、成本控制（监督、跟踪、诊断）等，它们都与索赔有密切的联系。

（1）工程预算和报价是费用索赔的计算基础

工程预算和报价确定的是"合同状态"下的工程费用开支。如果没有干扰事件的影响，承包商可按合同完成工程施工和保修责任，业主如数支付合同价款。如干扰事件引起实际成本的增加，从理论上讲这个增加量就是索赔值。在实际工程中，索赔值以合同报价为计算基础和依据，并通过分析实际成本和计划成本的差异得到。要取得索赔的成功，必须做到：①工程预算费用项目的划分必须详细合理，报价应当符合实际，这样不仅可以及时发现索赔机会，而且对干扰事件影响的分析才能准确，才能使索赔计算方便合理，索赔要求有根有据；②由于提出索赔报告有严格的有效期限，索赔值必须符合一定的精度要求，因此，必须有一个有效的成本核算和成本控制系统。

（2）通过对实际成本的分析可以寻找和发现索赔机会

在工程预算基础上确定的成本计划是成本分析的基础。成本分析主要是研究计划成本与实际成本的差异，以及差异产生的原因。而这些原因就是干扰事件，就是索赔机会。在此基础上进行干扰事件的影响分析和索赔值的计算就十分清楚和方便了。

（3）成本分析资料是索赔值计算的证据

索赔值的准确计算，需要及时、准确、完整及详细的成本核算和分析资料，以作为索赔值计算的依据和证据，比如，各种会计凭证、财务报表和账单等。

4. 索赔与文档管理

索赔需要有证据，它是索赔报告的重要组成部分。没有证据或证据不足，索赔是不能成立的。文档资料可以及时、准确、有条理地为索赔提供分析资料和证据，用以证明干扰事件的存在和影响，证明承包商的损失确实存在，证明索赔要求的合理性和合法性。承包商应重视收集经济活动的证据，要有完整的实际工程记录，应建立工程文档管理系统，并委派专人负责工程文档资料的收集和整理；对于较大和复杂的工程项目，运用计算机进行文档管理，可以极大地提高工作效率，并能很好地满足索赔管理的需要。

索赔管理还涉及工程技术、工程设计、工程保险、企业经营、公共关系等各个方面。一个成功的索赔不仅在于合同管理人员和索赔小组的努力，而且依赖于工程项目管理各职能人员和企业各职能部门在工程实施的各个环节进行卓有成效的管理工作。因此，索赔和反索赔的能力是承包商经营管理水平的综合反映。

（四）索赔小组的构建

索赔小组由组长、合同专家、法律专家、索赔专家、预算师、会计师、施工工程师等人员组成，组长一般由工程项目经理担任。索赔是一项复杂细致的工作，涉及面广，除索赔小组成员的努力工作外，还需要工程项目管理各个职能人员和企业各个职能部门的密切配合，才能保证索赔的圆满成功。对重大索赔或一揽子索赔必须成立专门的索赔小组，负责具体的索赔处理工作和谈判。一个复杂的工程，其合同文件、各种工程资料的研究和分析要花很多时间，不能到索赔谈判时才拼凑人马，因此，需要及早建立索赔小组并进入工作。由于索赔工作的重要性，索赔小组作为一个工作集体，应具备全面的知识、能力和经验，具体要求如下：

1. 索赔小组成员应具备合同、法律等方面的专业知识，具有合同分析、索赔处理方面的能力和经验，并应参与工程项目的合同谈判和合同实施过程，熟悉工程合同的条款内容和施工过程中的各个细节问题。必要时还要请索赔公司或法律专家进行咨询，甚至直接参与索赔工作。

2. 索赔小组成员应具备建筑施工组织与计划安排等方面的专业知识、能力和经验，能编制施工网络计划和关键线路分析，以及计划网络与实际网络的对比分析，应参与工程施工计划的编制和实施过程的管理工作。

3. 索赔小组成员应具备工程成本核算、财务会计核算等方面的知识、能力和经验，参与工程报价以及工程计划成本的编制，懂得工程成本核算方法，如成本项目的划分和分摊的方法等。

4. 索赔小组成员应具备其他方面的知识和能力，包括索赔的计划和组织能力、合同谈判能力、文字写作和语言表达能力以及外语等。

总之，索赔小组成员为争取索赔的成功，应全面领会和贯彻执行企业总部的索赔总战略，认真细致地做好索赔工作，同时还应加强索赔过程中的保密性，这样才能取得索赔的圆满成功，为企业追回经济损失和增加盈利。

第三节　建筑工程的财务管理

一、财务管理概述

企业是根据市场需求，在国家宏观调控的前提下独立组织生产和经营的经济组织，旨在提高经济效益和劳动生产率，实现价值保值和增值。财务管理是企业管理的重要组成部分，它是具有管理性质的工作，主要的工作内容是获取相关资金，以及对这些资金的有效运用的管理，从而确保这些资金的作用和价值的发挥。企业在运营中客观存在的财务活动及涉及的财务关系是财务管理工作产生和展开的基础。在经济飞速发展的大环境下，财务管理在企业管理中的地位越来越高，在企业管理中发挥的作用越来越重要。它对一个企业的生存和发展至关重要。新中国成立以来，我国在企业财务制度的建设方面取得了很大的成绩，特别是改革开放以来，我国对财务制度进行了较大的改革，如先后制定成本管理、固定资产折旧等条例，对促进经济体制改革起了重要的推动作用。

（一）财务活动

企业的财务活动，也叫资金运动。随着企业再生产过程的不断继续，企业资金始终处于运动的状态。货币资金的形态是企业在生产过程中的企业资金的初始形态，货币资金按照次序经过供应等许多阶段又返回到货币资金的状态。这种资金的反复循环的运动过程被称为资金的循环。这种循环持续不断进行，被称作资金的周转。资金运动中资金各种形态的变化是通过资金的循环和周转反映出来的。所谓财务活动是资金的筹集、投放、使用、收回及分配等一系列行为。

（二）财务关系

财务关系体现的是经济利益的关系，它包含了企业在进行财务活动过程中与相关各方发生的所有的经济利益关系。比如，企业筹集资金、花费资金、分配资金等财务活动，都会涉及和建立与之相关的多方面的经济联系。在这些经济联系的建立过程中，必然产生与之相关的经济利益关系。这些利益关系主要体现在以下七个方面：

1. 企业与投资者之间的财务关系

这种关系是指企业的投资者向企业投入资金，企业向其投资者支付投资报酬所形成的经济关系。现行制度明确规定，投资者凭借其出资，有权参与企业的经营管理，分享企业的利润，承担企业的风险。被投资企业必须依法保全资本，并有效运用资本实现盈利，企业与投资者之间的财务关系体现了所有权性质的投资与受资关系。

2. 企业与债权人之间的财务关系

这种关系是指企业根据贷款合同的规定，向债权人借款，并偿还利息，按时归还本金而形成的经济关系。企业除了将资金用于商业活动外，为了降低资金成本并扩大业务规模，还必须借入一定数量的资金。企业使用债权人的资金，应当及时向债权人按照约定的利率支付利息；要对资金进行合理的调度，在债务到期时，将本金及时返还债权人。企业与其债权人之间的财务关系在本质上属于债务与债权关系。

3. 企业与受资者之间的财务关系

这种关系是指企业以购买股票或直接投资的形式投资于其他企业所形成的经济关系。随着市场经济的不断发展，企业经营规模和经营范围的不断扩大，这种关系将会越来越广泛。企业向其他单位投资，应按约定履行出资义务，并依据其出资份额参与受资者的经营管理和利润分配，企业与受资者之间的财务关系也体现了所有权性质的投资与受资关系。

4. 企业与债务人之间的财务关系

这种关系是指企业通过购买债券、提供贷款或商业信贷的形式将其资金借给其他单位形成的经济关系。企业贷出资金后，有权要求债务人支付利息，并按照约定的条件将本金归还。企业与其债务人之间的关系体现了债权与债务关系。

5. 企业与政府之间的财务关系

中央政府和地方政府是社会管理者，担负着维持社会正常秩序、保卫国家安全、组织和管理社会活动等职责。政府依据这一身份，无偿参与企业利润的分配。企业必须按照税法规定向中央和地方政府缴纳各种税款。这种关系体现的是一种强制和无偿的分配关系。

6. 企业内部各单位之间的财务关系

这种关系是指企业内部生产和运营的各个部分，相互提供产品或服务的各个部门之间的经济关系。企业供、产、销各个部门在企业实施厂内经济核算制和企业内部经营责任制的条件下，各个生产单位之间相互提供的劳务和产品也要计价结算。这种在企业内部形成的资金结算关系，是企业内部各部门之间的经济利益关系的体现。

7. 企业与职工之间的财务关系

这种关系是指企业在支付职工劳动酬劳的过程中形成的经济关系。职工是企业的劳动者，他们以自身提供的劳动作为参加企业利润分配的依据。企业拿出一部分收入，依据职工的实际劳动情况，向职工支付工资和奖金等，并按规定提取公益金。这反映了职工个人和集体在劳动成果上的分配关系。

总之，财务管理是企业管理的重要组成部分，是对企业财务活动和财务关系的综合管理。

（三）财务管理的特点

企业管理包括设备管理、技术管理、生产管理、财务管理、人力资源管理、销售管理等多方面的内容。财务管理是企业管理中的重要一项，与其他管理相比，有自己的特征。

1. 财务管理是价值管理

财务管理主要管理财务活动，一个企业价值的形成、实现和分配的内容，都被反映在财务活动当中。财务管理使用资金、成本、收入、利润等价值指标。运用财务预测、财务分析等方式处理价值变动中的经济关系。通过价值形式，合理规划和控制企业的物质条件、业务流程和经营成果，以达到提高经济效益、增加企业财富的目的。"价值管理"的特征是财务管理最基本的特征。

2. 财务管理具有广泛性

在企业的生产和经营中，任何活动都会涉及资金的收入与支取，几乎所有的部门都会涉及资金的使用。所以在一个企业内部，与财务部门的紧密关系是普遍存在的。每个部门与财务部门的关系是多方面的，在对资金的合理运用方面，各个部门既受到财务部门的制约和监管，又接受财务部门的指导，同时也需要互相配合，保持沟通和合作。财务管理工作涉及对筹资的管理，金融市场是筹资的场所。这样将财务活动整合到金融市场体系中，也使财务活动由企业内部向企业外部扩展。在资金运动和价值的变化中能充分反映出企业管理的所有内容。

3. 财务管理具有综合性

围绕资金运动而展开的企业财务管理具有显著的综合性特征。资金运动的过程和结果反映了企业生产经营活动各方面的质量和效果。资金运动的综合性特征是财务管理具有综合性的决定因素。以价值形式综合反映企业运营能力、成就、状态是财务管理遵循的指标。对组织资金的及时供应、对资金的合理使用、对生产成本的严格控制、对收益的合理分配，都属于能够对企业产生综合影响的财务管理工作的职责。

（四）财务管理的目标

1. 企业的目标对财务管理的要求

企业的总体目标决定了财务管理的目标。企业组织的目标是赢得利润，它是一个以盈利为导向的组织，盈利是它的出发点和归宿。企业从成立的那一刻起，就不得不持续接受各种挑战，面对各种竞争，面临着生存与破产、发展和萎缩的矛盾。企业只有能够生存才能够盈利，也只有不断盈利才能持续地生存和发展，所以，生存、发展和获得利润是企业管理永恒的主题。

（1）对财务管理的第一个要求：生存

企业获利的基础和前提是生存。包括商品市场、金融市场、技术市场、人力资源市场在内的所有市场都是企业生存的"土壤"。收入能够抵消支出，是企业在市场中生存下去的基本前提。一方面，企业要花钱从市场上获得必要的资源；另一方面，企业提供商品或服务，并从市场上获取货币。为了使经营持续维持下去，企业从市场上赚回的货币只有在至少不低于支出货币的前提下，才能获得长期生存。如果企业赚回的货币比付出的货币还要少，那么企业就会缺乏购买资源的资金。这种情况长期发展下去，必然会给企业带来严重的影响，造成企业的萎缩，难以维持经营，直至走向破产。

到期偿还债务是企业生存的另一个基本前提。企业可以向其他个人或法人借款以扩大业务或满足临时营业额的需要。为了维持市场经济秩序，国家通过立法，要求债务人在必要时"偿还到期债务"。如果企业无法偿还到期的债务，法院可能会裁定其破产。

所以，长期亏损和到期无法偿还债务是企业生存的两个主要威胁。长期亏损是企业停止经营的内在因素，而到期无法偿还债务是企业停止经营的直接因素。财务管理应力争收入能够抵消支出，并且保持到期能够对债务进行偿还的能力。这样才能将破产的风险有效降低，才能保证企业长期、稳定生存下去。

（2）对财务管理的第二个要求：发展

企业不仅要生存，还需要发展。企业的生产经营如同在逆流中行船，如果不努力前进，就会不断退缩。现代经济环境下，科技飞速发展，不断进步，产品升级换代的速度非常快。企业只有持续推出更优质、更新颖和更受欢迎与喜爱的产品才能在市场上站稳脚跟。市场竞争异常激烈，每个企业都在优胜劣汰的经济规律中挣扎成长，都在夹缝中求生存。如果在这种此消彼长的竞争环境中，不能向前发展，不能跟上时代的脚步，使产品的质量和服务不断提升，不能将市场份额不断扩大，企业就难以与同行抗衡，也难以维持下去。

收入的扩大，是企业处于发展状态的集中表现。产品质量的提升、销售数量的增长是扩大收入的根本途径。所以，企业必须在设备、技术和工艺方面不断更新，在人员的综合素养方面不断提升。企业只有在投入更多、更好的物质资源和人力资源的同时，持续对技术水平和管理水平进行改进和提升，才能使企业获得长足的发展。在市场经济中，只有付出货币才能获得各种资源。资金是企业发展的必需品，财务管理的重要职责之一就是筹集企业发展需要的资金

（3）对财务管理的第三个要求：获利

获利是一个企业存在的价值体现，如果永远只是维持收支平衡，没有获利，企业就没有存在的意义。盈利是企业建立的目标。尽管成熟的企业具有提高员工收入、改善劳动条件、扩大市场份额、改善产品质量和减少环境污染等各种目标，但是盈利能力是反映其综合能力的目标。企业的出发点及归宿都是盈利，盈利是其他目标实现程度的概括。盈利目标的实现，是其他目标实现的前提，也是其他目标实现的助力器。

从财务角度来看，利润是资产获得的收益大于投资的收益。在市场经济条件下，每一项资金的来源都需要付出成本，没有成本的资金来源是不存在的，每一项资产都属于一种投资，都应当具有生产性，都要从中获取回报。企业财务管理人员应确保企业生产经营和其他来源的各项资金能够被企业合理、有效地利用，从而帮助企业获得更多的利润，并获得更长久的发展。

2. 企业的财务目标

（1）利润最大化

这种观点认为，利润代表了企业新创造的财富，利润越多则企业的财富增加得越多，越接近企业的目标。这种观点的问题是没有考虑利润的取得时间，没有考虑所获利润和投入资本的关系，也没有考虑获取利润的风险。

（2）每股盈余最大化

这种观点认为，企业的利润应与股东投入的资本挂钩，而每股收益应被用来概括企业的财务目标，这可以使"利润最大化目标"的缺陷被避免。这种观点的问题在于没有考虑每股收益的时机和风险。

（3）股东财富最大化

这种观点认为，股东财富最大化或公司价值最大化是财务管理的目标。股东开办企业的目的是财富的增多。公司的价值在于它可以为所有者带来未来的回报，包括获得股息和出售股票以换取现金。

从法律上看，我国企业分为三类：一是只有一个所有者的独资企业，二是股东较少的有限责任公司，三是股东较多的股份有限公司。对于独资企业来说，企业的价值是其出售时可以得到的现金。对于有限责任公司来说，股权可以转让。对于股份有限公司来说，股票的价格代表了企业的价值。

股份有限公司是最典型、最能说明问题的，尤其是上市公司。股票价格水平代表投资公众对公司价值的客观评估。股票价格与利润之间的关系用每股价格表示；股份有限公司受预期每股盈余的影响，反映了每股盈余大小取得的时间；其受企业风险规模的影响，可以反映每股盈余的风险。

3. 影响财务管理目标实现的因素

财务管理的目标是最大化公司的价值或股东的财富。股票价格代表股东的财富。所以，股票价格水平反映了财务管理的程度。外部环境和管理决策会对公司的股价产生影响。

（1）管理决策

管理决策是指公司管理层对可以控制因素的决定和选择，从公司管理当局的控制因素看，企业的报酬率和风险决定了股价的高低。企业的投资项目、资本结构和股利政策是企业的报酬率和风险决定因素。因此，这些因素影响企业的价值。财务管理正是通过投资决策、筹资决策和股利决策来提高回报率，降低风险，实现其目标的。

投资报酬率也就是每股盈余，是指公司税后净利润除以流通在外的普通股数。在风险相同时，它体现了股东财富风险，任何决策都是要承担风险的，并且是面向未来的，为了获得更好的结果，决策时需要对风险和回报做好分析和选择。

（2）投资项目

投资项目是确定公司收益和风险的主要因素。一般而言，公司选用的投资项目会提高企业的收益率，否则公司就不需要投资。与此同时，任何项目都有风险，唯一的区别就是规模。因此，公司的技术计划将改变其回报率和风险，并对股票的价格产生影响。

（3）资本结构

资本结构是指所有者与债权之间的比例关系。在正常情况下，公司借款的利率低于其投资的预期收益率。公司可以通过借入短期资金来提高公司的每股预期收益，但是也会增加每股预期收益的风险。因为一旦情况发生变化（例如，销售萎缩），使得实际收益率低于利率，债务将不会增加每股收益，甚至会减少每股收益，可能因破产而无法及时支付本金和利息。

（4）股利政策

股利政策是指公司当前所赚取的利润中有多少作为股息分配给股东，以及保留多少用于再投资，以便将来的利润来源可以继续。股东既希望获得股息，又希望每股收益在未来继续增长，两者之间存在着矛盾的关系。前者是当前利益，后者是长期利益。

（5）理财环境

理财环境就是指企业财务管理的外部环境，即对企业财务活动有影响的企业外部条件。它们是外部约束，很难在公司财务决策中进行更改。财务管理环境涵盖范围很广，法律环境、金融市场环境和经济环境是其中最为重要的。

①法律环境。财务管理的法律环境是指企业与外界有经济关系时应遵守的各种法律、法规和规章。企业在经营活动中必须与国家、其他企业或社会组织、企业雇员或其他公民，以及外国经济组织或个人有经济关系。国家管理这些经济活动和经济关系的方式有行政手段、经济手段和法律手段。

行政手段在经济改革中的应用逐渐减少，经济手段，特别是法律手段有所增加。日趋增多的经济关系和经济活动标准以法律形式确定。当前，使用多种经济手段和必要的行政手段也必须逐步实现符合法律规定，转化为特定的法律形式，才能使国民经济管理的合法化真正实现。

②金融市场环境。金融市场是指可以获得融资的场所。广义的金融市场是指包括物质资本和货币资本的所有资本流动的场所。货币贷款、票据接受和贴现、证券交易、黄金和外汇交易、处理国内外保险，以及生产资料的产权交换是广义金融市场交易包含的对象。狭义的金融市场通常是指证券市场，即股票和债券的发行和交易市场。

③经济环境。这里所说的经济环境是指企业进行财务活动的宏观经济状况，它包括经济发展状况、通货膨胀、利息率波动、政府的经济政策和竞争等因素。

4. 财务管理目标的协调

现代企业财务管理目标是企业价值最大化。根据这一目标，财务活动所涉及的不同利益主体如何进行协调是财务管理必须解决的问题。

（1）所有者与经营者的矛盾与协调

企业价值的最大化直接反映了企业所有者的利益，与经营者没有直接利益关系，对于所有者而言，他放弃的利益就是经营者的利益。所有者和股东希望以更少的钱带来更高的企业价值和更多的财富。这成为经营者与所有者之间的主要矛盾。只有采取措施将经营者的报酬与其绩效挂钩，并辅之以某些监督措施，才能使这一矛盾得到缓解和解决。

①解聘。这是一种通过所有者约束经营者的办法。所有者对经营者予以监督，如果经营者未能使企业价值达到最大，就解聘经营者。为此，经营者会因为害怕被解聘而努力实现财务管理目标。

②接收。这是一种通过市场约束经营者的办法。如果经营者经营决策失误、经营不力、未能采取一切有效措施使企业价值提高，该公司就可能被其他公司强行接收或吞并，经营者也会被解聘。因此，经营者为了避免这种情形，必须采取一切措施提高股票市价。

③激励。激励是指将经营者的报酬与其绩效挂钩，以使经营者自觉采取实现企业价值最大化目标的措施。

（2）所有者与债权人的矛盾与协调

所有者的财务管理目标可能与债权人期望实现的目标发生矛盾。

第一，所有者可能要求经营者改变举债资金的原定用途，将其用于风险更高的项目，这会增大偿债的风险。高风险的项目一旦成功，额外的利润就会被所有者独享；但若失败，债权人却要与所有者共同负担由此而造成的损失。这对债权人来说，风险与收益是不对称的。

第二，所有者或股东可能未征得现有债权人的同意，而要求经营者发行新债券或举借新债，致使旧债券或老债的价值降低。

（五）财务管理的内容

财务管理的主要内容包括投资决策、融资决策和股利决策三个方面。

1. 投资决策

投资是指为收回现金和获利而发生的现金流出。根据不同的标准，企业的投资决策可以分为直接投资和间接投资、长期投资和短期投资。

2. 融资决策

公司发行股票、发行债券、获得贷款、购买、租赁等都是融资。融资决策中要解决的问题是如何获得公司所需的资金，包括向谁融资以及何时获得。融资决策与投资和股息分配密切相关。融资需求量要考虑投资需求。增加利润分配中的保留盈余可以减少外部融资。融资决策的关键是确定资金每种来源在总资金中所占的比例，即确定符合融资和融资成本的资本结构。

3. 股利决策

股利分配是指公司的利润中有多少作为股利分配给股东，以及公司中有多少剩余利润用于再投资。过高的股利支付率会影响企业的再投资能力，将减少未来收益并导致股价下跌；过低的股利支付率可能引起股东不满，股价将下跌，股利决策的制定受到许多因素的影响，包括股息的不同处理、出售股票的收益、未来公司的投资机会、各种资金来源及其成本，以及股东对股票的相对偏好。每个公司都根据自己的具体情况确定最佳的股利政策，这是财务决策的重要组成部分。

（六）财务管理的职能

管理最重要的功能是计划和控制。因此，财务管理的内容也可以分为财务计划和财务控制。后来，随着人们对计划的理解逐步加深，计划又被分为项目计划和期间计划。项目计划是针对企业的个别问题的，它的筹划和采用过程就是决策过程，包括目标的描述、对实现目标的各个计划方案可能结果的预测，以及如何实现目标的决策。从这时起，管理的功能已分为决策和计划。

决策的过程，一般可分为四个阶段：情报活动、设计活动、选择活动、审查活动。事实上，这四个阶段并不是一次顺序完成的，经常需要返回到以前的阶段。财务决策完成以后，只是形成了行动意图，或者说完成了项目计划工作。要实现既定决策，还有两项工作：一是把已经采纳的项目计划编入期间计划；二是对计划的实施过程进行有效的控制，使计划变为事实。计划和控制都是为了执行决策。

二、建筑施工企业财务管理概述

（一）建筑施工企业的财务活动

建筑施工企业的财务，是建筑施工企业在生产经营中的财务活动及其与相关各方发生的财务关系。财务一般是指与钱物有关的事务，企业的财务活动实际就是企业的资金运动。

1. 建筑施工企业的资金运动

建筑施工企业的资金运动是一个不断循环的过程，每一循环的过程是，货币资金形态—储备资金形态—生产资金形态—商品资金形态—货币资金形态。这个过程说明，资金从流通过程进入生产过程，进而又回到流通过程。在流通过程中，通过商品出售取得货币收入，其中一部分用来补偿生产费用，加入下一个资金循环过程中去；另一部分是生产工人为社会创造的剩余价值，在国家和企业中进行分配。

资金的运动过程可以分为三个阶段，即资金筹集、资金运用和资金分配。

资金筹集就是企业为进行生产经营活动通过确定资金需要量和选择资金来源渠道取得

所需的资金。取得资金的途径不外乎两种：一种是接受投资者投入的资金，形成资本金；另一种是向债权人借入资金，是企业的负债。根据投资主体的不同，资本金包括国家资本金、法人资本金、个人资本金和外商资本金。企业筹资的方式有国家投资、各方集资或发行股票等。企业负债包括长期负债（如长期借款、应付长期债券、长期应付款等）和短期负债（如短期贷款、应付短期债券、预提费用、应付及预收款项等）。

资金运用就是把筹集到的资金投放到生产经营活动的过程，这个过程既是资金形态变化的过程，又是资金耗费和资金增值的过程。

资金分配是企业将取得的营业收入用来补偿成本和费用、缴纳税金和分配企业利润。企业的税后利润按下列顺序进行分配：弥补被没收的财物损失，支付滞纳金和罚款，弥补企业以前年度的亏损，提取法定公积金，提取公益金，向投资者分配利润。

2. 建筑施工企业的资金运动所体现的财务关系

建筑施工企业的资金运动是在各相关单位的经济往来中进行的。在资金的筹集、使用和分配过程中，产生了广泛的社会联系，形成了复杂的经济关系，即企业的财务关系。建筑施工企业的财务关系如下：

（1）建筑施工企业与国家之间的财务关系

这主要是指企业与政府各主管部门之间的关系。这种关系反映出国家与企业之间的资金授权关系，以及国家对企业的宏观调控关系。其中包括国家投资机构与企业间的投资关系、企业对国家税务机关的纳税关系，以及必要时国家对企业的政策性补贴关系等。

（2）建筑施工企业与金融机构之间的财务关系

这主要是存贷关系，以及银行对企业资金运用的指导关系。

（3）企业与其他企业之间的财务关系

这是一种遵循等价交换原则相互提供产品或劳务的关系，也体现出各企业间的社会分工协作关系。

（4）企业内部各部门之间的财务关系

企业内部各部门业务性质不同，经营资金的来源和用途也不一样。资金分别使用、分别核算，形成了企业内部各部门之间的资金分配和往来结算关系。

（5）企业与职工之间的财务关系

职工为企业创造财富，企业支付职工劳动报酬，体现了企业内的分配关系。

（6）企业与投资者的关系

这种关系是投资者的产权与企业法人财产权之间的关系，同时也通过企业表现出各投资主体间的利润分配关系。

（二）建筑施工企业的财务管理及任务

1. 建筑施工企业的财务管理

建筑施工企业的财务管理，是企业按照生产经营活动的需要，对自身的财务活动进行计划、组织、控制的总称，是企业管理的重要组成部分，是企业组织资金运动、处理企业同各方面的财务关系的一项经济管理工作。

根据企业资金运动的经济内容，企业财务管理的内容包括企业资金筹集、各种资产的管理、成本及其运用的管理、销售收入的管理、企业纯收入管理及财务收支管理等。

2. 建筑施工企业财务管理的任务

建筑施工企业财务管理的根本任务是遵循国家的政策、法令、制度，为实现企业的经营目的服务。其具体任务如下：

（1）合理筹措资金，满足企业生产经营的需要

在筹措资金时必须认真考虑企业资金结构的合理性、企业所承担的风险和资金成本大小等因素，从中选择满意的筹资方案。

（2）合理使用资金，提高资金运用效果

要做好资金使用计划、控制、核算、调配、分析工作，增收节支，少花钱、多办事、办好事。要根据企业的财务状况，及时组织资金偿债，并把握投资机会，还要保护和利用资产，考核、检查、分析各种资产利用情况，不断提高资金利用效果。

（3）降低成本和费用，增加企业盈利

降低成本的根本途径是降低消耗，降低费用的根本途径是减少支出、降低成本和费用是企业盈利的主要方式。增加企业盈利的途径很多，但必须利用财务管理手段才能见效。

（4）合理分配盈利

企业的营业收入扣除成本费用的余额，就是盈利。盈利是企业职工创造的剩余产品的货币表现。合理分配盈利，关系到国家、企业和职工、投资者的经济利益，因此，必须按国家相关规定和财务制度进行合理分配。

三、建筑施工企业资产管理

（一）资产的定义和分类

1. 资产的定义

资产是指会计主体在生产经营过程中所拥有的、用来获取预期收益的各项财产、债权和其他权利的总和。

2. 资产的分类

（1）按资产在生产经营过程中的周转情况，资产可以分为固定资产和流动资产。

（2）按资产是否具有货币性质，资产可以分为货币资产和非货币资产。货币资产主要包括现金、银行存款、应收账款、应收票据和有价证券等，非货币资产主要包括固定资产、库存材料、库存商品、低值易耗品等。

（3）按资产是否具有实物形态，资产可以分为有形资产和无形资产。有形资产如现金、固定资产和库存商品等，无形资产包括专利权、商标权、专有技术、土地使用权和商誉等。

（二）建筑施工企业的流动资产管理

1. 建筑施工企业流动资产的概念与分类

建筑施工企业的流动资产是指可以在一年内或超过一年的一个营业周期内变现或运用的资产，包括现金、各种存款、存货、应收款及预付款等。流动资产的货币表现称为流动资金。所以，流动资金是企业用于购买、储存劳动对象，以及在生产过程和流通过程中占用的那部分周转资金。流动资金处在不断的运动过程中，周而复始地从货币形态、储备资金形态、生产资金形态、成品资金形态，又回到货币形态，发挥其在再生产中的功能。

2. 流动资金的管理

（1）货币资金管理

货币资金包括库存现金和银行存款，控制流动资金首先要从货币资金开始。货币资金是一种非营利性或盈利微弱的资产，货币资金管理的目的就是要有效地保证企业能够随时有资金可以利用，并从闲置的资金中得到最大的利息收入。

（2）应收工程款管理

应收工程款是指建筑施工企业在承担施工任务过程中预先垫付的资金等。应该指出，应收工程款的存在，必然占用企业的资金，如果数额过大，就会引起资金短缺，影响资金周转，从而产生不堪设想的后果，企业应收工程款的多少，通常决定于市场经济情况和企业的信用政策。市场经济情况是企业无法控制的，但企业可以运用其信用政策来调节应收工程款的数额。为了加强流动资金管理，企业应制定合理的信用政策。

①信用标准。信用标准是建筑公司同意向建设单位提供商业信用的基本要求。通常由预期的坏账损失率来判断。如果企业的信用标准太严格，会吸引信誉良好、不良率较低的客户，减少不良率并降低应收账款的机会成本，但这可能不利于企业扩大工程量，甚至造成工程量减少；相反，如果信贷标准太宽泛，则会使销售额增加，但也会使坏账损失和应

收账款的机会成本增加。企业应根据具体情况，进行合理权衡。只有信用标准变化带来的收益大于其成本时，才能采纳。

②信用条件。信用条件是企业要求建设单位支付预付款的条件，主要包括信用期限和折扣率。如果信用期太短，将影响企业建设规模的扩大。延长信用期有利于扩大建设规模，但是企业获得的收益有时会被增加的成本所抵消，结果得不偿失。因此，公司必须设置适当的信用期。折扣率是客户提早付款时给予的折扣。

许多企业为了加速资金周转，及早收回工程款，减少可能的坏账损失，往往在延长信用期限的同时，规定客户提前偿付工程款的折扣率和折扣期限。在这里，制定政策的基本规则是总收益要大于总成本。

③建立健全的收款办法体系。企业应及时收取相应的工程款，可以给逾期付款的客户一定的时间允许其拖欠。收款政策应严格而温和。当客户超过允许的拖欠期限时，应通知对方还款；如果无效，请致电或上门提醒还款；如果有困难，可以协商延期付款方式；如果上述方法无效，可以诉诸法律。注意收费与坏账损失之间的关系。一般而言，代收手续费越大，坏账损失越小，但并非呈线性变化。

3. 存货的管理

存货是指建筑施工企业在生产经营过程中为生产建设或销售而储备的物资。为生产建设而储备的物资主要是指各种原材料、各种构配件、协作件，以及内耗自制半成品等库存。为销售而储备的物资主要是指商业企业的商品库存和工业企业的产成品、外购配套商品，以及外销自制半成品等库存。存货在生产经营周转过程中处于相对停留状态，存货是联系生产与销售的一个重要环节。存货管理的好坏，不仅决定了生产经营的保证程度，还决定了存货投资的大小、存货周转率的高低。所以，加强存货管理，以最低的存货成本提供维持企业生产经营所需的物资意义重大。加强存货管理，一要建立健全的存货检验、收发、领退、保管的清查盘点制度，保证存货的安全完整；二要合理确定存货量，节约使用资金；三要提高存货的利用效果，加速存货周转。

（三）建筑施工企业的固定资产管理

1. 固定资产的概念及其特点

固定资产是指使用期限较长、单位价值在规定标准以上，并且在使用过程中保持原有实物形态的资产。固定资产是企业资产的主要构成项目，具有以下基本特点：

（1）使用期限较长，一般超过一年或一个经营周期，并具有为企业产生收益而长期服务的潜力。

（2）在使用过程中能保持原有实物形态，但其服务潜力逐渐衰竭。

（3）供企业经营使用，而不是销售。企业购置固定资产不是为了销售而受益，而是为了在经营过程中利用其服务而受益。

（4）在日常经营过程中，固定资产的价值随实物形态的磨损，逐渐计入成本等费用中，脱离其实物形态，并从销售收入中得到补偿，直到固定资产报废，其价值将完全脱离实物形态。

2. 固定资产的分类

（1）固定资产按其经济用途分为生产经营用固定资产和非生产经营用固定资产。前者直接参加生产经营过程或直接服务于生产经营过程，后者是指不直接服务于生产经营过程的固定资产。

（2）固定资产按其所属关系可以分为自有固定资产、投资转入固定资产和租入固定资产。自有固定资产是指企业以各种方式取得的拥有所有权的各种固定资产，包括自建、接受捐赠、盘修等方式取得的资产，投资转入的固定资产是指企业在与其他单位开展联营、合营、合资、合作等业务时所接受的各种固定资产，投资租入的固定资产是指企业以经营租赁和融资租赁方式租入的各种固定资产。企业对租入的固定资产有使用权，但无所有权。按照固定资产所属关系分类，可以反映企业全部固定资产的组成和使用情况。

3. 固定资产的计价

固定资产的计价方式有三种：

（1）原始成本计价。原始成本又称历史成本或原始购置成本，是指企业购置某项固定资产并使之达到可使用状态时所发生的一切合理、必要的支出。一般包括固定资产的价款、运输费、安装费、包装费、途中保险费，以及购置时应缴纳的税金等。企业在新购置固定资产，确定计提折旧的依据时，均采用这种计价方法。

按照有支付凭据的实际支出计算，因而原始成本计价具有客观性和可验证性的特点，但这种方法也存在缺点，当经济环境和市场价值水平发生变化时，购置固定资产所发生的原始成本与现时价值就可能出现差距，固定资产的原始成本就不能真实反映现时的经营规模，由此所反映的企业财务状况也不会真实。

（2）重置完全价值计价。又称现时重置成本，是指在现时的生产技术条件下，重新购置同样固定资产所需要的全部支出。采用重置完全价值计价可以真实反映企业固定资产的现时价值。但是，现时重置价值经常变化，而且会引起一系列的特殊财务处理问题，具体操作也比较复杂。因此，这种方法仅在无法确定原始成本时使用，如在清查财产时发现盘盈固定资产时，可以使用重置计价。这种方法也可以作为正式财务报表的补充资料以弥补原始成本的不真实。

（3）按净值计价。又称折余价值，是指固定资产的原始成本或重置价值减去已提折旧的净额。折余价值可以反映企业实际占用固定资产的数额和固定资产的新旧程度，这种方法主要用于计算盘盈、盘亏、毁损固定资产的溢余或损失。

4. 固定资产的价值构成

固定资产的价值构成是指组成固定资产价值的具体项目，固定资产价值应包括企业为购置某项固定资产达到可使用状态前所发生的一切合理、必要的支出。在这些支出中，既包括直接发生的支出（如固定资产的价款、运杂费、安装费和安装成本等），也包括间接发生的支出（如应分摊的借款利息、外币借款折合差额和应分摊的其他间接费用等）。

5. 固定资产折旧管理

固定资产折旧的概念是，固定资产在使用过程中将不断发生两种损耗，一种是有形损耗，另一种是无形损耗。有形损耗是指固定资产在使用过程中由于使用磨损和自然力的作用而引起使用价值和价值的损耗，无形损耗是指由于科学技术进步和劳动生产率的提高而使原有固定资产发生贬值和损耗。

根据固定资产发生损耗的程度不同，其价值将逐步转移到所生产的产品中，以折旧费的形式构成产品成本的一部分，通过产品销售，从销售收入中得到补偿，收回相当于产品成本中的折旧费，固定资产因损耗而转移到产品中的那部分价值，称为固定资产折旧。

6. 固定资产的清理和清查

（1）固定资产的清理。对企业决定的固定资产的拆除、搬运、清理现场、残体整理和变价处理等工作的总称，就是固定资产清理。固定资产清理应进行技术鉴定，按相关规定程序办理报废手续，经批准后才能清理，并在清理固定资产备查簿内做出记录。

（2）固定资产清查。固定资产清查的目的是核实固定资产账面数与实存数是否相符，是否完好无损，掌握固定资产的利用情况和管理情况，这是财务管理的需要，也是加强企业管理的需要。

（四）建筑施工企业的无形资产管理

无形资产是具有价值和使用价值的特殊商品。企业在取得或转让无形资产时，必须对其价值进行估计。无形资产作为商品，有其本身的价值。

企业购入或按相关法定程序申请取得的各种无形资产，按实际支出数记账；其他单位投资转入的无形资产，按联营双方确定价值记账。由于无形资产的价值具有不确定性的特点，为慎重起见，只有能够确认为取得无形资产而发生的支出，才能作为无形资产的成本入账。否则，即使企业确实拥有某项无形资产也不能将其资本化，作为无形资产管理。

企业所拥有的无形资产，可以依法进行转让。企业转让无形资产的方式有两种：

1. 转让其所有权

无形资产的所有权，是指企业在法律规定的范围内，对其无形资产所享有的占有、使用、收益、处分的权利。所有者在行使其所有权时，可以在法律规定的范围内，根据自己的意志和利益，将其使用权分离出去，由非所有者享有。

2. 转让其使用权

无形资产的使用权，是指企业按照无形资产的性能和用途加以利用，以满足生产经营的需要。使用权是所有者所享有的一项独立权利。非所有者行使使用权时，必须根据相关法律和合同的规定，按指定的用途使用。

参考文献

[1] 袁雄洲，侯丙果，李颖浩. 建筑工程经济 ［M］. 长春：吉林科学技术出版社，2021.

[2] 胡芳珍，马知瑶，黄瑞敏. 建筑工程经济 ［M］. 北京：科学技术文献出版社，2018.

[3] 顾荣华，张劲松. 建筑工程经济 ［M］. 北京：北京理工大学出版社，2017.

[4] 张子学，朱再英. 建筑工程经济 ［M］. 武汉：华中科技大学出版社，2016.

[5] 高琴，李茜. 建筑工程经济 ［M］. 重庆：重庆大学出版社，2016.

[6] 章喆，胡毓. 建筑工程经济 ［M］. 郑州：黄河水利出版社，2010.

[7] 胡六星. 建筑工程经济 ［M］. 北京：中国计划出版社，2007.

[8] 吴全利. 建筑工程经济 ［M］. 重庆：重庆大学出版社，2004.

[9] 邓卫. 建筑工程经济 ［M］. 北京：清华大学出版社，2000.

[10] 杜峰，杨凤丽，陈升. 建筑工程经济与消防管理 ［M］. 天津：天津科学技术出版社，2020.

[11] 潘三红，卓德军，徐瑛. 建筑工程经济理论分析与科学管理 ［M］. 武汉：华中科学技术大学出版社，2021.

[12] 尉丽婷，周芳. 建筑工程经济与管理研究 ［M］. 北京：北京工业大学出版社，2019.

[13] 张洪忠，窦如令，郭烽. 建筑工程经济——项目化教材 ［M］. 南京：东南大学出版社，2018.

[14] 武育秦，赵彬. 建筑工程经济与管理（第 2 版）［M］. 武汉：武汉理工大学出版社，2002.

[15] 姜波，陈兴平. 建筑工程经济与管理（第 2 版）［M］. 西安：西安交通大学出版社，2014.

[16] 武育秦，赵彬. 建筑工程经济与管理（第 4 版）［M］. 武汉：武汉理工大学出版社，2012.

[17] 应樱. 建筑工程经济原理与实务 ［M］. 杭州：浙江人民出版社，2012.

［18］武育秦 . 建筑工程经济与管理［M］. 武汉：武汉工业大学出版社，1997.

［19］关柯，王宝仁，丛培经 . 建筑工程经济与企业管理［M］. 北京：中国建筑工业出版社，1997.

［20］黄仕诚 . 建筑工程经济与企业管理［M］. 武汉：武汉工业大学出版社，1988.

［21］唐连珏 . 简明建筑工程经济资料集［M］. 北京：中国建筑工业出版社，1991.

［22］邓铁军 .《建筑工程经济与企业管理》学习指导［M］. 武汉：武汉工业大学出版社，2000.

［23］黄仕诚 . 建筑工程经济与企业管理（第 2 版）［M］. 武汉：武汉工业大学出版社，1988.

［24］建筑教育教学研究中心 . 建筑工程经济考点解析及通关必做试题［M］. 北京：知识产权出版社，2012.

［25］谢晶，李佳颐，梁剑 . 建筑经济理论分析与工程项目管理研究［M］. 长春：吉林科学技术出版社，2021.

［26］应丹雷 . 建筑工程经济［M］. 北京：中国建筑工业出版社，2022.

［27］黄晨，吴凤珍，郭米娜 . 建筑工程经济［M］. 哈尔滨：哈尔滨工程大学出版社，2021.

［28］厉娥 . 建筑工程技术经济［M］. 重庆：重庆大学出版社，2015.

［29］郭灵灵，王斌 . 建筑工程经济［M］. 长沙：湖南师范大学出版社，2019.

［30］时思，子重仁，胡一多 . 建筑工程经济［M］. 北京：清华大学出版社，2018.

［31］夏才安 . 建筑工程经济［M］. 北京：化学工业出版社，2017.